本試験型
問題集
[第三版]

よく出る!

漢字検定

準1級

JN015526

新星出版社

本書の特長と使い方

★「漢字検定」の模擬試験問題が20回分！

実際の「漢字検定」を忠実に再現した問題で、本番のように問題を解けます。

★特に出題頻度が高い問題を厳選した「超よく出る模擬試験問題」！

この問題集は、実際の検定に即した問題を掲載。

その中から特によく出る問題だけを集めたのが「超よく出る模擬試験問題」。

第1回から第15回の「よく出る模擬試験問題」にも同じ問題が出題されているので、何度も解くことでよく出る漢字に対応する力が定着します。

★解説を読んで理解度アップ！

★「合格に役立つ資料」で手軽に実力アップ！

巻末の、「合格に役立つ資料」は問題としても使えます。空き時間に確認するだけで、さらなる実力アップを目指せます。

もくじ

・本文デザイン・DTP/三光デジプロ　・本文校正/一校舎、小山愛　・編集協力/一校舎

準1級の出題内容と受検ガイド

準1級で出題される漢字

準1級で出題される漢字は、すべての常用漢字を中心とする約3000字で、JIS（日本工業規格）第一水準が目安とされています。また、新たに常用漢字に追加された、過去に1級配当だった28字も準1級での出題対象となります。

❶読み

出題内容 短文中の傍線部の漢字の読みをひらがなで書く問題です。準1級配当漢字が中心で、国字が2題前後出題されます。

❷表外の読み

出題内容 短文中の常用漢字の常用外の読みを、ひらがなで書く問題です。

❸熟語の読み・一字訓読み

出題内容 準1級配当漢字が含まれる熟語の読みと、その語義にふさわしい訓読み（例〔赫烈《かくれつ》……赫《かがや》く〕）をひらがなで書く問題です。

❹共通の漢字

出題内容 二つの短文が一組として出題され、各短文の（　）の中に共通する常用漢字一字をひらがなで示された選択欄から選び、漢字に直す問題です。当該漢字は2級以下の常用漢字全般にわたります。

❺書き取り

出題内容 短文中のカタカナ部分を漢字に直す問題で、準1級配当漢字を中心に音・訓合わせて20問出題されます。そのうち、4問（音・訓一組ずつ）は同音訓異字語です。

答えは楷書ではっきり書きましょう。

例

楷書体	行書体	草書体
風	風	風

はねるところ、とめるところにも注意しましょう。

例

はねる	とめる	つきだす	つける
純	車	事	全

❻誤字訂正

出題内容 短文中で、誤って使われている漢字一字を選び出し、正しい漢字に直す問題です。

❼四字熟語

出題内容　四字熟語の問題は、二つの小問に分かれています。問1は、四字熟語の中の二字分をひらがなで示された選択欄から選び、漢字に直す問題で、10問出題されます。問2は与えられた意味に適合する四字熟語を選択欄から選び、傍線部の読みをひらがなで書く問題で、5問出題されます。

なお、準1級配当漢字を含む四字熟語だけでなく、2級以下の四字熟語からも幅広く出題されます。

❽対義語・類義語

出題内容　対義語5問、類義語5問が出題されます。いずれも対応する熟語をひらがなで示された選択欄から選んで漢字に直します。準1級配当漢字を含む熟語だけでなく、常用漢字の熟語も出題されます。

❾故事・諺

出題内容　故事・成語・諺の中のカタカナ部分を漢字に直す問題で、準1級配当漢字を中心に10問出題されます。

❿文章題

出題内容　著名な作家の文芸作品等の一部を題材にし、文章中の漢字の書き取り（5問）と、漢字の読み（10問）に答えます。

受検ガイド

●検定日と検定時間

公開会場による日本漢字能力検定は、年3回実施されます。日程はインターネット等でご確認ください。1～7級の検定時間は60分です。

●検定会場

個人受検の場合は公開会場での受検となり、願書に載っている会場から選びます。

そのほか、団体公開会場での団体受検もあります。

●申し込み方法と検定料

検定料は5500円（準1級）。原則、検定日の約三か月前から約一か月前までに、インターネットやコンビニエンスストア、取扱書店などで申し込んでください。

●検定に関する問い合わせ先
公益財団法人　日本漢字能力検定協会
〒605-0074　京都市東山区祇園町南側551番地
TEL：075-757-8600　FAX：075-532-1110
URL：https://www.kanken.or.jp/kanken/
◆お問い合わせ窓口
TEL：0120-509-315（無料）

第1回 超よく出る模擬試験問題

月　日

試験時間 60分

合格ライン 160点

得点　/200

一

次の傍線部分の読みをひらがなで記せ。
1〜20は**音読み**、21〜30は**訓読み**である。

/30　1×30

1 卒業生には各界の尤物がいる。（　）
2 俗諺から生きる知恵を得る。（　）
3 禾穀の豊かな土地に居住する。（　）
4 ご清穆の段、お慶び申し上げます。（　）
5 重大な過ちを犯し、叩頭して謝る。（　）
6 試験に向けて、夙夜勉学に励む。（　）
7 秘境の宿はまるで壺中の天であった。（　）
8 敢えて禿筆をふるい、申し上げる。（　）
9 我が社は新薬開発の尖兵となる。（　）
10 早朝から厩舎の清掃に余念がない。（　）
11 旧王族の後胤と噂される人物。（　）

27 気の利いた噺の一つもできない。（　）
28 矢鱈と傘を振り回したら危ないよ。（　）
29 都から巽の方角に庵を構える。（　）
30 丈夫な凧糸は料理の時に重宝する。（　）

二

次の傍線部分は常用漢字である。
その**表外の読み**を**ひらがな**で記せ。

/10　1×10

1 予てよりの計画を実行に移す。（　）
2 件の人物について身辺調査を行う。（　）
3 不運を託つ日々を送る。（　）
4 美しい調度品を設える。（　）
5 失態を詰られて落胆する。（　）
6 事の次第を具に述べる。（　）

7 庭先で秋の虫が集く。（　　）
8 地位を利用して縦に振る舞う。（　　）
9 その人徳に肖りたいものです。（　　）
10 書画の批評に長けている。（　　）

12 条約が二国間の紐帯を強固にした。（　　）
13 先刻経験した椿事を面白く語る。（　　）
14 故郷の翠黛を思い起こさせる絵。（　　）
15 老体に鞭打って弓箭を取る。（　　）
16 経済に対する慧眼に定評がある。（　　）
17 古人に欽慕の念を抱く。（　　）
18 生花が放つ馨香に満ちた室内。（　　）
19 学友の鶯遷を祝う宴を催す。（　　）
20 触診で病竈の位置を確かめる。（　　）
21 籾を摺って玄米を取り出す。（　　）
22 凪いだ海のように穏やかな心境だ。（　　）
23 田んぼで鴫がタニシをあさっている。（　　）
24 合格発表を前に気も坐になる。（　　）
25 故郷は山の峪の小さな集落だ。（　　）
26 悪童たちのいたずらに殆手を焼く。（　　）

三

次の**熟語**の**読み**と、その**語義**にふさわしい**訓読み**を（送りがなに注意して）**ひらがな**で記せ。

／10　1×10

〈例〉健勝……勝れる → けんしょう／すぐ

ア 1 肇造（　　）…2 肇める（　　）

イ 3 畢竟（　　）…4 畢わる（　　）

ウ 5 優渥（　　）…6 渥い（　　）

エ 7 鍾美（　　）…8 鍾める（　　）

オ 9 趨向（　　）…10 趨く（　　）

四 次の各組の二文の（　）には**共通**する漢字が入る。その読みを後の□の中から選び、**常用漢字**（**一字**）で記せ。

/10 2×5

1
研修旅行の企(1)を任される。
師弟の作品には(1)然とした違いがあった。
（　　）

2
現在(2)争中の事件について取材する。
頼れる(2)累のいない孤独な身の上だ。
（　　）

3
電気代を(3)分して経費に計上する。
今日こそは成(3)を得る覚悟だ。
（　　）

4
鑑定の結果、被害者の真(4)と断定した。
鬼気迫る墨(4)に込められた思い。
（　　）

5
緑地の保存を(5)願する署名を集めた。
慨(5)に堪えない日々を送ってきた。
（　　）

あん・かく・きょう・けい
さい・じゅ・せき・たん

五 次の傍線部分の**カタカナ**を**漢字**で記せ。

/40 2×20

15 晴天に一筋、**ヨウエイ**する煙を眺める。（　　）

16 春の夜空にたなびく**カスミ**。（　　）

17 ひとり、心の中で**カイサイ**を叫ぶ。（　　）

18 長年の借金を**カイサイ**した。（　　）

19 **ウ**の花を髪に飾る。（　　）

20 **ウ**飼いの技を学ぶ。（　　）

六 次の各文にまちがって使われている**同じ音訓の漢字**が**一字**ある。**上に誤字**を、**下に正しい漢字**を記せ。

/10 2×5

1 天賦の才に甘えているうち、日々鍛錬を積んだ友の後陣を拝する身となった。（　・　）

2 長年にわたる著述活動の集大成として上梓されたこの書の圧観は第三章である。（　・　）

3 縁籍関係にある者が一堂に会し、菩提寺の境内で記念撮影するのが恒例だ。（　・　）

4 朋友の突然の訃報を受け、直ちに仕事を切り上げて息咳き切って駆け付けた。（　・　）

1 知人の息子に就職口を**アッセン**した。（　　）

2 夜中になってから頭が**サ**えてきた。（　　）

3 思い思いの**フンソウ**をした子供達。（　　）

4 目の前の書類を次々と**サバ**いていく。（　　）

5 勝利の**ガイカ**が響き渡る。（　　）

6 満々と水を**タタ**えた湖。（　　）

7 **ガン**も不治の病とは言えない時代だ。（　　）

8 強風で稲が**ナ**ぎ倒される。（　　）

9 **オオゲサ**に顔をしかめてみせる。（　　）

10 泣く子を**ナダ**めすかして連れて行く。（　　）

11 引っ越し荷物の**コンポウ**を解く。（　　）

12 心からお**ワ**びを申し上げます。（　　）

13 交通事故で**ヒンシ**の重傷を負う。（　　）

14 この美しい**フスマ**絵は国宝である。（　　）

---

5 炎の絵を描く為に自宅に火を放つなど正気の沙汰とは思えない。（　・　）

七 次の 問1 と 問2 の四字熟語について答えよ。

問1 次の四字熟語の（1～10）に入る適切な語を後の□から選び**漢字二字**で記せ。　/20（2×10）

（1）凝議
（2）猛進
（3）神助
（4）雀躍
（5）曲浦

虚心（6）
甜言（7）
自家（8）
紫電（9）
前途（10）

いっせん・きゅうしゅ・きんき・たんかい・ちょうてい
ちょとつ・てんゆう・どうちゃく・みつご・りょうえん

問2 次の1～5の**解説・意味**にあてはまる四字熟語を後の□から選び、その**傍線部分だけの読みをひらがなで**記せ。

10
2×5

1 行動や運命を共にすること。（　　）

2 無理にこじつけること。（　　）

3 実際にはないもののたとえ。（　　）

4 勢いが盛んであることのたとえ。（　　）

5 物事の法則、手本。（　　）

牽強附会・鉤縄規矩・捲土重来・兎角亀毛・沈魚落雁・旭日昇天・一蓮托生・麦秀黍離

八

次の1～5の**対義語**、6～10の**類義語**を後の□の中から選び、**漢字**で記せ。□の中の語は一度だけ使うこと。

20
2×10

対義語

1 進取（　　）

2 公平（　　）

類義語

6 経緯（　　）

7 遭遇（　　）

8 **カデン**に履を納れず。（　　）

9 開いた口へ**ボタモチ**。（　　）

10 **カセイ**は虎よりも猛し。（　　）

十

文章中の傍線（1～5）の**カタカナ**を**漢字**に直し、波線（ア～コ）の**漢字の読み**を**ひらがな**で記せ。

20
書き2×5
読み1×10

A

三度の飯を四度食べても、毎日一度は探偵小説を読まねば気が済まぬという自分に、「二銭銅貨」のような優れた作を見せて下さった森下さんは、その功徳だけでも、1**トツテン**に生れたまうこと疑なし。碌《ろく》に読めもしない横文字をア辿って、大分興味をイ殺がれながら、尚かつ外国の探偵小説をあさっていたのも、実は日本にこれという探偵小説がなかったからである。ところが「二銭銅貨」を読むに至って自分は驚いた。「二銭銅貨」の内容にまんまと一杯ウ喰わされて多大の愉快を感じたと同じ程度に日本にも外国の知名の作家の塁を摩《ま》すべき探偵小説家のあることに、自分は限りない喜びを感じたのである。「一斑を以て2**ゼンピョウ**を知る」ということは総ての場合に通用すべき言ではないが、こうして見ると日本にも隠れたる立派な作家があることがわかった。否、まだ外にもあるに違いないということが推定された。それ故、「新青年」のエ編輯者が、かかる隠れ

3 中枢（　　）
4 出家（　　）
5 強靱（　　）
8 朝暮（　　）
9 碇泊（　　）
10 空前（　　）

げんぞく・ぜいじゃく・たいえい・たんせき・てんまつ・とうびょう・へんぱ・ほうちゃく・まっしょう・みぞう

九 次の故事・成語・諺の**カタカナ**の部分を**漢字**で記せ。　／20（2×10）

1 **ソウコウ**の妻は堂より下さず。（　　）
2 天網**カイカイ**疎にして漏らさず。（　　）
3 **エンオウ**の契り。（　　）
4 **センダン**は双葉より芳し。（　　）
5 **テップ**の急。（　　）
6 網、**ドンシュウ**の魚を漏らす。（　　）
7 命長ければ**ホウライ**を見る。（　　）

たる作家を明るみへ出そうと企てられたことに自分は[3]**マンコウ**の賛意を表するのである。

（小酒井不木「二銭銅貨」を読む）

B

『校長先生、左様[オ]仰つて下すつては、使に来た私共が困ります。』と痩せぎすな議員が右から手を[カ]擦み乍ら言つた。

『御辞退下さる程の[キ]御馳走は有ませんのですから。』と白髯の議員は左から[ク]歓願した。


校長の眼は得意と喜悦とで火のやうに輝いた。いかにも心中の感情を包みきれないといふ風で、胸を突出して見たり、肩を動《ゆす》つて見たりして、軈《やが》て郡視学の方へ向いて斯う尋ねた。

『どうですな、[ケ]貴方の御都合は。』と言はれて、郡視学は[4]**オウヨウ**な微笑を口元に[5]**タタ**へ乍ら、

『折角皆さんが彼様《ああ》言つて下さる。御厚意を無にするのは反つて失礼でせう。』

『[コ]御尤もです――いや、それではいづれ後刻御目に懸つて、御礼を申上げるといふことにしませう。何卒《どうか》皆さんへも宜敷《よろしく》仰つて下さい。』

と校長は丁寧に挨拶した。


（島崎藤村「破戒」）

第2回 超よく出る模擬試験問題

月　日

試験時間 60分

合格ライン 160点

得点 /200

一

次の傍線部分の読みをひらがなで記せ。1～20は音読み、21～30は訓読みである。

/30 1×30

1 一揖して友人の店を後にした。（　）
2 国攻めの可否を亀卜で判断する。（　）
3 廟堂で儀式を執り行う。（　）
4 稗史を蒐集して風俗を研究する。（　）
5 国賓として鄭重に扱う。（　）
6 樗材の身には荷が重過ぎます。（　）
7 祖父から工廠での労働について聞く。（　）
8 峻険な山に囲まれた城砦。（　）
9 二人は遂に剣戟を交えることとなる。（　）
10 芸妓として伝統芸能を継承する。（　）
11 よく手入れされた庭園を賞翫する。（　）

27 固い岩盤を穿って作られた礼拝堂。（　）
28 蔀は寝殿造りに用いられる建具だ。（　）
29 些か気にくわないという表情だ。（　）
30 沓新しといえども首に加えず。（　）

二

次の傍線部分は常用漢字である。その表外の読みをひらがなで記せ。

/10 1×10

1 お褒めに与り嬉しく存じます。（　）
2 解決の緒は思いがけない手段だった。（　）
3 徐にコーヒーカップを口へ運んだ。（　）
4 お心遣い、誠に辱く存じます。（　）
5 その日、店は適定休日だった。（　）
6 夕暮れ時は漫ろに寂しさを感じる。（　）

12 茅屋でも風雨をしのぐには充分だ。（　　）
13 赫灼たる光を放つ宝玉。（　　）
14 兄弟の内で群を抜く穎才の持ち主。（　　）
15 荏苒と日を過ごしてはいられない。（　　）
16 早春の郁郁たる梅林を歩く。（　　）
17 苗木から育てて杏林を成した。（　　）
18 交通事故で頸椎を傷める。（　　）
19 藪沢の生き物に親しむ催し。（　　）
20 話を続けることを諒恕して頂きたい。（　　）
21 地元の食材で客人を饗す。（　　）
22 ツバメが地面を掠めるように飛ぶ。（　　）
23 木の俣に足をかけて登る。（　　）
24 澱のように溜まった亡父への思い。（　　）
25 栂の木を伐採して木材とする。（　　）
26 隊列を組み、崖の上の岨道を進む。（　　）

7 プロジェクトの参加メンバーを労う。（　　）
8 つまらぬ事を論って人を責めるな。（　　）
9 せっかくの厚意が徒となった。（　　）
10 長い年月を閲した風格を備える。（　　）

三

次の**熟語**の**読み**と、その**語義**にふさわしい**訓読み**を（送りがなに注意して）**ひらがな**で記せ。

/10　1×10

〈例〉健勝……勝れる → けんしょう / すぐ

ア 1 凋落（　　）…… 2 凋む（　　）
イ 3 汎愛（　　）…… 4 汎い（　　）
ウ 5 匡弼（　　）…… 6 弼ける（　　）
エ 7 蒙昧（　　）…… 8 昧い（　　）
オ 9 礪行（　　）…… 10 礪く（　　）

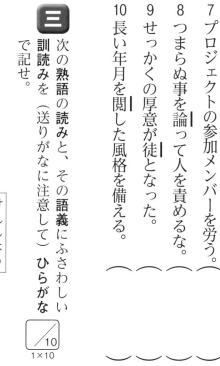

四

次の各組の二文の（　）には**共通**する漢字が入る。その読みを後の□の中から選び、**常用漢字**（**一字**）で記せ。

10 2×5

1 地盤沈下で遺跡が崩(1)した。
昨今風俗の(1)乱が激しい。

2 気鋭の評論家同士が舌(2)を繰り広げる。
わずかな見解の相違が(2)端となった。

3 度重なる不幸に見舞われた苦(3)を察する。
お取り計らいに(3)心より感謝いたします。

4 犀(4)な筆致の新人作家。
(4)鞘の薄い商品ばかりだ。

5 夕食はスーパーの(5)菜で済ませる。
大店の(5)領息子として生まれる。

かい・がい・さい・さつ せん・そう・ちゅう・り

五

次の傍線部分の**カタカナ**を**漢字**で記せ。

40 2×20

15 同年代の選手をリョウガする。

16 素朴だが力強い造形のハニワ。

17 潜在能力がカクセイする。

18 母校の変化にカクセイの感を禁じえない。

19 日々の生活にウむ。

20 傷口がウんで熱を持つ。

六

次の各文にまちがって使われている**同じ音訓の漢字**が**一字**ある。**上に誤字**を、**下に正しい漢字**を記せ。

10 2×5

1 家畜や家禽は野生の鳥獣を順致し繁殖させ改良したものである。

2 一時は混睡状態に陥り生命が危ぶまれたが奇跡的な恢復を見せた。

3 古代の人々は疫病や自然災害の原因として穏霊の存在を信じていた。

4 彼の笠にかかった態度は、期末試験の成績発表と共に一変した。

1 ＤＮＡは二重**ラセン**構造を持つ。（　）
2 **ヒガ**みっぽい性格は好かれないよ。（　）
3 企業から個人情報が**ロウエイ**した。（　）
4 海苔の**ツクダニ**が好物だ。（　）
5 良質な**タンパクシツ**を摂取する。（　）
6 この河には大きな**ワニ**が棲んでいる。（　）
7 社会の**ボクタク**となることを志す。（　）
8 話に**オヒレ**が付いて大事になった。（　）
9 宿の窓からは**コンペキ**の海が望める。（　）
10 形は**イビツ**だが味のよい野菜。（　）
11 **カンキツ**類を思わせる香水を好む。（　）
12 敷居は**マタ**いで通るのが礼儀だ。（　）
13 改革派の**キュウセンポウ**を自負する。（　）
14 祝い事が続いて出費が**カサ**む。（　）

5 清楚で花憐な令嬢から、希代の悪女まで演じ分ける技巧派の女優。（　・　）

七

次の問1と問2の四字熟語について答えよ。

問1 次の四字熟語の（1～10）に入る適切な語を後の□から選び**漢字二字**で記せ。

/20 2×10

（1）戴天　曲学（6）
（2）喪志　鶏鳴（7）
（3）準縄　情緒（8）
（4）附会　沈魚（9）
（5）美俗　天神（10）

あせい・がんぶつ・きく・くとう
けんきょう・じゅんぷう・ちぎ・てんめん
ふぐ・らくがん

問2 次の1〜5の**解説・意味**にあてはまる四字熟語を後の□から選び、その**傍線部分だけの読み**を**ひらがな**で記せ。

／10 2×5

1 ひどく慌ててうろたえること。（　　）

2 人や物が入り乱れている様子。（　　）

3 心が大変清らかなこと。（　　）

4 心から友人を思うこと。（　　）

5 大変貧しいこと。（　　）

春蛙秋蟬・周章狼狽・甑塵釜魚・氷壺秋月
按兵不動・稲麻竹葦・麦秀黍離・屋梁落月

八 次の1〜5の**対義語**、6〜10の**類義語**を後の□の中から選び、**漢字**で記せ。□の中の語は一度だけ使うこと。

／20 2×10

対義語

1 尊崇（　　）

2 平明（　　）

類義語

6 退屈（　　）

7 大略（　　）

8 **ホウオウ**群鶏と食を争わず。（　　）

9 弓は袋に太刀は**サヤ**。（　　）

10 身から出た**サビ**。（　　）

十 文章中の傍線（1〜5）の**カタカナ**を**漢字**に直し、波線（ア〜コ）の**漢字の読み**を**ひらがな**で記せ。

／20 書き2×5 読み1×10

A

[1]**ソモソモ**鑑定家なるものはややもすると虫眼鏡などをふり廻[ア]して、我々素人を嚇[イ]かしにかかるが、元来彼等は書画の真贋[ウ]をどの位まで正確に見分ける事が出来るかと云ふと、彼等も人間である以上、決して全智全能と云ふ次第ぢやない。何となれば、彼等の判断を下すべきものはその書画の真贋である。或[エ]いは真贋に関する範囲内での巧拙である。所がその真贋なり巧拙なりの鑑定は[2]**イツ**でも或客観的標準の定規を当てると云ふ訣《わけ》に行かう[3]**ハズ**がない。たとへば落款《らっかん》とか手法とか乃至[オ]紙墨《しぼく》などと云ふ物質的材料を巧みに真似たものになると、その真贋を鑑定するものは殆ど一種の直覚の外に何もないと云ふ事に帰着してしまふ。

（芥川龍之介 鑑定）

B

川面の処々に洲[カ]があツた。洲には枯葦が淋[キ]しく[4]**チョウラク**

3 起工（　　）
4 僅少（　　）
5 枯渇（　　）
8 復活（　　）
9 選出（　　）
10 器量（　　）

かいじゅう・けんたい・こうがい・しゅんせい
そせい・ばくだい・ばってき・ぼうとく
ゆうしゅつ・ようぼう

九 次の故事・成語・諺の**カタカナ**の部分を**漢字**で記せ。

／20
2×10

1 昔とった**キネヅカ**。（　　）
2 **コウゼン**の気を養う。（　　）
3 **サギ**を烏と言いくるめる。（　　）
4 **ノレン**に腕押し。（　　）
5 **シャカ**に宗旨なし。（　　）
6 下手な**アンマ**と仲裁は初めより悪くなる。（　　）
7 枯れ木も山の**ニギ**わい。（　　）

の影を示せてゐて、埃《ほこり》や芥《ク〜》もどツさり流寄ツてゐた。其の芥を二三羽の鴉が啄き回し、影は霧にぼかされてぽーツと浮いたやうになツて見えた。流の彼方此方《あちこち》で、何うかすると燦爛《さんらん》たる光を放つ……霧は淡い雲のやうになツて川面を這《ケ〜》ふ……向ふの岸に若い婦《コ〜》が水際に下り立ツて洗濯をしてゐたが、正面まともに日光を受けて、着物を搾る5**シズク**は、恰《まる》で水晶のやうに煌く。其の影はカツキリと長く流に映ツてゐた。両岸の家や藏の白堊《はくあ》は、片一方は薄暗く片一方はパツと輝いて、周圍《ぐるり》の山は大方雪を被ツてゐた。

（三島霜川　解剖室）

第3回 超よく出る模擬試験問題

月　日

試験時間 60分

合格ライン 160点

得点　／200

一

次の傍線部分の読みをひらがなで記せ。
1～20は音読み、21～30は訓読みである。

／30 1×30

1 豪華な調度品で絢飾された室内。（　　）
2 謬見にとらわれる。（　　）
3 水源確保のために堰堤を築く。（　　）
4 新酒のできばえを嘗試する。（　　）
5 子供の才能を暢達させる指導。（　　）
6 戎馬の世話を任される。（　　）
7 貨物船が港へ曳航される。（　　）
8 雪のように荻花が咲いている。（　　）
9 野生の馬を馴致して乗用としていた。（　　）
10 級友の墓前で挽歌を詠む。（　　）
11 杜撰な管理体制が事故の原因だ。（　　）

27 手入れを怠って八重葎が繁茂した。（　　）
28 楚人に盾と矛とを粥ぐ者有り。（　　）
29 一字一句を忽せにしない。（　　）
30 家の裏側には椙の林がある。（　　）

二

次の傍線部分は常用漢字である。その表外の読みをひらがなで記せ。

／10 1×10

1 邪な考えに心を奪われている。（　　）
2 恩師の遺稿の整理を諾う。（　　）
3 弁舌をもって敵国の君主に見える。（　　）
4 少し約めて話してくれないか。（　　）
5 相手の気持ちを慮って言葉を慎む。（　　）
6 七夕伝説に因んだ地名。（　　）

12 姪孫にまでお年玉をやるので大変だ。（　　）
13 近年にない祁寒に見舞われた。（　　）
14 つぼみが開いて花蕊がのぞく。（　　）
15 翠嵐に包まれて暫《しば》し俗世を忘れる。（　　）
16 上司の允可を得る必要がある。（　　）
17 這般の火災で蔵書の大半を失った。（　　）
18 小舟で急灘を下る。（　　）
19 読経の間に錫杖の音が響く。（　　）
20 古今の名歌を集輯する。（　　）

21 吠える犬に少年は怯んだ。（　　）
22 隣家から砧を打つ音が響いてくる。（　　）
23 魚を手で掬おうと懸命になる。（　　）
24 廓だった頃の面影が残る街。（　　）
25 大ぶりな鰯を焼いて食べる。（　　）
26 出張で海外へ行くことが屢ある。（　　）

---

7 粗自給自足で生活している。（　　）
8 貯金をはたいて古書を購う。（　　）
9 幼子が手遊びに書き散らした絵。（　　）
10 近所の空き地に悪童が屯する。（　　）

三

次の**熟語**の**読み**と、その**語義**にふさわしい**訓読み**を（送りがなに注意して）**ひらがな**で記せ。

/10 1×10

〈例〉健勝……勝れる → けんしょう／すぐ

ア 1 盈虚（　　）… 2 盈ちる（　　）

イ 3 永訣（　　）… 4 訣れる（　　）

ウ 5 晦冥（　　）… 6 晦い（　　）

エ 7 遁走（　　）… 8 遁れる（　　）

オ 9 劃定（　　）… 10 劃る（　　）

四 次の各組の二文の（　）には**共通**する漢字が入る。その読みを後の□の中から選び、**常用漢字（一字）**で記せ。

1
洗剤を(1)釈して使う。
(1)代の名役者。

2
長きにわたり膏(2)を絞られてきた。
知恵と勇気で(2)路を開く。

3
(3)爾ながらお尋ねいたします。
倉(3)の間に荷造りを済ませる。

4
発掘現場を(4)査する。
雑(4)に紛れて逃走した。

5
飼育下での(5)殖は難しい。
商売(5)盛を願う。

き・けつ・しゅつ・そつ
とう・ばく・はん・ぶ

/10 2×5

五 次の傍線部分の**カタカナ**を**漢字**で記せ。

/40 2×20

15 惑星は**ダエン**軌道を描いて公転する。
16 **キママ**なひとり旅に出る。
17 晴れて**カショク**の典を挙げる。
18 **カショク**の才で財を成す。
19 川を**セ**き止めて水を得る。
20 **セ**かしてもどこ吹く風だ。

六 次の各文にまちがって使われている**同じ音訓の漢字**が**一字**ある。**上に誤字**を、**下に正しい漢字**を記せ。

/10 2×5

1 曽祖父が蒐集した骨董品の鑑定を依頼したところ、途徹もない値が付いた。
2 虚弱な体質で外遊びも儘ならぬ子の心を慰侮したのは童謡であった。
3 喫煙等の生活習慣と心筋硬塞の発生には統計的に有意な関連が認められる。
4 叔父は筋骨隆々の体軀に蓬頭垢面、他人から見れば羽散臭い風貌の人である。

1 深いグウイが込められた童話だ。（　　）
2 新人の作品にケタハズれの値が付く。（　　）
3 コソクな手段は通用しない。（　　）
4 親戚がセイゾロいして新年を祝う。（　　）
5 交通事故でダイタイ部を負傷する。（　　）
6 風化してモロくなった岩を崩す。（　　）
7 フトウから船を見送る。（　　）
8 アマドイに詰まったゴミをかき出す。（　　）
9 遠くにヨウエイする人家の煙を認める。（　　）
10 叱られた子が唇をスボめる。（　　）
11 ソウテイ部が湖で練習に励む。（　　）
12 粘土細工にタケベラを使う。（　　）
13 ボダイジュの蔭で思索に耽る。（　　）
14 年に一度、天井のススを払う。（　　）

5 権勢を笠に着た相手の要求を一蹴し、交渉は決裂したが後悔はしていない。（　・　）

七 次の問1と問2の四字熟語について答えよ。

問1 次の四字熟語の（1～10）に入る適切な語を後の□から選び**漢字二字**で記せ。

/20（2×10）

（1）万里	抜本（6）
（2）一触	四面（7）
（3）昇天	長身（8）
（4）妖怪	抜山（9）
（5）奮迅	魚目（10）

えんせき・がいしゅう・がいせい・きょくじつ
こり・しし・そうく・そくげん
そか・ほうてい

問2 次の1～5の**解説・意味**にあてはまる四字熟語を後の□から選び、その**傍線部分だけの読みをひらがな**で記せ。

/10 2×5

1 大変な美人であることのたとえ。（　　）
2 空しい願望を抱くこと。（　　）
3 気楽に老後の生活を送るさま。（　　）
4 真実をゆがめて世間に迎合すること。（　　）
5 文字の書き誤り。（　　）

鉤縄規矩・曲学阿世・魯魚章草・臨淵羨魚
沈魚落雁・晴耕雨読・含飴弄孫・欣喜雀躍

八

次の1～5の**対義語**、6～10の**類義語**を後の□の中から選び、**漢字**で記せ。□の中の語は一度だけ使うこと。

/20 2×10

対義語

1 危惧（　　）
2 秩序（　　）

類義語

6 頑丈（　　）
7 虚実（　　）
8 ヒョウタン相容れず。（　　）
9 ウケに入る。（　　）
10 オウムは能く言えども飛鳥を離れず。（　　）

十

文章中の傍線（1～5）の**カタカナを漢字に直し**、波線（ア～コ）の**漢字の読みをひらがな**で記せ。

/20 書き2×5 読み1×10

A

又徳川慶喜公の晩年に公爵を賜はつたりなどする時には、長閥等の思想も大分寛大になつて居つた傾きがあるけれども、然し夫は澁澤男などが伊藤、山縣兩公等の間に[1]アッセンして、[ア]頗る妥協的に再び世に出て來たのであつて、近年あらはれた慶喜公に關する記事等も、幾らかこの妥協氣分から生れて來てゐると見なければならぬものであつて、「京都守護職始末」の如く、全然維新の勝利者を向ふへ廻して、其の藩の爲めに冤枉を伸べる意氣込で書いたものとは同一に見られない。今日[イ]迄に世に現れた反薩長派の著しい著述はこれ等一二のものに過ぎないけれども、維新の事情に對する順逆論の從來の態度を開放したならば、[2]カくの如き著述は幾つも現れて來るべきものであると思ふ。

尤も會津藩の如く、孝明天皇の非常な知遇を[ウ]蒙つて居りながら、非常な殘酷な運命を以て終つたが爲めに、非常な深刻な感じを持つた地方は多くはないわけであるから、「守護職始末」の如き名著は

3 緊張（　　）
4 熟視（　　）
5 明朗（　　）
8 永眠（　　）
9 要諦（　　）
10 奇怪（　　）

あんうつ・あんど・けんろう・こんとん・しかん
しんがん・ちょうせい・ひけつ・べっけん・めんよう

九 次の故事・成語・諺の**カタカナ**の部分を**漢字**で記せ。　/20　2×10

1 **イソギワ**で船を破る。（　　）
2 瓜の蔓に**ナスビ**はならぬ。（　　）
3 禍福は**アザナ**える縄の如し。（　　）
4 **ケサ**と衣は心に着よ。（　　）
5 理屈と**コウヤク**はどこにでもつく。（　　）
6 人間万事**サイオウ**が馬。（　　）
7 糠に**クギ**。（　　）

出來難いとしても、兎も角[エ]維新の事情に對して反薩長側の意思、主張を十分に述べたものは現れるに違ひない。それは必ずしも纏まつ[オ]た著述としてでなくとも、今日ならばまだ材料としても、さういふものを集め得る機會もあると思ふ。

維新史料[3]**ヘンサン**局が果して是等に對して十分なる用意を持ち、十分なる注意を拂つて居るかどうか、維新史料ヘンサン局は開設以來其の成績を公表したこともなければ、[4]**イカ**なることをして居るかも世間に知らしめたこともない。これは政府の一つの機關をなすもの丶態度としても實に怠慢の至りであつて、世論が少しも之を問はない事が既に不可思議の次第である。今日迄の如き委員等の組織から考へると、その材料蒐集[カ]の態度等においても十分の疑問をさしはさんでも差支ない。もしそれがさうでないとすれば、その證據を示す爲めに材料の蒐集法、其の得たる材料等を、或る時期において時々これを開放し、展覧して其の公平な態度を示すべきである。

（内藤湖南 維新史の資料に就て）

B
それからほどなく、闇の中を点のような赭《あか》い灯が動いていったと云う[キ]のは、法水等が網龕灯《あみがんどう》を借りて、野菜園の後方にある墓地に赴いたからだった。その頃は雪が本降りになっていて、烈風は櫓楼[ク]を簫《しょう》のように唸らせ、それが旋風と巻いて吹き下してくると、いったん地面に叩き[ケ]付けられた雪片が再び舞い上ってきて、ただささえ仄暗い灯の行手を遮るのだった。やがて、凄愴な自然力に戦い[コ]ている[5]**トチ**の樹林が現われ、その間に、二本の棺駐門の柱が見えた。
（小栗虫太郎 黒死館殺人事件）

第4回 超よく出る模擬試験問題

月　日

試験時間 60分
合格ライン 160点
得点 /200

一

次の傍線部分の読みをひらがなで記せ。
1〜20は音読み、21〜30は訓読みである。

/30（1×30）

1 祖父は豪宕な気性の人である。（　　）
2 高大で優渥な思し召し。（　　）
3 頁岩は堆積岩の一種である。（　　）
4 辛酉の歳に革命が起こった。（　　）
5 代々禰宜を務める家系である。（　　）
6 故郷を出て都邑に移り住む。（　　）
7 後継者として外甥が指名された。（　　）
8 儲君として国を背負う覚悟をもつ。（　　）
9 祝い事の為に佳辰を選ぶ。（　　）
10 彼此の意見を折衷する。（　　）
11 萱堂は健やかにお過ごしですか。（　　）

27 彼女は賢く而も美しい。（　　）
28 姥目樫の林の中を歩く。（　　）
29 議論が深夜に迄ぶ。（　　）
30 綿糸二梱を送る。（　　）

二

次の傍線部分は常用漢字である。
その表外の読みをひらがなで記せ。

/10（1×10）

1 本学で教鞭を執って十年に垂とす。（　　）
2 熟れた立ち居振る舞い。（　　）
3 妹はいつも賢しらに立ち回る。（　　）
4 態と目に付くように置いておく。（　　）
5 事務所の経理を掌る。（　　）
6 歳暮への礼状を認める。（　　）

12 亥月とは陰暦十月を指す。（　）
13 喫茶店が櫛比する駅前通り。（　）
14 魚が鉤餌に食らいつく。（　）
15 家の周囲は蔚蔚とした草むらだ。（　）
16 相手の云為をいちいち気にするな。（　）
17 地元の庚申塚を調査する。（　）
18 孜孜として品質向上に努める。（　）
19 鉄桶水を漏らさぬ堅守を見せる。（　）
20 宮中で賜餐があった。（　）
21 長年の忠義を嘉する。（　）
22 仙人の姿は奄ち消えてしまった。（　）
23 雪道を藁履で歩く。（　）
24 腕の立つ杢を集める。（　）
25 流星は乍ち消えてしまった。（　）
26 浅葱色の反物を買う。（　）

7 矢を番えて小鳥を狙う。（　）
8 土砂降りで剰え雷も鳴り出した。（　）
9 この優勝は偏に支援者のおかげだ。（　）
10 登山隊の殿を務める。（　）

三

次の**熟語**の**読み**と、その**語義**にふさわしい**訓読み**を（送りがなに注意して）**ひらがな**で記せ。

／10
1×10

〈例〉 健勝……勝れる → けんしょう／すぐ

ア 1 烹炊（　）…2 烹る（　）
イ 3 聯亙（　）…4 亙る（　）
ウ 5 弘毅（　）…6 毅い（　）
エ 7 捷報（　）…8 捷つ（　）
オ 9 鍾美（　）…10 鍾める（　）

四 次の各組の二文の（　）には**共通**する漢字が入る。その読みを後の□の中から選び、**常用漢字（一字）**で記せ。

2×5　／10

1
無事の報せに（1）眉を開いた。
憂（1）を帯びた音楽だ。
（　）

2
警察に事情を具（2）する。
非礼を（2）謝する。
（　）

3
過去の自分と（3）別する。
解散は総理の専（3）事項だ。
（　）

4
本校きっての（4）秀である。
英（4）の陶冶に務める。
（　）

5
日本各地を歴（5）する。
（5）蕩に耽って家業を怠る。
（　）

が・けつ・しゅう・しゅん しん・ちん・ゆう・り

五 次の傍線部分の**カタカナ**を**漢字**で記せ。

2×20　／40

15 **イビツ**な形の物体だ。（　）
16 世界の強豪に**ゴ**して活躍する。（　）
17 **サンゴ**礁の海が広がる。（　）
18 城下に勝利の**ガイカ**が響く。（　）
19 **ガイカ**の獲得が課題となる。（　）
20 **ガイカ**を見下ろしながら散骨する。（　）

六 次の各文にまちがって使われている**同じ音訓の漢字**が**一字**ある。**上に誤字**を、**下に正しい漢字**を記せ。

2×5　／10

1 資産価格の高騰や雇用の回復など不振に喘ぐ日本経済にも初光が見えてきた。（　・　）

2 慈善事業とはいえ徳志家の援助に依存するだけでは経営は覚束ない。（　・　）

3 爆撃で破壊された要塞の残概が戦争の悲惨さを如実に物語っている。（　・　）

4 雪国の生まれで寒さには慣れているが流石に真冬、深夜の湖畔は身が泡立つ。（　・　）

1 正月用に上等のカマボコを買う。（　　）
2 先祖のイハイを安置する。（　　）
3 花のメシベに花粉がつく。（　　）
4 問題行動をジャッキするような環境。（　　）
5 通勤列車ではリッスイの余地もない。（　　）
6 教え子を身をテイして守る。（　　）
7 花火の音で犬がヒルむ。（　　）
8 リュウチョウなドイツ語を話す。（　　）
9 各社の利害関係がサクソウする。（　　）
10 海のモクズと消えた。（　　）
11 見事な腕前で活魚をサバく。（　　）
12 口をスボめる仕草をする。（　　）
13 肉類でタンパク質を摂取する。（　　）
14 社会のボクタクたるマスメディア。（　　）

5 亡父は頑冥な気性故に時代の数勢に逆らって懐古主義に傾く所があった。（　・　）

七

次の問1と問2の四字熟語について答えよ。

20 / 2×10

問1 次の四字熟語の（1～10）に入る適切な語を後の□から選び**漢字二字**で記せ。

（1）坑儒　阿鼻（6）
（2）垢面　暮色（7）
（3）断機　李下（8）
（4）同時　治乱（9）
（5）落飾　加持（10）

かでん・きとう・きょうかん・こうぼう
そうぜん・そったく・ていはつ・ふんしょ
ほうとう・もうぼ

問2 次の1～5の**解説・意味**にあてはまる四字熟語を後の□から選び、その**傍線部分だけの読み**を**ひらがな**で記せ。

/10 2×5

1 おろそかにしないことのたとえ。（　　）

2 懸命に勉学に励むこと。（　　）

3 つまらぬ人物が世にはびこる。（　　）

4 外見も中身も立派で調和がとれている。（　　）

5 取り柄がなく平凡なこと。（　　）

菟糸燕麦・臥薪嘗胆・竹頭木屑・浮花浪蕊
朝蠅暮蚊・文質彬彬・円木警枕・勤倹力行

八

次の1～5の**対義語**、6～10の**類義語**を後の□の中から選び、**漢字**で記せ。□の中の語は一度だけ使うこと。

/20 2×10

対義語

1 険阻（　　）

2 快諾（　　）

類義語

6 台所（　　）

7 誘発（　　）

8 断じて行えば**キシン**も之を避く。（　　）

9 **シシ**身中の虫。（　　）

10 **シラン**の室に入るが如し。（　　）

十

文章中の傍線（1～5）の**カタカナ**を**漢字**に直し、波線（ア～コ）の**漢字の読み**を**ひらがな**で記せ。

/20 書き2×5 読み1×10

A この時、落葉ともつかず、**スス**[1]の塊ともつかない影が、子供たちの眼に近い艶沢のある**ヨイヤミ**[2]の空間に羽撃[ア]き始めた。その飛び方は、気まぐれのやうでもあり、舵[イ]がなくて飛びあへぬもののやうでもある。けれども迅[ウ]い。ここに消えたかと思ふと、思はぬ軒先きに閃[エ]いてゐる。（中略）

お涌は大人にこれほど叮嚀《ていねい》に頼まれる子供の俠気[オ]にそゝられて承知した。

日比野の家は、この町内で子供達が遊び場所にしてゐる井戸の外柵の真向ひで、井戸より五六軒距つたお涌の家からはざつと筋向うといへる位置にあつた。前に大溝の幅広

3 永住（　　）
4 会心（　　）
5 匡正（　　）
8 滞在（　　）
9 軽率（　　）
10 突如（　　）

かぐう・がぜん・じゃっき・しゅんきょ
そも・ちゅうぼう・つうこん・とうりゅう
へいたん・わいきょく

九 次の故事・成語・諺の**カタカナ**の部分を**漢字**で記せ。 ／20 2×10

1 **コチョウ**の夢の百年目。（　　）
2 家貧しくして**コウシ**顕れ、世乱れて忠臣を識る。（　　）
3 天は尊く地は卑しくして**ケンコン**定まる。（　　）
4 燕雀安んぞ**コウコク**の志を知らんや。（　　）
5 **シシ**に鞭打つ。（　　）
6 戦を見て矢を**ハ**ぐ。（　　）
7 **キョウボク**は風に折らる。（　　）

い溝板が渡つてゐて、粋でがつしりした**ヒノキ**[3]の框[カ]の格子戸の嵌《はま》つた平家の入口と、それに並んでうすく照りのある土蔵とが並んでゐた。

（岡本かの子 蝙蝠）

B

以前は、あの明神の森が、すぐ、いつも雪の降ったような白鷺[キ]の巣であった。近く大正の末である。一夜に二件、人間二人、もの凄[ク]い異状が起った。

その一人は、近国の門閥家で、地方的に名望権威があって、我が**ママ**[4]の出来る旦那方。人に、鳥博士と称えられる、聞こえた鳥類の研究家で。家には、鳥屋というより、小さな博物館ぐらいの標本を備えもし、飼ってもいる。近県近郷の学校の教師、無論学生たち、志あるものは、都会、遠国からも見学に来たり訪うこと、須賀川の牡丹[ケ]の観賞に相斉しい。（中略）

……雛ッ子はどんなだろう。鶏や、雀[コ]と違って、ただ聞いても、**オシドリ**[5]だの、白鷺のあかんぼには、博物にほとんど無関心な銑吉も、聞きつつ、早くまず耳を傾けた。

（泉鏡花 神鷺之巻）

第5回

超よく出る 模擬試験問題

月　日

試験時間 60分

合格ライン 160点

得点 /200

一

次の傍線部分の読みをひらがなで記せ。1～20は音読み、21～30は訓読みである。

/30 1×30

1 この任に就けるのは乃公のみだ。（　）
2 学究生活の合間に翰墨に親しむ。（　）
3 ヒヨコの牝牡を見分ける。（　）
4 甥姪が揃って祝いの席を賑わせた。（　）
5 芝蘭の友を誇りに思う。（　）
6 帽子に徽章を付ける。（　）
7 侃侃諤諤《がくがく》の議論が交わされる。（　）
8 両者の差異は劃然としていた。（　）
9 鶴九皐に鳴き、声天に聞こゆ。（　）
10 機会を得て曽遊の地を訪れた。（　）
11 網を補綴して漁に備える。（　）

27 鐺の扱いに長けている。（　）
28 宝石を雫の形に加工した。（　）
29 狛犬の向きを気にしている。（　）
30 馬の鐙に足を掛ける。（　）

二

次の傍線部分は常用漢字である。その表外の読みをひらがなで記せ。

/10 1×10

1 夢とも現ともつかぬ心地だ。（　）
2 生垣の高さを斉しく整える。（　）
3 恐れ戦いて声も出ない。（　）
4 肝心なときに言葉が支える。（　）
5 住民が挙って祭りに参加する。（　）
6 旧弊を革め、再出発する。（　）

12 昭和元年は丙寅に当たる。（　）
13 斌斌として文化が勃興する。（　）
14 繁殖用の牝馬を繋養する。（　）
15 戊夜に至るまで書を読み耽る。（　）
16 庖厨に立って調理する。（　）
17 薙髪して出家する。（　）
18 伽羅の香を炊きしめる。（　）
19 豪華な装釘の本だ。（　）
20 春韮を茹《ゆ》でて食す。（　）
21 大臣に阿り自らの出世をもくろむ。（　）
22 幼少期から泳力は擢んでていた。（　）
23 歪な茶碗にも味わいがある。（　）
24 その件は姑く措こう。（　）
25 裳裾を引いてしずしずと歩く。（　）
26 博物館で古い檜扇を見た。（　）

7 強か酒を飲んで寝てしまった。（　）
8 吉凶は糾える縄のようなものだ。（　）
9 幾つか質したいことがある。（　）
10 死をもって罪を購う。（　）

三 次の**熟語**の**読み**と、その**語義**にふさわしい**訓読み**を（送りがなに注意して）**ひらがな**で記せ。

/10 1×10

〈例〉健勝……勝れる → けんしょう　すぐ

ア 1 耽溺（　）……2 耽る（　）
イ 3 曝書（　）……4 曝す（　）
ウ 5 遡行（　）……6 遡る（　）
エ 7 蕃殖（　）……8 蕃る（　）
オ 9 錯謬（　）……10 謬る（　）

四

次の各組の二文の（　）には**共通**する漢字が入る。その読みを後の□の中から選び、**常用漢字**（**一字**）で記せ。

10
2×5

1
胴（1）な投資家として知られる。
（1）得ぬきの関係だ。
（　）

2
声（2）倶に下る。
乙女の紅（2）に胸を痛める。
（　）

3
（3）幅を飾るしか能がない。
問題は那（3）にあるのか。
（　）

4
南極探検の壮（4）に就く。
消息が（4）絶した。
（　）

5
初春の（5）慶を申し上げる。
全軍を統（5）する。
（　）

ぎょ・ご・せい・と
どん・へん・よく・るい

五

次の傍線部分の**カタカナ**を**漢字**で記せ。

40
2×20

15 ケイカクが取れて性格が丸くなる。（　）

16 はがきをポストへトウカンした。（　）

17 傷口のカノウを防ぐ。（　）

18 シュコウを出して客をもてなす（　）

19 到底シュコウできない意見だ。（　）

20 彼はシュコウを挙げて栄誉を得た。（　）

六

次の各文にまちがって使われている**同じ音訓の漢字**が**一字**ある。**上に誤字**を、**下に正しい漢字**を記せ。

10
2×5

1 精鋭揃いとはいえ、四面楚歌の状態では援軍の到着まで持ち応えることが難しい。（　・　）

2 本作特有の晦渋な表現は、作家自身が抱えていた内面の葛闘の現れと言えよう。（　・　）

3 推理小説を読み始めたが人物の相関関係が錯争していて筋を追えない。（　・　）

4 深山幽谷の秘境にある名高い温泉地に到留し宿病の療養に専念した。（　・　）

1 少年のオウセイな食欲。（　　）
2 歳暮に名産のリンゴを贈る。（　　）
3 鋭いリョウセンを描く山々。（　　）
4 苦悩でミケンにしわが刻まれる。（　　）
5 テンビンで薬を量って調合する。（　　）
6 荒天続きで外に出るのがオックウだ。（　　）
7 多彩な技で相手をホンロウする。（　　）
8 停電に備えてロウソクを買い置く。（　　）
9 カイショウのない夫に愛想をつかす。（　　）
10 タユむことなく勉学に励む。（　　）
11 肩の関節をダッキュウしてしまう。（　　）
12 厚いユウギを結んだ仲だ。（　　）
13 軍のチョウホウ機関に属する。（　　）
14 窃盗団のシュカイを追う。（　　）

5 赤煉瓦の屋根の並ぶ街の一郭を眺望するために尖塔の長い羅旋階段を登る。（　・　）

七 次の問1と問2の四字熟語について答えよ。

/20 2×10

問1 次の四字熟語の（1〜10）に入る適切な語を後の□から選び**漢字二字**で記せ。

（1）墨守　泰山（6）
（2）夢幻　清濁（7）
（3）為楽　鼓腹（8）
（4）令月　一碧（9）
（5）社鼠　門前（10）

かしん・きゅうとう・げきじょう・こうもう
じゃくめつ・じゃくら・じょうこ・ばんけい
へいどん・ほうまつ

問2 次の1～5の**解説・意味**にあてはまる四字熟語を後の□から選び、その**傍線部分だけの読み**を**ひらがな**で記せ。

/10 2×5

1 本質でないところに力を入れる。（　　）
2 名の知れぬ平凡な人物。（　　）
3 見かけは立派だが実質が伴わないこと。（　　）
4 権力者の陰に隠れて悪事を働く。（　　）
5 永遠に変わらない誓い。（　　）

朝盈夕虚・純真無垢・羊頭狗肉・河山帯礪 眼高手低・張三李四・城孤社鼠・釈根灌枝

八

次の1～5の**対義語**、6～10の**類義語**を後の□の中から選び、**漢字**で記せ。□の中の語は一度だけ使うこと。

/20 2×10

対義語

1 安泰（　　）
2 断行（　　）

類義語

6 死別（　　）
7 結局（　　）
8 **ヒョウタン**から駒が出る。（　　）
9 大山も**ギケツ**より崩る。（　　）
10 **コウジ**の下必ず死魚有り。（　　）

十

文章中の傍線（1～5）の**カタカナ**を**漢字**に直し、波線（ア～コ）の**漢字の読み**を**ひらがな**で記せ。

/20 書き2×5 読み1×10

A

白い、静な、曇った日に、山吹も色が浅い、小流に、[1]**コケ**蒸した石の橋が架って、その奥に大きくはありませんが深く神寂びた社があって、大木の杉がすらすらと杉なりに並んでいます。（中略）

[ア]凄まじき[イ]大濤の雪の風情を思いながら、旅の心も身に沁みて通《とお》り過ぎました。

[2]**ナワテ**道少しばかり、菜種の[ウ]畦を入った処に、志す[エ]庵が見えました。侘びしい一軒家の平屋ですが、門のかかりに何となく、むかしの状を[オ]偲ばせます、[カ]萱葺の屋根ではありません。

（泉鏡花　雪霊記事）

3 諫言（　　）
4 浅瀬（　　）
5 貫徹（　　）
8 窮乏（　　）
9 根城（　　）
10 吉兆（　　）

えいけつ・きたい・ざせつ・しょうずい・しょせん
しんえん・そうくつ・ちぎ・ついしょう・ひっぱく

九

次の故事・成語・諺の**カタカナ**の部分を**漢字**で記せ。

／20 2×10

1 歳寒くして**ショウハク**の凋むに後るるを知る。（　　）
2 玉の**コシ**に乗る。（　　）
3 錐の**ノウチュウ**に処るが若し。（　　）
4 **セイコク**を射る。（　　）
5 **ソバ**の花見て蜜をとれ。（　　）
6 **コウジ**魔多し。（　　）
7 洛陽の**シカ**を高める。（　　）

B

祖父から子供のをり冬の炉辺のつれ〲に聞かされた妖怪変化に富んだ数々の昔噺[キ]を、一寸法師の**オケヤ**[3]が槌[ク]で馬盥《ばだらい》の箍《たが》[ケ]を叩いてゐると箍が切れ跳ね飛ばされて天に上り雷さまの太鼓叩きに雇はれ、さいこ槌を振り上げてゴロ〱と叩けば五五の二十五文、ゴロ〱と叩けば五五の二十五文**モウ**[4]かつた、といつた塩梅に咄家のやうな道化た口調で話して聞かせ、次にはうろ覚えの浄瑠璃を節廻しおもしろう声色で語つて室長の機嫌をとつた。病弱な室長の寝小便の罪を自分で着て、蒲団[コ]を人の目につかない柵にかけて乾かしてもやつた。斯うしてたうとう荊棘《いばら》の道を踏み分け他を**リョウガ**[5]して私は偏屈な室長と無二の仲好しになつた。

（嘉村礒多　途上）

第1回 よく出る模擬試験問題

月　日

試験時間 60分

合格ライン 160点

得点 /200

一

次の傍線部分の読みを**ひらがな**で記せ。
1〜20は**音読み**、21〜30は**訓読み**である。

/30 1×30

1 叡断が下り、隣国へ侵攻する。（　）
2 近什を纏めて上梓する。（　）
3 字句の舛誤を指摘する。（　）
4 寺院が暁闇の中に浮かび上がる。（　）
5 子午線と卯酉線。（　）
6 神祇に祈りを捧げる。（　）
7 合格のために自彊してやまない。（　）
8 過去の人物を誹毀する。（　）
9 斯界では名の知れた人物だ。（　）
10 万国を叶和させた聖王の治世。（　）
11 巨大な鰐魚が捕獲された。（　）

27 土器に篦で文様を施す。（　）
28 遂にその之く所を知らず。（　）
29 笈に古書を入れて売り歩く。（　）
30 同郷の誼で働き口を世話してやる。（　）

二

次の傍線部分は常用漢字である。
その**表外**の**読み**を**ひらがな**で記せ。

/10 1×10

1 終の住処を求める。（　）
2 皇帝への賦が運ばれる。（　）
3 わが身の不幸を憾んでも仕方ない。（　）
4 命懸けの諫言は斥けられた。（　）
5 月光の清かな夜。（　）
6 古い碑の拓本を採って保存する。（　）

12 憐情に突き動かされる。
13 雛僧に案内されて境内へ入る。
14 於邑の色を隠せない。
15 駐輪場の確保が吃緊の課題だ。
16 手入れの行き届いた圃畦。
17 宮娃悲しみを解かず。
18 山伏が兜巾を被る。
19 薬を正確に秤量する。
20 生涯己を砥礪し続けた。
21 心の欲する所に従いて矩を踰《こ》えず。
22 樫は道具類の柄としても使われる。
23 懐を摸る。
24 偏屈で口を開けば僻言ばかりだ。
25 門人問うて曰《いわ》く、何の謂ぞや、と。
26 今日は頗る機嫌がいいね。

7 懇願されて観光大使の大役を肯う。
8 事の次第を審らかに話す。
9 奇しくも親と同じ歳に親となる。
10 鋭利な刃物で創を負う。

三 次の**熟語**の**読み**と、その**語義**にふさわしい**訓読み**を（送りがなに注意して）**ひらがな**で記せ。

/10
1×10

〈例〉健勝……勝れる → けんしょう／すぐ

ア 1 嘗糞……2 嘗める
イ 3 匡弼……4 匡す
ウ 5 厭悪……6 悪む
エ 7 阻碍……8 碍げる
オ 9 煩擾……10 擾れる

四

次の各組の二文の（　）には**共通する漢字**が入る。その読みを後の□の中から選び、**常用漢字（一字）**で記せ。

10　2×5

1
- 異常気象が（1）荒をもたらした。
- （1）行に及んだ経緯を探る。

（　　）

2
- 我が身の薄（2）を嘆く。
- 射（2）心を煽られる。

（　　）

3
- 農薬を（3）布する。
- 手紙に誤字が（3）見する。

（　　）

4
- 正（4）で記念式典に臨む。
- 宿について旅（4）を解く。

（　　）

5
- 国家の（5）昌は国民次第だ。
- 今まさに（5）盛期にある企業だ。

（　　）

きょう・こう・さい・さん じゅ・せき・そう・りゅう

五

次の傍線部分の**カタカナ**を**漢字**で記せ。

40　2×20

15 病床の母とエイケツする時が来た。（　　）

16 ジンゾウの病の治療をする。（　　）

17 権力のソウクに成り果てる。（　　）

18 すらりとしたソウクの男だった。（　　）

19 決勝進出の夢がツイえた。（　　）

20 貯えがツイえ、生活が貧窮する。（　　）

六

次の各文にまちがって使われている**同じ音訓の漢字**が**一字**ある。**上に誤字**を、**下に正しい漢字**を記せ。

10　2×5

1 故人の遺志により、地元の特産品である手透きの和紙で装丁を施した私家集が刊行された。（　　・　　）

2 紫檀に桜の蒔絵を施した位拝に、金泥を用い荘重な文字で立派な戒名が書き入れてある。（　　・　　）

3 手塩にかけて育てた女優が喝才を浴びる姿を見て演出家は心密かに快哉を叫んだ。（　　・　　）

4 直諌を厭わぬ忠義の人は、謀反の濡れ絹を着せられて辺境の地へと左遷された。（　　・　　）

1 解決策はウエンなものだった。（　）（　）
2 アカネイロに染まる西の空を望む。（　）（　）
3 コウコウヤ然とした老人だ。（　）（　）
4 適当にサジカゲンをしてください。（　）（　）
5 コンスイ状態から醒めた。（　）（　）
6 ワインから日本酒へクラ替えする。（　）（　）
7 海外の地にアコガれる。（　）（　）
8 ノコギリの使い方を教える。（　）（　）
9 木のイスに腰掛ける。（　）（　）
10 事ナカれ主義では立ちゆかない。（　）（　）
11 東の空からショコウが射す。（　）（　）
12 シノ突く雨で靴がずぶ濡れになった。（　）（　）
13 バンサンには山海の珍味が用意された。（　）（　）
14 老人は山のフモトの小屋に住んでいる。（　）（　）

5 都会の喧騒に疲弊した心身を慰撫しようと帰郷し、翠嵐に包まれて宏然の気を養った。（　・　）

七

次の問1と問2の四字熟語について答えよ。

/20 2×10

問1 次の四字熟語の（1〜10）に入る適切な語を後の□から選び**漢字二字**で記せ。

（1）一律 ／ 君子（6）
（2）身命 ／ 一目（7）
（3）雲客 ／ 百尺（8）
（4）魚躍 ／ 長汀（9）
（5）浄土 ／ 玉砕（10）

えんぴ・がぜん・かんとう・きょくほ
けいしょう・ごんぐ・せんぺん・ひょうへん
ふしゃく・りょうぜん

問2 次の1～5の**解説・意味**にあてはまる四字熟語を後の□から選び、その**傍線部分だけの読み**を**ひらがな**で記せ。

/10 2×5

1 学問を究めれば自ずと道理も備わること。（　　）

2 つまらぬ者が集まり騒ぐこと。（　　）

3 時期が過ぎて役に立たないもののたとえ。（　　）

4 どっちつかずではっきりしない態度。（　　）

5 他人の優れた師弟をほめる言葉。（　　）

邑犬群吠・**鉤縄**規矩・水到**渠成**・**首鼠**両端
沈魚**落雁**・**芝蘭**玉樹・一蓮**托生**・**六菖**十菊

八

次の1～5の**対義語**、6～10の**類義語**を後の□の中から選び、**漢字**で記せ。□の中の語は一度だけ使うこと。

/20 2×10

対義語

1 遵奉（　　）

2 旧套（　　）

類義語

6 固執（　　）

7 機知（　　）

8 七皿食うて**サメクサ**い。（　　）

9 **カネ**や太鼓で探す。（　　）

10 鴨が**ネギ**を背負って来る。（　　）

十

文章中の傍線（1～5）の**カタカナ**を**漢字**に直し、波線（ア～コ）の**漢字の読み**を**ひらがな**で記せ。

/20 書き2×5 読み1×10

A

彼女は新吉の腕を引き立てゝ人を掻き分けながらルュ・ド・ラップの横町へ入って行った。

ただ燻《くす》ぼれて、口をいびつに結んで黙りこくってしまったような小さい暗い家が並んでいた。漆喰壁には**クモ**の巣形に汚点《しみ》が錆びついていた。どこの露地からも、ちょろちょろ流れ出る汚水が道の割栗石の窪みを伝って勝手に溝を作って居る。それに雨の雫の集りも加わって往来にしゃらしゃら川瀬の音を立てゝいた。ベッシェール夫人は後棲《うしろづま》を小意気に摘み上げ、拡げた傘で調子を取り、二人から斜めに先に立って歩いて行った。立籠めた泥水の臭いとニンニクの臭いとを彼女の派手な姿がいくらか追い散らした。此の垢でもろけた家並の中に、まるで金の入歯をしたようにバル・デ・トロア・コロンヌだとか、バル・ド・ファミイユだとか、メイゾン・バルとか言うような踊り場が挟まっていた。ニスで赧黒《あかぐろ》く光った店構えに厚

3 暗愚（　　）（　　）
4 不毛（　　）（　　）
5 率直（　　）（　　）
8 不世出（　　）（　　）
9 苦慮（　　）（　　）
10 道楽（　　）（　　）

いはい・うえん・けう・こうでい・ざんしん
そうめい・とんさい・ひよく・ふしん・ほうとう

九 次の故事・成語・諺の**カタカナ**の部分を**漢字**で記せ。

／20
2×10

1 **イチモツ**の鷹も放さねば捕らず。（　　）（　　）
2 **トウリ**もの言わざれども下自ら蹊《みち》を成す。（　　）（　　）
3 **シュツラン**の誉れ。（　　）（　　）
4 渇すれども**トウセン**の水を飲まず。（　　）（　　）
5 **ガイコツ**を乞う。（　　）（　　）
6 河豚好きで**キュウ**嫌い。（　　）（　　）
7 **キンジョウ**に花を添える。（　　）（　　）

化粧でもしたような花模様が入口のまわりを飾っていた。毒々しいネオンサインをくねらせた飾窓の[ク]硝子には白墨で「踊り無料」と斜に走り書きがしてあった。之れは巴里祭の期間中これ等の踊り場がする、お得意様への奉仕であった。其の代りに彼等は酒で[2]**モウ**けた。どの踊り場の前にも吐き出す、乱曲を浴びながら肩を怒らしてズボンへ両手を突込んだ若者と、安もので突飛に着飾った娘達とが、ごちゃごちゃしていた。

（岡本かの子 巴里祭）

B

幼少の頃、郷家では呉服太物の商売をしてゐた。時々東京の店から仕入物の大きな荷物が到着した。わたくしには子供ながら、中形の模様の好悪、唐桟のシマの意気無意気を品評することが出来た。殊にフラネル、綿フラネルの、当時なほイギリス風の趣味を伝へた[3]**シマガラ**には、今の言葉でいふと、異国情緒を感じたものであつた。また虹のいろの如く原色を染めまぜた毛糸の束は不思議な印象を与えたものである。後にパリでオットマンがかかる色彩諧調によつて幾多の絵を作つてゐるのを[ケ]看た。昔[コ]流行つた無地の面子の淡紫、淡紅の色、また古渡りの器皿の青貝の螺鈿《らでん》の輝き、その[4]**ジャッキ**する感情は孰れも相似てゐるが、わたくしは其齎《もたら》す情緒の成因を分析する術を知らない。

大学生の頃は、ドイツのエス・フイツシヤアが其発行する文学書に美しい[5]**サラサ**模様の図案を施した。ホフマンスタアルのさう云ふ本を幾冊も買ひ求めたが、皆大震災の時失つてしまつた。

（本の装釘 木下杢太郎）

第2回 よく出る模擬試験問題

月　日

試験時間 60分
合格ライン 160点
得点 /200

一

次の傍線部分の読みをひらがなで記せ。
1〜20は音読み、21〜30は訓読みである。

/30 1×30

1 山隈を訪ね歩く。
2 本山からの牒状を受け取る。
3 酒色に耽溺して国政を顧みない。
4 戸外は耳を聾する騒音だった。
5 実現まで半世紀を要する宏図だ。
6 技術習得の階梯となる書物。
7 卿相の位に昇った。
8 国はまだ亮闇の内にあった。
9 珊珊と輝く装飾品。
10 敵の臣妾となり機会を窺う。
11 草庵の葺繕を依頼する。

27 椛で有名な古寺を訪ねる。
28 艮は鬼門とされている。
29 山で榎茸を採る。
30 糠袋で汚れを落とす。

二

次の傍線部分は常用漢字である。その表外の読みをひらがなで記せ。

/10 1×10

1 商品を散で売る。
2 気勢を殺がれて黙り込む。
3 作家の生涯を詳らかに調査した。
4 転た羞恥に堪えない。
5 身の程を弁えて発言することだ。
6 火鉢に炭を埋ける。

12 天保十三年壬寅に生まれる。（　　）
13 大臣が渚宮を訪れた。（　　）
14 只今惟だ有り西江の月。（　　）
15 国宝の厨子を展示する。（　　）
16 出土した腕釧が展示された。（　　）
17 機動力で他を凌駕する。（　　）
18 諸兄姉の劉覧を請う。（　　）
19 弊袴を屑屋に売った。（　　）
20 厨室の改修を請け負う。（　　）
21 夢で見たことを悉に語る。（　　）
22 甑で米を蒸す。（　　）
23 鞍に鐙を取り付ける。（　　）
24 慣れた手つきで魚を捌く。（　　）
25 雪道の足跡を辿る。（　　）
26 竹を編んで箕を作る。（　　）

7 その件については暫く措こう。（　　）
8 入門時には腕を験される。（　　）
9 伝を頼って進学する。（　　）
10 地を均して種を蒔く。（　　）

三

次の**熟語**の**読み**と、その**語義**にふさわしい**訓読み**を（送りがなに注意して）**ひらがな**で記せ。

／10（1×10）

〈例〉 健勝……勝れる → けんしょう　すぐ

ア 1 允可（　　）：2 允す（　　）
イ 3 繡閣（　　）：4 繡しい（　　）
ウ 5 欽羨（　　）：6 欽む（　　）
エ 7 轟音（　　）：8 轟く（　　）
オ 9 拘繫（　　）：10 繫ぐ（　　）

四 次の各組の二文の（　）には**共通**する漢字が入る。その読みを後の□の中から選び、**常用漢字**（**一字**）で記せ。

/10　2×5

1
人事に私（1）を交えてはならない。
業務について委（1）を尽くして説明する。（　　）

2
両手を交（2）させて合図を送る。
貸家の（2）配を依頼する。（　　）

3
意思の（3）通が困難だ。
両親からの（3）意を感じる。（　　）

4
軍の（4）蔵物資を発見する。
近年、業績は（4）潮にある。（　　）

5
主に刑事が用いる符（5）。
乱（5）本はお取り替えいたします。（　　）

きょく・さ・しん・せき そ・たい・ちょう・ゆう

五 次の傍線部分の**カタカナ**を**漢字**で記せ。

/40　2×20

15 隣国からの要請を**イッシュウ**する。（　　）
16 心を**トロ**かすような甘美な歌声。（　　）
17 和漢の詩を**ロウエイ**する。（　　）
18 試験問題が**ロウエイ**した。（　　）
19 野**ビル**は食用になる野草だ。（　　）
20 山**ビル**に血を吸われる。（　　）

六 次の各文にまちがって使われている**同じ音訓の漢字**が**一字**ある。**上に誤字**を、**下に正しい漢字**を記せ。

/10　2×5

1 暴虐な王の激鱗に触れた者は悉く斬首や火刑などの酷刑に処せられた。（　・　）
2 山奥の古刹に住持する僧侶の痩軀から放たれる畏光に暫《しば》し圧倒された。（　・　）
3 前衛的で解渋な表現が連続する小説だが、稀代の傑作であると確信した。（　・　）
4 防禦の間劇を突いて難攻不落と言われた城砦を攻略し武功を立てる。（　・　）

1 今時珍しいギキョウ心の持ち主だ。（　　）
2 ウレしさのあまり泣き出した。（　　）
3 都会に出て大分アカヌけた。（　　）
4 受け渡しのテハズを整える。（　　）
5 哺乳類はセキツイを持つ。（　　）
6 私はウルウドシの生まれだ。（　　）
7 梅雨明けしたらガゼン暑くなった。（　　）
8 不満に口をトガらせる。（　　）
9 外から帰ったらセッケンで手を洗いなさい。（　　）
10 シマモヨウの服が好きだ。（　　）
11 上級生にもキゼンとして意見する。（　　）
12 近隣の畑で野菜をモラい歩く。（　　）
13 予想通りの経緯をタドった。（　　）
14 弱い者をイジめるなど言語道断だ。（　　）

5 臆病な性格を隠すように堅肘張って横柄な態度を取り相手を威嚇する。（　・　）

七

次の問1と問2の四字熟語について答えよ。

問1 次の四字熟語の（1〜10）に入る適切な語を後の□から選び**漢字二字**で記せ。

/20 2×10

（1）錦繍	疾風（6）
（2）豚児	気息（7）
（3）重来	容貌（8）
（4）亀毛	温柔（9）
（5）奇抜	挙措（10）

えんえん・かいい・けいさい・けんど
ざんしん・しんたい・とかく・どとう
とんこう・りょうら

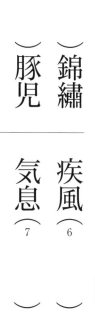

問2　次の1～5の**解説・意味**にあてはまる四字熟語を後の□から選び、その**傍線部分だけの読み**を**ひらがな**で記せ。

（　／10）2×5

1　短時間の急激な変化。（　　）

2　強い意志で勉学に励む。（　　）

3　不ぞろいなものが入り混じる様子。（　　）

4　弱小なものが強大なものを制する。（　　）

5　朝廷などで昔から伝わる習慣など。（　　）

蚊虻走牛・雲竜井蛙・磨穿鉄硯・有職故実
紫電一閃・旭日昇天・参差錯落・文質彬彬

八

次の1～5の**対義語**、6～10の**類義語**を後の□の中から選び、**漢字**で記せ。□の中の語は一度だけ使うこと。

（　／20）2×10

対義語

1　捷径（　　）

2　挽回（　　）

類義語

6　長命（　　）

7　軽少（　　）

8　**ワサビ**と浄瑠璃は泣いて誉める。（　　）

9　片手で**キリ**はもめぬ。（　　）

10　**チョッカン**は一番槍より難し。（　　）

十

文章中の傍線（1～5）の**カタカナ**を**漢**
字に直し、波線（ア～コ）の**漢字**の**読み**をひらがなで記せ。

（　／20）書き2×5　読み1×10

A

　時計を見ると七時五分であった。そこで東京上野からは正しく僅々五時間で八景の一たる景勝が連接されてゐると思ふと、[1]**カンジ**として満足欣快[ア]の感のわき上がるのを覺えた。五時間である。僅に五時間である。それで海抜四千尺の地に、直下七十何間（七十五丈ともいふ、説はまちまちだ）の大瀑布に對し、[2]**シラカバ**や山毛欅《ぶな》や唐松の梢吹[イ]く涼しい風に松蘿《さるおがせ》の搖《ゆら》ぐ下に立つことが出來るかと思ふと、昭和の御世が齎《もたら》してゐる文明が今のわれ等を祝福してゐてくれると誰も感ぜずには居られまい。

　車は忽ち[ウ]電燈の光の華やぐ旅館の門並の前を過ぎて、朱の鳥居の見ゆるところに來た。中禪寺へ着いたなと思ふ間もなく、華嚴の瀧の上流である湖尻の川にかゝつてゐる橋を渡ると、周圍七里の一大湖は眼前に開けたが、霧が來去するので何程の濶《ひろ》さがあるか朦朧として、たゞ人の想像に任せるものとして見えたのも却つて[エ]興があつ

3 没落（　　　）
4 永劫（　　　）
5 恩人（　　　）
8 洪水（　　　）
9 尾根（　　　）
10 営営（　　　）

うろ・きゅうてき・ささい・しし
しっつい・せつな・ちんじゅ・はんらん
ぼっこう・りょうせん

九 次の故事・成語・諺の**カタカナ**の部分を**漢字**で記せ。

／20
2×10

1 朝菌は**カイサク**を知らず。（　　　）
2 **フヨウ**の顔、柳の眉。（　　　）
3 **ケシ**の中に須弥山あり。（　　　）
4 **キンパク**がはげる。（　　　）
5 鐘も**シュモク**の当たりがら。（　　　）
6 天地は万物の**ゲキリョ**、光陰は百代の過客。（　　　）
7 遠慮無ければ**キンユウ**有り。（　　　）

た。以前は橋を渡らずに二荒山《ふたらさん》神社の方へ湖畔に沿うて行つて、そこらに點在する旅館に泊つたものであるが、われ等は歌が濱の米屋といふに着いた。樓に上つて欄によると、湖を[オ]壓して立つてゐる[カ]筈の男體山《なんたいさん》もぼんやりとして、近き對岸の家々の燈火も霧のさつと風に拂はれる時は點々と明るく、霧のおほひかゝる時は忽ち薄れ忽ち見えずなつた。

（幸田露伴 華嚴瀧）

B　また途中で出逢った部落の人の眼の中に冷たさを感じると、自分の心の中に敵意の[キ]萌して来るのを覚えた。何となく除け者にされた人の[3]**フン**懣《まん》が、むらむらと起って来るのを、彼は如何ともする事が出来なかった。

それに、彼は此の部落の出身であるが為めに同僚に馬鹿にされて居ると感ずる事が度々あった。

「△△屋敷の人間」

さう云ふ言葉が[ク]屢々、同僚の口から[ケ]洩れるのを聞くと、彼は顔の[4]**ホテ**るのを感じた。百歳には此の部落に生れて、この部落に住んで居る事が[5]**イト**はしい事になった。

（中略）

その歳の夏は可成り暑かった。長い間、旱魃《かんばつ》が続いた。毎日晴れ切った南国の眩しい日光が空一杯に[コ]溢れて居た。

（池宮城積宝 奥間巡査）

第3回 よく出る模擬試験問題

月　日

試験時間 60分
合格ライン 160点
得点 ／200

一

次の傍線部分の読みをひらがなで記せ。
1～20は音読み、21～30は訓読みである。

1 学生寮の烹炊所を任される。（　　）
2 雪を頂いた山々が聯亙する。（　　）
3 先祖の霊を祀《まつ》った禰祖。（　　）
4 劫末を思わせる光景だ。（　　）
5 漢語を倭訓で読む。（　　）
6 洲渚に繁茂する葦。（　　）
7 目指す邑落は山の向こうだ。（　　）
8 社会の因習を簸却する。（　　）
9 僧侶が托鉢をして回る。（　　）
10 中国の朔北の地を訪ねる。（　　）
11 屑屑として商いに励む。（　　）

／30
1×30

27 仕事に寓けて外出する。（　　）
28 病魔に心身を蝕まれる。（　　）
29 彼の知識欲は愈高まった。（　　）
30 庭の樹木に瑞瑞しい若葉が茂る。（　　）

二

次の傍線部分は常用漢字である。
その表外の読みをひらがなで記せ。

1 蠅が飛び回って煩い。（　　）
2 和漢の籍を読み漁った。（　　）
3 巫山戯《ふざけ》て塊を投げつける。（　　）
4 老爺は頑に心を閉ざした。（　　）
5 斧の音が打打と響く。（　　）
6 首の付け根に凝りがある。（　　）

／10
1×10

12 山河が衿帯を成している。（　　）
13 彪蔚たる絵柄だ。（　　）
14 枇杷の実を食べる。（　　）
15 再び桑梓の地を踏むことはなかった。（　　）
16 祭の前に神輿を修繕する。（　　）
17 病勢の昂進に悩む。（　　）
18 濤声を聞きながら眠りにつく。（　　）
19 独居の老爺を訪ねる。（　　）
20 号令の鐸を鳴らした。（　　）
21 生糸を鴇色に染める。（　　）
22 御簾をかかげて外を見る。（　　）
23 親の顔色を覗う。（　　）
24 周の衰ふるを見て迺ち遂に去る。（　　）
25 匁は尺貫法の単位の一つだ。（　　）
26 地方改革の魁となる。（　　）

7 旧例に泥んで、進歩がない。（　　）
8 髪を上げて項を見せる。（　　）
9 公園に屯する悪童をたしなめる。（　　）
10 勤務条件を委しく聞き出す。（　　）

三 次の**熟語**の**読み**と、その**語義**にふさわしい**訓読み**を（送りがなに注意して）**ひらがな**で記せ。

/10 1×10

〈例〉健勝…勝れる → けんしょう / すぐ

ア 1 尤物（　　）…2 尤れる（　　）

イ 3 婁絡（　　）…4 婁ぐ（　　）

ウ 5 編輯（　　）…6 輯める（　　）

エ 7 稗官（　　）…8 稗かい（　　）

オ 9 背戾（　　）…10 戾る（　　）

四 次の各組の二文の（　）には共通する漢字が入る。その読みを後の□の中から選び、常用漢字（一字）で記せ。

10 / 2×5

1
初の著書が（1）稿した。
子供が（1）兎のごとく逃げる。
（　）

2
（2）便に託して近況を問う。
当時は欣（2）の最中にあった。
（　）

3
孟子は（3）聖と称される。
白（3）の邸宅。
（　）

4
大河の（4）寵に浴する。
忘（4）の徒と成り果てた。
（　）

5
犬が頓（5）な声を上げた。
風（5）の士として生きた。
（　）

あ・あん・おん・きょう
こう・じゅ・だっ・ちゅ

五 次の傍線部分のカタカナを漢字で記せ。

40 / 2×20

15 思わぬ難問にホウチャクした。（　）
16 リザヤの薄い商品ばかり扱う。（　）
17 胃にセンコウが見つかった。（　）
18 雷のセンコウに目がくらむ。（　）
19 洗った皿を布巾でフく。（　）
20 藁でフいた屋根。（　）

六 次の各文にまちがって使われている同じ音訓の漢字が一字ある。上に誤字を、下に正しい漢字を記せ。

10 / 2×5

1 海外の逗留先から無事帰国したとの報せを受け安度の溜め息を吐いた。（　・　）
2 披露宴で学生時代の悪友に数多の蛮行を暴露され、寒顔の至りだった。（　・　）
3 昨年は近差で苦杯を嘗めたが、今年は大会の覇者となるべく鍛錬に励む。（　・　）
4 弧線橋の架け替え工事の為、駅構内は一部通行止めで動線が混乱している。（　・　）

1 三つドモエの抗争となった。（　　）
2 風で本のページがメクれる。（　　）
3 鑑定家の目をも欺くガンサク。（　　）
4 野に出てサワラビを摘む。（　　）
5 学者を招いてテイダンの場を設ける。（　　）
6 目先のモウけばかり追いかける店。（　　）
7 ケイフンは肥料の原料となる。（　　）
8 よきハンリョに恵まれる。（　　）
9 社会的な弱者をヒゴする。（　　）
10 弱みを握られてカネヅルにされる。（　　）
11 転倒して足首をネンザした。（　　）
12 餌をツイバむ小鳥を愛でる。（　　）
13 文学史上にサンゼンと輝く偉業だ。（　　）
14 シラカバの林を散策する。（　　）

5 毎年土用の丑の日は鰻の蒲焼きを求める客で店は掻き入れ時を迎える。（　・　）

七 次の問1と問2の四字熟語について答えよ。

問1 次の四字熟語の（1〜10）に入る適切な語を後の□から選び**漢字二字**で記せ。

/20 2×10

（1）保身　周章（6）
（2）事定　経世（7）
（3）定規　和光（8）
（4）墨守　街談（9）
（5）一斑　魚網（10）

がいかん・きゅうとう・こうご・こうり
さいみん・しゃくし・ぜんぴょう・どうじん
めいてつ・ろうばい

問2 次の1～5の**解説・意味**にあてはまる四字熟語を後の□から選び、その**傍線部分だけの読み**を**ひらがな**で記せ。

／10　2×5

1 詩や文章の才能に優れていること。（　　）

2 風流心のないこと。（　　）

3 大変喜んでいる様子。（　　）

4 死体の積み重なったむごたらしい光景。（　　）

5 絶世の美女のたとえ。（　　）

蚊蛇走牛・死屍累累・錦心繡口・朝三暮四
欣喜雀躍・焚琴煮鶴・枝葉末節・落雁沈魚

八

次の1～5の**対義語**、6～10の**類義語**を後の□の中から選び、**漢字**で記せ。□の中の語は一度だけ使うこと。

／20　2×10

対義語

1 蓄財（　　）

2 豪胆（　　）

類義語

6 恒久（　　）

7 難解（　　）

7 鳥窮すれば則ち**ツイバ**む。（　　）

8 **クツワ**の音にも目を覚ます。（　　）

9 破れ鍋に**ト**じ蓋。（　　）

10 門前**ジャクラ**を張る。（　　）

十

文章中の傍線（1～5）の**カタカナ**を**漢字**に直し、波線（ア～コ）の**漢字の読み**を**ひらがな**で記せ。

／20　書き2×5　読み1×10

A

学生は皆僕に親切でした。僕は心の自由を恢復[ア]、悪運の手より脱れ、身の上の疑惑を懐くこと次第に薄くなり、沈欝の気象までが何時しか雪の融ける如く消えて、快《かい》濶《かつ》な青年の気を帯びて来ました。

然るに十八の秋、突然東京の父から手紙が来て僕に上京を命じたのです。穏やかな僕の心は急に攪乱《かきみだ》され、僕は殆[イ]ど父の真意を知るに苦しみ、返書を出して責めて今一年、卒業の日まで此の[1]**ママ**に仕て置いて[2]**モラ**おうかと思いましたが、思い返して直ぐ上京しました。[3]**コウジマチ**の宅に着くや、父は一室に僕を喚[ウ]んで、『早速だがお前と能[エ]く相談したいことが有るのだ。お前これから法律を学ぶ気はない

3 露出（　　）　8 絶壁（　　）

4 攪乱（　　）　9 動向（　　）

5 鮮明（　　）　10 地獄（　　）

えいごう・おくびょう・かいじゅう・けんがい しゃへい・すうせい・ちんぷ・とうじん ならく・もこ

九 次の故事・成語・諺の**カタカナ**の部分を**漢字**で記せ。 /20 2×10

1 **ホラ**と喇叭《らっぱ》は大きく吹け。（　　）

2 **ヒジ**鉄砲を食わす。（　　）

3 塗り箸で**ソウメン**を食う。（　　）

4 河童の**カンゲイコ**。（　　）

5 **カコウ**有りと雖《いえど》も食らわずんばその旨きを知らず。（　　）

6 身体**ハップ**之を父母に受く。（　　）

かね。』

思いもかけぬ言葉です。僕は驚いて父の顔を見つめたきり容易に口を開くことが出来ない。（中略）僕の心の全く[オ]顚動したのも無理はないでしょう。

（国木田独歩　運命論者）

B　静寂といおうか、閑雅といおうか、釣りの[4]**ダイゴミ**をしみじみと堪能するには、[カ]寒鮒釣りを[キ]措いて他に釣趣を求め得られないであろう。

冬の陽ざしが、鈍い光を流れにともない、ゆるい川面へ斜めに落として、やがて暮れていく、水際の枯れ[ク]葦の出鼻に小舟をとどめて寒鮒を待つ風景は、眼に描いただけで心に通ずるものがある。舟板に二、三枚重ねて敷いた[ケ]座布団の上に[コ]胡座して傍らの七輪に沸《た》ぎる鉄瓶の松籟《しょうらい》を聞くともなしに耳にしながら、艫《ろ》にならんだ[5]**サオサキ**に見入る雅境は昔から江戸ッ子が愛好してきた。

（佐藤垢石　寒鮒）

第4回 よく出る模擬試験問題

月　日

試験時間 60分

合格ライン 160点

得点 /200

一

次の傍線部分の読みをひらがなで記せ。
1〜20は音読み、21〜30は訓読みである。

/30　1×30

1 橘中の楽しみを共にする。（　）
2 爾汝の交わりを結んだ友。（　）
3 俗世を離れて巌棲する。（　）
4 貧しい民の賑救が急務だ。（　）
5 湖は湛然と横たわっていた。（　）
6 肴核の尽きるまで飲み明かす。（　）
7 杵臼の交わりを結ぶ。（　）
8 陰湿な行為を厭悪する。（　）
9 骨が浮き出るほどの痩軀である。（　）
10 遥か天竺を目指して旅する。（　）
11 近頃は柴扉を叩く者もない。（　）

27 蕗の煮物を作る。（　）
28 長期に亘って努力した。（　）
29 俄かに黒雲が湧き、豪雨となった。（　）
30 戦が始まってから矢を矧ぐ。（　）

二

次の傍線部分は常用漢字である。
その表外の読みをひらがなで記せ。

/10　1×10

1 釜で米を炊ぐ。（　）
2 薦被りの酒樽が並ぶ。（　）
3 さんざん焦らした挙げ句断る。（　）
4 某かの謝礼を用意する。（　）
5 元服して字を名乗る。（　）
6 世に存えば珍事にも遭う。（　）

12 無碍の境地に達する。（　　）
13 確立した形式からの蟬脱を目指す。（　　）
14 曲水の宴を張り上巳の節句を祝う。（　　）
15 鶏肋のごとき蔵書の数々。（　　）
16 姦計に陥り財を失う。（　　）
17 苧麻の繊維から布を作る。（　　）
18 激しい口吻で反論する。（　　）
19 薬匙を使って調合を行う。（　　）
20 鼎談を記録して出版する。（　　）
21 鋸鮫が海底に潜む。（　　）
22 聖地を瀆す戦乱が起こった。（　　）
23 事件の真相を摑む。（　　）
24 泣く子を宥めて寝かしつけた。（　　）
25 神棚に榊を供える。（　　）
26 火の見櫓に上る。（　　）

7 緊張が解れて笑顔を見せる。（　　）
8 目標へ向かい直向きに努力する。（　　）
9 友人を見舞い、胸が惨んだ。（　　）
10 妹に対して故に意地悪をする。（　　）

三

次の**熟語の読み**と、その**語義**にふさわしい**訓読み**を（送りがなに注意して）**ひらがな**で記せ。

/10 1×10

〈例〉 健勝……勝れる → けんしょう / すぐ

ア 1 腫脹（　　）… 2 腫れる（　　）
イ 3 降魔（　　）… 4 降す（　　）
ウ 5 進捗（　　）… 6 捗る（　　）
エ 7 貼付（　　）… 8 貼る（　　）
オ 9 蓋世（　　）… 10 蓋う（　　）

四

次の各組の二文の（　）には**共通**する漢字が入る。その読みを後の□の中から選び、**常用漢字（一字）**で記せ。

1 旅の途上で(1)死を遂げた。
泉からは水が(1)溢していた。（　　）

2 傷心を(2)撫する。
訴訟で(2)謝料を請求する。（　　）

3 悉(3)よろしくお頼み申します。
借金を(3)済した。（　　）

4 (4)徳あれば必ず陽報あり。
空に(4)鬱な雲が広がる。（　　）

5 気(5)壮大な人物である。
山奥に一(5)の堂がある。（　　）

い・いん・う・おう かい・さい・ぶ・ほう

／10
2×5

五

次の傍線部分の**カタカナ**を**漢字**で記せ。

／40
2×20

15 ツバ競り合いの接戦が続く。（　　）

16 適当にアイヅチを打つ。（　　）

17 コウトウ炎で咳が止まらない。（　　）
18 コウトウ無稽な物語。（　　）

19 肉をクシに刺して焼く。（　　）
20 柘植はクシの材料となる。（　　）

六

次の各文にまちがって使われている**同じ音訓の漢字**が**一字**ある。**上に誤字を**、**下に正しい漢字**を記せ。

／10
2×5

1 王国の狩猟地は広大で、種々の植物が繁茂し、錦獣、魚鱗が繁殖していた。（　・　）

2 華飾の典を挙げたその日から、二人は鴛鴦宛らに仲睦まじく暮らしている。（　・　）

3 壇家は葬儀や法要を専属的に営んでもらう代わりに布施をして寺を支える。（　・　）

4 駅前商店街の再開発に於いて喫近の課題は、充分な規模の駐輪場の確保である。（　・　）

1 相手を見て態度をヒョウヘンさせた。（　　）
2 故人をシノんで歌を詠む。（　　）
3 雇用主はカップクのよい紳士だった。（　　）
4 森に入って木をコる。（　　）
5 相手の矛盾を突いてハンバクする。（　　）
6 考えアグんで寝てしまう。（　　）
7 家計がヒッパクしてきた。（　　）
8 弱い者は強い者のエジキとなる。（　　）
9 ダキすべき卑劣な行為である。（　　）
10 旬のニジマスを塩焼きで食べる。（　　）
11 日本語のリュウチョウな外国人だ。（　　）
12 弁舌サワやかな青年弁護士。（　　）
13 貧血を起こしてコントウする。（　　）
14 チびた鉛筆を大切に使う。（　　）

5 小学生の甥姪は御多聞に洩れず日夜携帯端末でのゲームに興じているらしい。（　・　）

七

次の問1と問2の四字熟語について答えよ。

問1 次の四字熟語の（1〜10）に入る適切な語を後の□から選び漢字二字で記せ。

/20 2×10

（1）走牛　笑面（6）
（2）転生　膏火（7）
（3）三遷　一虚（8）
（4）塗説　熟読（9）
（5）玉杯　甲論（10）

いちえい・おつばく・がんみ・じせん
ぞうちょ・どうちょう・ぶんぼう・もうぼ
やしゃ・りんね

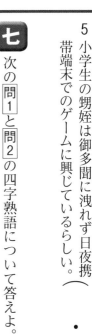

問2 次の1～5の**解説・意味**にあてはまる四字熟語を後の□から選び、その**傍線部分だけの読み**を**ひらがな**で記せ。

/10 2×5

1 空が晴れわたっている様子。（　　）

2 国や政治の情勢を一新すること。（　　）

3 災いが起こらぬよう原因を排除する。（　　）

4 耳に心地よい言葉。（　　）

5 意志が強く判断力があること。（　　）

抜本塞源	剛毅果断	碧落一洗	煩悩菩提
旋乾転坤	甜言蜜語	尭年舜日	桃李満門

八

次の1～5の**対義語**、6～10の**類義語**を後の□の中から選び、**漢字**で記せ。□の中の語は一度だけ使うこと。

/20 2×10

対義語

1 弥縫（　　）

2 桁行（　　）

類義語

6 互角（　　）

7 腹心（　　）

8 創業は易く**シュセイ**は難し。（　　）

9 前車の**フクテツ**を踏む。（　　）

10 **モラ**う物は夏も小袖。（　　）

十

文章中の傍線（1～5）の**カタカナ**を**漢字**に直し、波線（ア～コ）の**漢字の読み**を**ひらがな**で記せ。

/20 書き2×5 読み1×10

A　白菜と豚の三枚肉のお鍋

そろそろ夜がうすら寒くなってくると家でよくするお惣菜［ア］の一つです。白菜を四糎位に型をくずさない様にぶつぶつ切りまして、三枚肉は普通に切ったのを一緒に水をたっぷり入れてはじめからあんまり強くない火で永い時間煮ます。味は食塩と味の素と胡椒［イ］でつけて一番終い［ウ］にほんの一滴二滴**ショウユ**［1］を落します。白菜がすっかりやわらかくなった時白タキを入れても美味［エ］しゅうございます。是はスープもたっぷり一緒に呑［オ］める分量にしてはじめから水を入れておきます。家のお料理は疲れている時には、塩もつい余計と云う事になって定った分量をラジオの様に申しあげられません。何卒［カ］舌と御相談下さい。

ピローグ（挽肉［キ］の卵巻き）

3 峻険（　　）
4 蒼白（　　）
5 奇手（　　）
8 壊滅（　　）
9 無惨（　　）
10 逐電（　　）

がかい・こうちょう・ここう・さんび
しゅっぽん・じょうせき・たんい・はくちゅう
はたん・はりゆき

九 次の故事・成語・諺の**カタカナ**の部分を**漢字**で記せ。 20（2×10）

1 紺屋の**シロバカマ**。（　　）
2 巧詐は**セッセイ**に如かず。（　　）
3 **アイサツ**は時の氏神。（　　）
4 **キャラ**の仏に箔を置く。（　　）
5 火中の**クリ**を拾う。（　　）
6 **エテ**に帆を揚げる。（　　）
7 百尺**カントウ**一歩を進む。（　　）

これはロシヤで食べたものの真似です。挽肉をみじんにきざんだ[2]**タマネギ**と一緒にいためて食塩と胡椒で普通に味をつけ、卵を茹でてそれを細かく切って、いためておいた肉とまぜます。

（宮本百合子 十八番料理集）

B

私が富士山の御殿場口と、須走口の間で見たのは、雪解の痕が砂を柔かく厚く盛り上げて、幾筋ともなく流れているのが、二合目または一合目辺で、力が尽きて停止したままの状態を示していた。その停止している所は、舌の先のようで、お正月の[3]**ナマコ**餅の格好だ。ただ比較にならぬほど長くて幅が大きいのである。雪解の水に[4]**コ**されて[ク]沈澱した砂は、粒が美しく[5]**ソロ**って、並の火山礫などとは、容易に区別が出来る。また富士山の「御中道めぐり」と称して、山腹の五、六合目の間を[ケ]一匝する道がある。これを巡ると、大宮口から吉田口に到るまでの間に殊に多く灰青色の堅緻なる熔岩流があり、漆喰で固めたように山を縦に走っている。これは普通火山で見受ける、[コ]赫く焦げた熔岩とは思えないので、道者連は真石と称えているが、平林理学士に従えば、橄欖《かんらん》輝石富士岩に属しているそうだ。

（小島烏水 高山の雪）

第5回 よく出る模擬試験問題

月　日

試験時間 60分
合格ライン 160点
得点 ／200

一

次の傍線部分の読みをひらがなで記せ。
1～20は音読み、21～30は訓読みである。

／30
1×30

1 部隊の後ろから掩護する。（　　）
2 思いがけず鴎盟を結ぶこととなった。（　　）
3 娘が宮娃として召し出される。（　　）
4 綾子の反物を買い求める。（　　）
5 山奥の草庵で思索に耽る。（　　）
6 東西のことを卯酉とも言う。（　　）
7 文字を書くために罫線を入れる。（　　）
8 突如轟然たる雷鳴が起こった。（　　）
9 畑で甘藷を栽培する。（　　）
10 醇乎たる精神を忘れない。（　　）
11 言動が背馳する。（　　）

27 彼は耳が聡い。（　　）
28 気の赴く儘に旅をする。（　　）
29 篠笹の藪の中を進む。（　　）
30 多色摺りの版画。（　　）

二

次の傍線部分は常用漢字である。
その表外の読みをひらがなで記せ。

／10
1×10

1 荒んだ心を癒やしてくれる。（　　）
2 異しい影が忍び寄る。（　　）
3 旧家の嫡男に娘を妻わす。（　　）
4 学芸会の劇の配役が略決まった。（　　）
5 ミルクを零したなら拭きなさい。（　　）
6 貞しい心を持っていたい。（　　）

12 紬紡糸を緯糸に用いる。（　）

13 必要な人員は現地で傭役する。（　）

14 勿体ないお言葉をいただく。（　）

15 隆興の時には禎祥があるものだ。（　）

16 筆鋒鋭い批評家だ。（　）

17 祖母は庚寅の年の生まれだそうだ。（　）

18 盤陀で金属を接合する。（　）

19 生涯をかけて宏図を成し遂げる。（　）

20 学生時代から穎脱した人物だった。（　）

21 いよいよ時が盈ちる。（　）

22 相手を煽る言動は慎め。（　）

23 嘗て疹は命定めと呼ばれた。（　）

24 小さな流れが湊まり大河となる。（　）

25 轍に雨水が溜まっている。（　）

26 群を挺く活躍を見せる。（　）

7 故郷に帰り老親に事える。（　）

8 実家の斜向かいに新居を構える。（　）

9 丹塗りの柱に手を触れる。（　）

10 上京した序でに息子の下宿を訪ねる。（　）

三

次の**熟語の読み**と、その**語義**にふさわしい**訓読み**を（送りがなに注意して）**ひらがな**で記せ。

1×10 ／10

〈例〉健勝……勝れる → けんしょう / すぐ

ア 1 喬松（　）…2 喬い（　）

イ 3 哀戚（　）…4 戚む（　）

ウ 5 頃刻（　）…6 頃く（　）

エ 7 蔑如（　）…8 蔑む（　）

オ 9 拐帯（　）…10 拐る（　）

四 次の各組の二文の（　）には**共通**する漢字が入る。その読みを後の□の中から選び、**常用漢字**（**一字**）で記せ。

10
2×5

1 (1)憐の情を覚えた。
(1)咽の声が止まない。（　）

2 家業の(2)漕業が好調だ。
発言を撤(2)する。（　）

3 一(3)に正しいとは言えない。
論文の梗(3)をまとめる。（　）

4 才(4)に富んだ部下に恵まれる。
軀(4)の大きさが物を言う。（　）

5 道路に陽(5)が立ち上る。
火災の(5)熱にさらされた。（　）

あい・あん・えん・かい がい・かん・さい・たん

五 次の傍線部分の**カタカナ**を**漢字**で記せ。

40
2×20

15 内乱の**シュカイ**を捕らえた。（　）

16 **チ**びた鉛筆ばかり集めている。（　）

17 疫病は**オンリョウ**の仕業とされてきた。（　）
18 **オンリョウ**な性格で誰からも好かれる。（　）

19 弓の**ツル**を弾いて音を出す。（　）
20 雪原に二羽の**ツル**が舞い降りる。（　）

六 次の各文にまちがって使われている**同じ音訓の漢字**が**一字**ある。**上に誤字**を、**下に正しい漢字**を記せ。

10
2×5

1 鑓と楯を携えた鎧姿の勇壮な兵士らが隊互を組んで街道を行進する。（　・　）

2 獣脚類に属する大型の肉食恐竜だが、体軀に合わぬ小さな前肢が滑軽である。（　・　）

3 郊外の閑静な住宅街の一角に隅居を構え、数年を過ごした。（　・　）

4 弱小チームの汚名を返上すべく新規巻き直しを図り、大枚を叩いて指導者を招く。（　・　）

1 家族の**チュウタイ**を強める出来事。（　　）
2 **カバン**に物を詰め込みすぎだ。（　　）
3 その言動は**フンパン**ものだった。（　　）
4 母に**オトギバナシ**を聞かせてもらう。（　　）
5 **ボダイジュ**の下で悟りを開く。（　　）
6 つまらなそうに**ホオヅエ**をつく。（　　）
7 孫の前では**コウコウヤ**である。（　　）
8 国民感情を**サカナ**でする政策だ。（　　）
9 口を**ノリ**する生活に堪える。（　　）
10 **ヒナガタ**を利用して文書を作成する。（　　）
11 料理の**ヒケツ**を教えて下さい。（　　）
12 卵と**ニラ**を炒《いた》めて食べる。（　　）
13 大人に**ゴ**する力量のある子だ。（　　）
14 三つ**ドモエ**の戦いとなった。（　　）

5 君のような優秀な人が謙尊し過ぎると却って無礼な印象を与えかねないよ。（　　・　　）

七 次の問1と問2の四字熟語について答えよ。

/20 2×10

問1 次の四字熟語の（1～10）に入る適切な語を後の□から選び**漢字二字**で記せ。

（1）嘗胆
（2）名人
（3）転生
（4）玉兎
（5）馬腹

赤手（6）
剃髪（7）
陶犬（8）
画虎（9）
古色（10）

がけい・がしん・きんう・くうけん
せきし・そうぜん・ちょうべん
らくしょく・りんね・るいく

問2 次の1～5の**解説・意味**にあてはまる四字熟語を後の□から選び、その**傍線部分だけの読み**を**ひらがな**で記せ。

/10 2×5

1 一度敗れた者が勢いを取り戻すこと。

2 親孝行をすることのたとえ。

3 貴重な物や重い地位のたとえ。

4 議論がまとまらないこと。

5 家や建具、乗り物などをつくる職人のこと。

禽困覆車・九鼎大呂・情緒纏綿・老萊斑衣
甲論乙駁・捲土重来・梓匠輪輿・曲学阿世

八

次の1～5の**対義語**、6～10の**類義語**を後の□の中から選び、**漢字**で記せ。□の中の語は一度だけ使うこと。

/20 2×10

対義語

1 進展

2 昏迷

類義語

6 大儀

7 争覇

---

8 トビが鷹を生む。

9 ハシにも棒にも掛からぬ。

10 コウセンの路上老少無し。

十

文章中の傍線（1～5）の**カタカナ**を**漢字**に直し、波線（ア～コ）の**漢字**の**読み**を**ひらがな**で記せ。

/20 書き2×5 読み1×10

A

傘をさして、そこまで迎えに来た禰宜の子息だ。その辺には蓑笠で雨をいとわず往来する村の人たちもある。重い物をショい慣れて、山坂の多いところに平気で働くのは、木曾山中いたるところに見る図だ。

「オヤ、お帰りでございますか。さぞお疲れでございましょう。」

禰宜の細君は半蔵を見て声をかけた。山登りの多くの人を扱い慣れていて、いろいろ彼をいたわってくれるのもこの細君だ。

「御参籠のあとでは、皆さまが食べ物に気をつけますよ。こんな山家で何もございませんけれど、芹粥を造って置きました。落としミソにして焚いて見ました。これが一番さっぱりしてよいかと思いますが、召し上がって見てください。」

こんなことを言って、芹の香のする粥なぞを勧めてくれるのもこ

3 安寧（　　）
4 枯渇（　　）
5 付与（　　）
8 洞察（　　）
9 消長（　　）
10 育成（　　）

おっくう・かくせい・かんぱ・じゅういつ
じょうらん・ちくろく・ていとん・とうや
はくだつ・ふちん

九

次の故事・成語・諺の**カタカナ**の部分を**漢字**で記せ。

／20　2×10

1 **シャクシ**で腹を切る。（　　）
2 **シュウビ**を開く。（　　）
3 一敗地に**マミ**れる。（　　）
4 **アメ**と鞭。（　　）
5 愛**オクウ**に及ぶ。（　　）
6 失策は人にあり、**カンジョ**は神にあり。（　　）
7 禽鳥百を数うると雖《いえど》も**イッカク**に如かず。（　　）

の細君だ。
温暖《あたたか》い雨はしとしと降り続いていた。その一日はせめて王滝に3**トウリュウ**せよ、風呂にでもはいってからだを休めて行けという爾宜の言葉も、半蔵にはうれしかった。

（島崎藤村　夜明け前）

B

多くの家では玄関は家の日裏にあり北極にあたる。昼頃近くになっても霜柱の消えないような玄関の前に立って呼鈴を鳴らしてもなかなかすぐには反応がなくて立往生をしていると、凛冽《りんれつ》たる4**サクフウ**は門内の凍[カ]てた鋪石[キ]の面を吹いて安物の外套[ク]を5**ウガ**つのである。（中略）
自分が昔現在の家を建てたとき一番日当りがよくて庭の眺めのいい室を応接間にしたら、ある口の悪い奥さんから「たいそう御客様本位ですね」と云って、底に一抹の軽い非難を含んだような讃辞[ケ]を頂戴したことがあった。この奥さんの寸言の深い意味に思い当る次第である。
屠蘇《とそ》と吸物が出る。この屠蘇の盃[コ]が往々甚だしく多量の塵埃《じんあい》を被っていることがある。

（寺田寅彦　新年雑俎）

第6回

よく出る模擬試験問題

月　日

試験時間 60分

合格ライン 160点

得点 /200

一 次の傍線部分の読みを**ひらがな**で記せ。1～20は**音読み**、21～30は**訓読み**である。

/30（1×30）

1 太陽に向かって咲く葵花。
2 兜巾を着けた修験者を見かける。
3 太閤の座に上り詰める。
4 炊事場の厨芥を片付ける。
5 いつみても鷹揚に構えている。
6 星が晃晃と輝く。
7 太い柱が竪立している。
8 計画は瀦滞したままだ。
9 堵列して警備に当たる。
10 禰祖で祭祀《さいし》を執り行う。
11 庭に枇杷の木を植える。

27 酒有りて樽に盈つ。
28 商隊の行く道は峨しかった。
29 黒橿を植えて防風林とする。
30 恰もその場にいたかのように語る。

二 次の傍線部分は常用漢字である。その**表外**の**読み**を**ひらがな**で記せ。

/10（1×10）

1 大学では経済学を攻めた。
2 悲喜交の合格発表。
3 女王の前に額ずく。
4 動もすれば居眠りを始める。
5 先輩に扱かれて強くなる。
6 謀を阻止する。

12 磨かれた玉が珊珊と輝く。（　　）
13 銅を熔冶して祭器を作る。（　　）
14 麓の農家で蓑笠を借りる。（　　）
15 まばゆいばかりの光耀を放つ。（　　）
16 兼ねての志を遂げて剃度した。（　　）
17 水鳥が洲渚に憩っている。（　　）
18 見た目は仏、心は夜叉のようだ。（　　）
19 昔話にはしばしば狐狸が登場する。（　　）
20 煙霞の癖が首をもたげる。（　　）
21 雨が降ろうが槍が降ろうが関係ない。（　　）
22 辻札を立てて禁制を周知した。（　　）
23 篝火を焚いて暖をとる。（　　）
24 惟士のみ能くするを為す。（　　）
25 味噌汁に榎茸を入れる。（　　）
26 鴛鴦夫婦として有名な漫才師。（　　）

7 不安が心を過った。（　　）
8 息子夫婦も実に暮らしている。（　　）
9 何を企んでいるのか分からぬ。（　　）
10 真ん中が括れた瓶。（　　）

三

次の**熟語**の**読み**と、その**語義**にふさわしい**訓読み**を（送りがなに注意して）**ひらがな**で記せ。

/10
1×10

〈例〉健勝……勝れる → けんしょう　す　ぐ

ア 1 詣拝（　　）… 2 詣でる（　　）
イ 3 謀略（　　）… 4 謀る（　　）
ウ 5 曽遊（　　）… 6 曽て（　　）
エ 7 拭浄（　　）… 8 拭う（　　）
オ 9 挫折（　　）… 10 挫ける（　　）

四 次の各組の二文の（　）には共通する漢字が入る。その読みを後の□の中から選び、常用漢字（一字）で記せ。

1
財に任せて（1）楽に耽る。
放（1）な態度が気に障る。

2
胸（2）の思いを詩に託す。
書の深（2）を見た思いだ。

3
多くの（3）什を遺した歌人。
山海の（3）肴でもてなす。

4
年来の（4）団が氷解した。
（4）獄によって失墜する。

5
（5）説は信じるに価しない。
（5）測で物を言うな。

いつ・おう・おく・か
かい・ぎ・けい・こ

/10 2×5

五 次の傍線部分のカタカナを漢字で記せ。

/40 2×20

15 シラカバの木が並ぶ。
16 カケに負けて大損をした。
17 家族の不仲に心身をロウする。
18 策をロウして敵を陥れる。
19 会社での地位をカサに着る。
20 カサにかかった態度を取る。

六 次の各文にまちがって使われている同じ音訓の漢字が一字ある。上に誤字を、下に正しい漢字を記せ。

/10 2×5

1 露店の並ぶ河川敷の花火会場は浴衣姿の群集で立睡の余地なく混み合う。（　・　）
2 地方史の編纂事業に際し、基礎資料の調査を委職できる民間の研究機関を探す。（　・　）
3 先帝の時代に鳴り物入りで整備された学校制度は、戦乱が続いたため形効と化した。（　・　）
4 背丈が低いと従兄弟から嘲笑された姪が目を向いて憤慨している姿が見えた。（　・　）

1 アイサツもそこそこに本題に入る。（　　）
2 誰もがウラヤむ裕福な暮らし。（　　）
3 幼いころはホリュウの質であった。（　　）
4 小さな足跡をタドる。（　　）
5 ヒマツ感染の予防に効果がある。（　　）
6 刀のツバをコレクションしている。（　　）
7 母校でキョウベンをとる。（　　）
8 孫が訪ねてきて家がニギやかだ。（　　）
9 皮膚にシッシンができた。（　　）
10 悠々自適の生活にアコガれる。（　　）
11 人との出会いが旅のダイゴミだ。（　　）
12 池のヒゴイに餌をやる。（　　）
13 一気に時代のチョウジとなった。（　　）
14 意見をマトめるのに苦労した。（　　）

5 因習に糠泥する古老に反発し若者達は次々と故郷を捨て都会へ出て行った。（　・　）

七 次の問1と問2の四字熟語について答えよ。

問1 次の四字熟語の（1〜10）に入る適切な語を後の□から選び**漢字二字**で記せ。

/20 2×10

（1）再拝　天壌（6）
（2）托生　徒手（7）
（3）章草　一張（8）
（4）力行　臥竜（9）
（5）西望　博聞（10）

いちれん・いっし・きょうしき・きんけん
くうけん・とうき・とんしゅ・ほうすう
むきゅう・ろぎょ

問2 次の1～5の**解説・意味**にあてはまる四字熟語を後の□から選び、その**傍線部分だけの読み**を**ひらがな**で記せ。

／10　2×5

1 学問を途中でやめることを戒めるたとえ。（　　）

2 見識も教養も欠けている人のこと。（　　）

3 うるさいだけで役に立たない言論。（　　）

4 太陽と月。転じて月日が速く過ぎる意。（　　）

5 周囲を敵に囲まれて孤立していること。（　　）

> 質実剛健・春蛙秋蟬・金烏玉兎・馬牛襟裾・孟母断機・孟母三遷・四面楚歌・信賞必罰

八

次の1～5の**対義語**、6～10の**類義語**を後の□の中から選び、**漢字**で記せ。□の中の語は一度だけ使うこと。

／20　2×10

対義語

1 肥沃（　　）

2 寛大（　　）

類義語

6 魔手（　　）

7 容赦（　　）

8 富貴にして故郷へ帰らざるは、シュウを衣《き》て夜行くがごとし。（　　）

9 骨折り損のクタビれ儲け。（　　）

10 知らぬ神よりナジみの鬼。（　　）

十

文章中の傍線（1～5）の**カタカナ**を**漢字**に直し、波線（ア～コ）の**漢字の読み**を**ひらがな**で記せ。

／20　書き2×5　読み1×10

A

この上君の内部生活を忖度《そんたく》したり揣摩《しま》したりするのは僕のなしうるところではない。それは不可能であるばかりでなく、君を[ア]潰すと同時に僕自身を潰す事だ。君の談話や手紙を総合した僕のこれまでの想像は[イ]謬っていない事を僕に信ぜしめる。しかし僕はこの上の想像を避けよう。ともかく君はかかる内部の葛藤の激しさに堪えかねて、去年の十月にあのスケッチ帳と[ウ]真率な手紙とを僕に送ってよこしたのだ。

君よ。しかし僕は君のために何をなす事ができようぞ。君とお会いした時も、君のような人が――全然都会の臭味から免疫されて、過敏な神経や過量な人為的知見にわずらわされず、強健な意力と、[1]キョウジンな感情と、自然に哺まれた[エ]叡智とをもって自然を端的に見る事のできる君のような土の子が――芸術の[オ]捧誓者となってくれるのをどれほど望んだろう。けれども僕の喉まで出そうになる言葉

3 清楚（　　）
4 軽侮（　　）
5 文治（　　）
8 排撃（　　）
9 刊行（　　）
10 払拭（　　）

いけい・いっそう・かんじょ・こうぶ
しだん・しゅんれつ・じょうし・そうが
のうえん・ぶだん

九 次の故事・成語・諺の**カタカナ**の部分を**漢字**で記せ。　／20　2×10

1 瓢箪から**コマ**が出る。（　　）
2 湯の**ジギ**は水になる。（　　）
3 万緑**ソウチュウ**紅一点。（　　）
4 **セイア**は以て海を語るべからず。（　　）
5 珍客も長座に過ぎれば**イト**われる。（　　）
6 **カンリ**を貴んで頭足を忘る。（　　）
7 地獄の**サタ**も金次第。（　　）

をしいておさえて、すべてをなげうって芸術家になったらいいだろうとは君に勧めなかった。

それを君に勧めるものは君自身ばかりだ。君がただひとりで忍ばなければならない[2]**ハンモン**――それは痛ましい陣痛の苦しみであるとは言え、それは君自身の苦しみ、君自身で癒さなければならぬ苦しみだ。

（有島武郎　生れ出づる悩み）

B　一九二六年、恐慌状態にあった銀塊市場にたいして、英領[3]**インド**において組織された印度貨幣金融委員会が、一九二七年三月二十七日、三億五千万オンスの銀持高をもって、ルーピーの新貨幣制を決定した。その背後にあって英国当局者は銀売、金買いの機微な策略によって今日を期していた。
資本主義戦争の[カ]尖端を行くもの、これも、犯人は英国であった。

突然、電鈴が私の耳に亀甲町にある、綿花綿布倉庫会社の事業停止による賃金不払のため、従業員のストライキを[キ]報せた。（中略）

午後と、午前の境界にもかかわらず、ラジオが、[4]**ロンドン**から放送される歌謡を[5]**デンパ**していたのを疾風のなかで私は嚥《の》み下した。

ココア色の女の皮膚に雷紋の入墨をしたような夜更けであった。

皺《しわ》だらけの私の寝室をノックする音がして、暗闇から出た女の手が、[ク]楕円形の天井をみつめていた私の目前で[ケ]葡萄蔓のようにからんで、青いリノリウムのうえにMELINSの扱帯が夜光虫のように円をつくると、私は断截《だんせつ》された[コ]濡れた頭髪を腕の中に感じて、いつのまにか恋愛のマップのなかに、ひとときの安息を求めた。

（吉行エイスケ　大阪万華鏡）

第7回 よく出る模擬試験問題

月　日

試験時間 60分

合格ライン 160点

得点 /200

一

次の傍線部分の読みを**ひらがな**で記せ。
1〜20は**音読み**、21〜30は**訓読み**である。

1 供物を捧げて神祇を祀《まつ》る。（　）
2 志半ばで兇刃に倒れた。（　）
3 古代の腕釧を発掘した。（　）
4 押し入れから古い弊袴が出てきた。（　）
5 いたずらに射倖心を煽られる。（　）
6 古池に菱花が咲いている。（　）
7 地元では孝悌で知られた若者。（　）
8 子猫を一瞥して通り過ぎた。（　）
9 家族に分娩の予定日を知らせる。（　）
10 友の霊前で弔辞を捧読する。（　）
11 肇国以来の功臣である。（　）

/30
1×30

27 綿花二梱を送る。（　）
28 土地の境目に杭を打つ。（　）
29 蒸した米に種麹を加える。（　）
30 フランス語は噛った程度です。（　）

二

次の傍線部分は常用漢字である。
その**表外**の**読み**を**ひらがな**で記せ。

1 魚の滑りをとる。（　）
2 家事に勤しんでいる。（　）
3 日本古来の万の神々。（　）
4 ルールは概ね理解した。（　）
5 寛い心で受け入れる。（　）
6 長年の好もこれまでだ。（　）

/10
1×10

12 羅紗とは毛織物のことである。（　　）
13 患部に腫脹が認められる。（　　）
14 盗人を梁上の君子と称する。（　　）
15 力強く羽ばたき遥碧へ飛び去る。（　　）
16 敵の蚤牙を逃れる。（　　）
17 夜空を焦がす紅蓮の炎。（　　）
18 送られてきた牒状に目を通す。（　　）
19 藍綬褒章を授与された。（　　）
20 仏典を求めて天竺へ旅立つ。（　　）
21 水族館で鋸鮫を見る。（　　）
22 鋤鍬の手入れを怠らない。（　　）
23 盾で矛を禦ぐ。（　　）
24 倶に天下統一を目指す。（　　）
25 菰を敷いて横になる。（　　）
26 梅干しを食べて口を窄める。（　　）

7 王朝の繁栄を寿いだ。（　　）
8 都て私の蔵書です。（　　）
9 法律に遵って商売する。（　　）
10 新婚の妻が妊った。（　　）

三

次の熟語の読みと、その語義にふさわしい訓読みを（送りがなに注意して）ひらがなで記せ。

/10　1×10

〈例〉健勝……勝れる → けんしょう　すぐ

ア 1 磨礪（　　）… 2 礪ぐ（　　）
イ 3 匡済（　　）… 4 匡う（　　）
ウ 5 梗概（　　）… 6 梗ね（　　）
エ 7 奉戴（　　）… 8 戴く（　　）
オ 9 儲嗣（　　）… 10 嗣ぐ（　　）

四 次の各組の二文の（　）には**共通**する漢字が入る。その読みを後の□の中から選び、**常用漢字**（**一字**）で記せ。　2×5 /10

1
(1)馬の労で名を上げた。
冷(1)三斗の思いをした。

2
心に凌(2)の志を抱く。
敵兵が(2)霞のごとく押し寄せる。

3
奇(3)な振る舞いが目立つ。
(3)飾に満ちた生活。

4
多くの業者が(4)在している。
人目を一切(4)意しない。

5
店内に什(5)を搬入する。
才(5)に見合う役目を与える。

あん・うん・かい・がい
かん・き・きょう・と

五 次の傍線部分の**カタカナ**を**漢字**で記せ。　2×20 /40

15 作家愛用の**イス**。

16 春になり木々が**メグ**む。

17 **セッコウ**が敵陣の様子を探る。

18 **セッコウ**像をデッサンする。

19 **ア**えて危険を冒す。

20 野菜にゴマを**ア**える。

六 次の各文にまちがって使われている**同じ音訓の漢字**が**一字**ある。**上に誤字**を、**下に正しい漢字**を記せ。　2×5 /10

1 落語に出てくる長屋の住人宛らの素忽さで今日も忘れ物が酷だしい。

2 この度のご尽力に対して、差少乍ら謝礼をご用意いたしましたのでご笑納下さい。

3 百年に一度の天才と顕伝された少年棋士の登場で将棋人口が爆発的に増加した。

4 眼前の叢から飛び出してきた猛獣に驚当し、腰が抜けて這って逃げようとした。

1 **ホウトウ**が集って気焰を上げる。（　　）
2 不安が**オリ**のように心にたまる。（　　）
3 商店街が大いに**ニギ**わう。（　　）
4 どうぞ事情をご**レンサツ**ください。（　　）
5 **ダエン**形のテーブル。（　　）
6 軍艦が海の**モクズ**と消える。（　　）
7 美食に**タンデキ**して健康を顧みない。（　　）
8 歌舞伎役者の見事な**クマドり**。（　　）
9 発言の真意を**ハソク**する。（　　）
10 都会で暮らして随分**アカヌ**けた。（　　）
11 馬に**テイテツ**を打つ。（　　）
12 酒の**サカナ**を用意する。（　　）
13 つまずいて足首を**ネンザ**した。（　　）
14 米粒を煮て**ノリ**を作る。（　　）

---

5 老学者は汗牛充棟の漢籍を読み熟し、概博な知識を得ても猶弛まず勉学に励んだ。（　・　）

七 次の問1と問2の四字熟語について答えよ。

問1 次の四字熟語の（1〜10）に入る適切な語を後の□から選び**漢字二字**で記せ。

/20 2×10

（1）秀麗　　純真（6）
（2）舜雨　　朝秦（7）
（3）迎合　　金剛（8）
（4）櫛比　　行住（9）
（5）満門　　三者（10）

あふ・ぎょうふう・ざが・ていりつ・とうり・びもく・ふえ・ぼそ・むく・りんじ

問2 次の1～5の**解説・意味**にあてはまる四字熟語を後の□から選び、その**傍線部分だけの読み**を**ひらがな**で記せ。

/10 2×5

1 故国の滅亡を嘆くこと。（　　）
2 君主の恩徳が広く及んでいること。（　　）
3 自然に親しみ悠々と暮らすこと。（　　）
4 非常に贅沢《ぜいたく》な暮らしのたとえ。（　　）
5 月日がたちまちのうちに過ぎ去ること。（　　）

鳶飛魚躍・象箸玉杯・焚琴煮鶴・旭日昇天
閑雲野鶴・麦秀黍離・兎走烏飛・氷肌玉骨

八

次の1～5の**対義語**、6～10の**類義語**を後の□の中から選び、**漢字**で記せ。□の中の語は一度だけ使うこと。

/20 2×10

対義語

1 賞讃（　　）
2 惰弱（　　）

類義語

6 繁昌（　　）
7 激浪（　　）
8 イソのあわびの片思い。（　　）
9 サイシンの憂い有りて朝に造るあたわず。（　　）
10 ヌれ手で粟。（　　）

十

文章中の傍線（1～5）の**カタカナ**を**漢字**に直し、波線（ア～コ）の**漢字の読み**を**ひらがな**で記せ。

/20 書き2×5 読み1×10

A

よぼよぼと歩いている蠅《ア》。指を近づけても逃げない蠅。そして飛べないのかと思っているとやはり飛ぶ蠅。彼らはいったいどこで夏頃の不逞《ふてい》さや憎々しいほどのすばしこさを失って来るのだろう。色は不鮮明に黝《くろ》ずんで、翅《し》体《たい》は萎縮している。汚い臓物で張り切っていた腹は紙撚《イ》のように痩せ細っている。そんな彼らがわれわれの気もつかないような夜具の上などを、いじけ衰えた姿で匍《は》っているのである。

冬から早春にかけて、人は一度ならずそんな蠅を見たにちがいない。それが冬の蠅である。私はいま、この冬私の部屋に棲《ウ》んでいた彼らから一篇《エ》の小説を書こうとしている。

3 停頓（　　　）
4 枯渇（　　　）
5 払暁（　　　）
8 碩儒（　　　）
9 乱脈（　　　）
10 苦悩（　　　）

えいよう・ごうき・こうこん・じゅんたく
しんちょく・たいと・ちょうば・どとう
はんもん・ぶざつ

九 次の故事・成語・諺の**カタカナ**の部分を**漢字**で記せ。

/20　2×10

1 **ヒップ**も志を奪うべからず。（　　　）
2 腹は立て損、**ケンカ**は仕損。（　　　）
3 **ジュウバ**を殺して狐狸を求む。（　　　）
4 **トタン**の苦しみ。（　　　）
5 中流に船を失えば**イッピョウ**も千金。（　　　）
6 犬骨折って鷹の**エジキ**。（　　　）
7 魚の**フチュウ**に遊ぶが如し。（　　　）

冬が来て私は日光浴をやりはじめた。溪間[オ]の温泉宿なので日が翳《かげ》り易い。溪の風景は朝遅くまでは日影のなかに澄んでいる。やっと十時頃溪向こうの山に[1]**セキ**とめられていた日光が閃々[カ]と私の窓を射しはじめる。窓を開けて仰ぐと、溪の空は[2]**アブ**や蜂の光点が忙しく飛び交っている。白く輝いた[3]**クモ**の糸が弓形に膨らんで幾条も幾条も流れてゆく。

（中略）

日光が[4]**カシ**の梢[キ]に染まりはじめる。するとその梢からは白い水蒸気のようなものが立ち騰[ク]る。霜が溶けるのだろうか。溶けた霜が蒸発するのだろうか。いや、それも昆虫である。微粒子のような羽虫がそんなふうに群がっている。そこへ日が当ったのである。

私は開け放った窓のなかで半裸体の身体を晒[ケ]しながら、そうした内湾のように[5]**ニギ**やかな溪の空を眺めている。すると彼らがやって来るのである。彼らのやって来るのは私の部屋の天井からである。日蔭[コ]ではよぼよぼとしている彼らは日なたのなかへ下りて来るやよみがえったように活気づく。

（梶井基次郎 冬の蠅）

第8回 よく出る模擬試験問題

月　日

試験時間 60分

合格ライン 160点

得点　／200

一

次の傍線部分の読みをひらがなで記せ。
1～20は音読み、21～30は訓読みである。

／30　1×30

1 外来生物が蕃殖する。
2 優勝して賞牌を手にする。
3 反駁の余地のない正論。
4 豊稔を祈願した祭祀《さいし》。
5 乃父も答うるに辞なし。
6 さつまいもは甘藷ともいう。
7 輔弼の臣の責を問う。
8 宗教裁判で焚刑が言い渡される。
9 深淵に臨んで薄氷を踏むが如し。
10 斧斤を入れざりし神林。
11 宕冥の山を目指す。

27 塙に松の木が立つ。
28 筏に乗って川を下る。
29 日光に曝される。
30 ありし日を偲ぶ。

二

次の傍線部分は常用漢字である。
その表外の読みをひらがなで記せ。

／10　1×10

1 努努注意を怠ってはならない。
2 鈍色の着物をまとう。
3 狭い部屋は寧ろ居心地がよい。
4 愛情の濃やかな女性だ。
5 勝手な行動は罷り成らぬ。
6 儲け口を目敏く見つける。

12 投錨して船を停泊させる。（　　）
13 零落して郷里に逼塞する。（　　）
14 読者諸彦の皆様に訴えたい。（　　）
15 悉皆漏れなく報告する。（　　）
16 箪笥に服をしまう。（　　）
17 矛戟を携えた兵が居並ぶ。（　　）
18 塁を出でて盤桓す。（　　）
19 蓬萊の玉の枝。（　　）
20 捲握して散ぜず。（　　）
21 椋鳥が喧しく鳴く。（　　）
22 波が砕け沫が上がる。（　　）
23 柾目の板でテーブルを作る。（　　）
24 幌の付いた馬車が走る。（　　）
25 瓢に酒を入れる。（　　）
26 家臣が王の命に叛く。（　　）

7 神々が普く存在する世界。（　　）
8 今方に決断の時である。（　　）
9 前例に法って事案を処理する。（　　）
10 妄りに騒いではならない。（　　）

三

次の熟語の読みと、その語義にふさわしい訓読みを（送りがなに注意して）ひらがなで記せ。

/10
1×10

〈例〉 健勝……勝れる → けんしょう すぐ

ア 1 仰臥（　　）……2 臥す（　　）
イ 3 嘉尚（　　）……4 嘉する（　　）
ウ 5 臆度（　　）……6 臆る（　　）
エ 7 堰塞（　　）……8 堰く（　　）
オ 9 嬰鱗（　　）……10 嬰れる（　　）

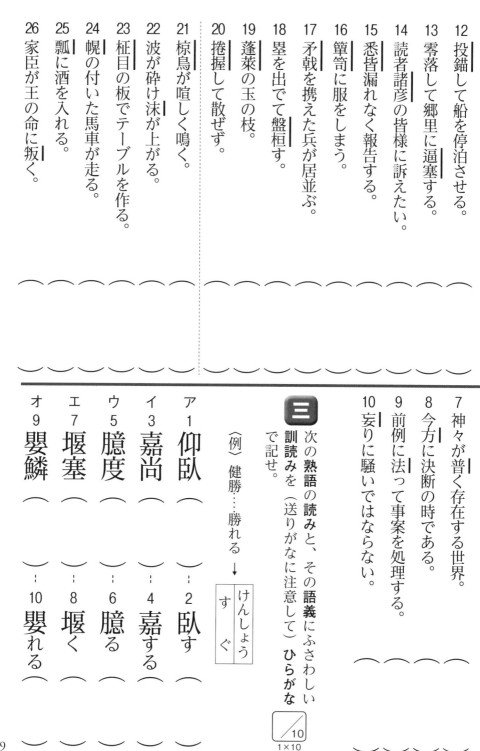

四

次の各組の二文の（　）には**共通**する漢字が入る。その読みを後の□の中から選び、**常用漢字**（**一字**）で記せ。

/10 2×5

1
(1)腹な仕打ちを受ける。
因(1)な商売で儲ける。

2
経(2)済民を重んじる。
蓋(2)の勇の誉れ高い。

3
敵国の(3)狗との詰りを受ける。
客に郷土料理を馳(3)する。

4
ご(4)庇を賜り感謝申し上げます。
(4)踏的な立場から論じる。

5
先人に欽(5)の念を抱く。
恋人への(5)情を募らせる。

かく・こう・ごう・さい せい・そう・ばい・ぼ

五

次の傍線部分の**カタカナ**を**漢字**で記せ。

/40 2×20

15 身内の非礼を**ワ**びる。

16 船影が洋上に**ヨウエイ**する。

17 彼は**キキョウ**な性格で知られる。

18 紫色の**キキョウ**の花が咲く。

19 **クズ**から餅を作る。

20 ごみ箱に糸**クズ**を捨てる。

六

次の各文にまちがって使われている**同じ音訓の漢字**が**一字**ある。**上に誤字**を、**下に正しい漢字**を記せ。

/10 2×5

1 弛まぬ鍛錬の末に鋼の如き強甚な肉体と不屈の精神を我がものとする。

2 彼女は秀麗な眉目に加えて大学を首席で卒業した才援としても知られる。

3 かつて威容を誇った伽藍の荒廃した姿を目にして索縛たる思いを抱いた。

4 砂塵の舞い上がる宏大無辺な大地に尺熱の太陽が照りつける。

1 就職先をアッセンする。（　）
2 道化師にフンして客を笑わせる。（　）
3 接戦の末にガイカをあげる。（　）
4 ガンの再発を防ぐ。（　）
5 些細なことをオオゲサに話す。（　）
6 コンポウのための紐を買う。（　）
7 頭がサえて名案が浮かぶ。（　）
8 サワやかな風が吹いた。（　）
9 今月はヨロクにあずかった。（　）
10 草木をナいで叢林を進む。（　）
11 総本宮から神霊をカンジョウする。（　）
12 ヒンシの重体に陥る。（　）
13 泣く子をナダめすかす。（　）
14 ラセン状の模様を描く。（　）

5 舌砲鋭い多士済済の論客を壇上に招いて侃侃たる議論を戦わせてもらう。（　・　）

七

次の問1と問2の四字熟語について答えよ。

問1 次の四字熟語の（1～10）に入る適切な語を後の□から選び**漢字二字**で記せ。

/20 2×10

（1）浮木	筆耕（6）
（2）露宿	伏竜（7）
（3）絶倒	土崩（8）
（4）羨魚	拍手（9）
（5）進退	紅毛（10）

がかい・かっさい・けんでん・しゅっしょ・ふうさん
へきがん・ほうすう・ほうふく・もうき・りんえん

問2 次の1～5の**解説・意味**にあてはまる四字熟語を後の□から選び、その**傍線部分だけの読み**を**ひらがな**で記せ。

/10 2×5

1 浅はかな考えで自分の良心を欺くこと。（　　）

2 威張って人に従おうとしないさま。（　　）

3 逃すことのできない絶好の機会。（　　）

4 激しく敵対して共存できない間柄であること。（　　）

5 友人を切に思う気持ち。（　　）

掩耳盗鐘・傲岸不遜・啐啄同時・熱願冷諦
通暁暢達・不倶戴天・盲亀浮木・屋梁落月

八

次の1～5の**対義語**、6～10の**類義語**を後の□の中から選び、**漢字**で記せ。□の中の語は一度だけ使うこと。

/20 2×10

対義語

1 斬新（　　）

2 優柔（　　）

類義語

6 台所（　　）

7 軽率（　　）

8 人のハエを追うより自分の頭のハエを追え。（　　）

9 リッスイの余地もない。（　　）

10 積善の家には必ずヨケイ有り。（　　）

十

文章中の傍線（1～5）の**カタカナ**を**漢字**に直し、波線（ア～コ）の**漢字の読み**を**ひらがな**で記せ。

/20 書き2×5 読み1×10

A

南洋の島々には椰子《やし》蟹がおります。椰子蟹て何？椰子の実を喰べる蟹です。じゃ椰子て何？椰子は樹です、棕櫚《しゅろ》に似た樹です。けれども実は胡桃に似ています。胡桃よりも、もっともっと大きな、胡桃を五十も合せた程大きな実です。胡桃のように堅い核が、柔かな肉の中にあります。それを割ると中からソーダ水のような甘酸っぱい水と、豚の脂のかたまったようなコプラというものが出て来ます。土人はそれを喰べます。私どもはそれでセッケンをつくります。椰子蟹はこのコプラを喰べて生きていますから、椰子蟹という名がつきました。

二

或る島に一匹の椰子蟹がおりました。大変おとなしい蟹

3 謙抑（　　）（　　）
4 称賛（　　）（　　）
5 枯渇（　　）（　　）

8 悠揚（　　）（　　）
9 仰天（　　）（　　）
10 偽作（　　）（　　）

おういつ・かだん・がんさく・きっきょう・しっせき・しょうよう・そこつ・ちゅうぼう・ちんぷ・ふそん

九 次の故事・成語・諺の**カタカナ**の部分を**漢字**で記せ。　／20（2×10）

1 自家**ヤクロウ**中の物。（　　）（　　）
2 **ユウメイ**境を異にする。（　　）（　　）
3 **リカ**一枝春雨を帯ぶ。（　　）（　　）
4 人生、字を識るは**ユウカン**の始め。（　　）（　　）
5 武士は食わねど高**ヨウジ**。（　　）（　　）
6 桃栗三年柿八年、**ユズ**は九年の花盛り。（　　）（　　）
7 **リョウキン**は木を択ぶ。（　　）（　　）

で、[ウ]珊瑚岩の穴に住まっておりました。潮が退くと、穴の口にお日様の光りが[エ]覗き込みます。すると宿主の珊瑚虫はブツブツ言いながら身をちぢめますが、蟹は[オ]大悦びで外へ出ます。

（宮原晃一郎　椰子蟹）

B

さる四[2]**ツジ**で、一人の巡査が[3]**アタカ**も立坊の如く立つて居た。其[カ]周匝を一疋の小犬がグルグルと廻つて[4]**シキ**りに巡査の顔を見て居るのを、何だか面白いと思つた。知らぬ土地へ来て道を聞くには、女、殊に年若い女に[キ]訊くに限るといふ事を感じて宿に帰る。

湯に這入つた。薄暗くて立ち罩《こ》めた湯気の濛々《もうもう》たる中で、「[ク]旭川は数年にしてきっと[ケ]札幌を[5]**リョウガ**する様になるよ」と[コ]気焔を吐いて居る男がある。

（石川啄木　雪中行　小樽より釧路まで）

第9回 よく出る模擬試験問題

月　日

試験時間 60分

合格ライン 160点

得点 ／200

一

次の傍線部分の読みをひらがなで記せ。
1～20は音読み、21～30は訓読みである。

／30　1×30

1 海を眺めながら汀渚を歩く。（　）
2 諜報機関の工作員が暗躍する。（　）
3 魁梧たる男が立ち上がった。（　）
4 裁判の被告に審訊する。（　）
5 日本人選手の活躍に快哉を叫ぶ。（　）
6 貧富の格差を匡正すべきだ。（　）
7 捺染の技術を弟子に伝える。（　）
8 大国が小国を併呑する。（　）
9 リフトを懸吊する装置。（　）
10 ミスをした部下を叱責する。（　）
11 サンゴは腔腸動物である。（　）

27 丹念に墨を摺る。（　）
28 周囲に濠を巡らす。（　）
29 人を恕す心を持つ。（　）
30 霊験灼な神社に参る。（　）

二

次の傍線部分は常用漢字である。
その表外の読みをひらがなで記せ。

／10　1×10

1 囮《おとり》を使って誘き寄せる。（　）
2 抑の話、何が問題なのか。（　）
3 心和ぐ音楽が流れる。（　）
4 偶旅先で知人と出会う。（　）
5 細やかなお礼をさせていただく。（　）
6 倹やかな暮らしを営む。（　）

12 店の評判を喧伝する。

13 胡乱な男が徘徊《はいかい》する。

14 糸くずを集めて紬紡糸にする。

15 和紙に桐油を引く。

16 遁辞を弄して責任を免れる。

17 いわゆる横文字を蟹行文字という。

18 碩徳の説法を傾聴する。

19 劣勢の中一人気焔を吐く。

20 鴨脚の木が道沿いに並ぶ。

21 川の瀞に釣り糸を垂れる。

22 浦の苫屋の秋の夕暮れ。

23 椴松の木材を購入する。

24 敵の目を詑く作戦だ。

25 辻に立って演説をする。

26 蹄の音を立てて馬が走る。

7 豪商の娘が拐される。

8 敵を易ることなかれ。

9 試合に出たくて心が逸る。

10 綱紀の乱れを規す。

三

次の**熟語の読み**と、その**語義**にふさわしい**訓読み**を（送りがなに注意して）**ひらがな**で記せ。

/10 1×10

〈例〉 健勝……勝れる → けんしょう / すぐ

ア 1 蒐荷 …… 2 蒐める

イ 3 凱風 …… 4 凱らぐ

ウ 5 侃侃 …… 6 侃い

エ 7 疏水 …… 8 疏る

オ 9 切磋 …… 10 磋く

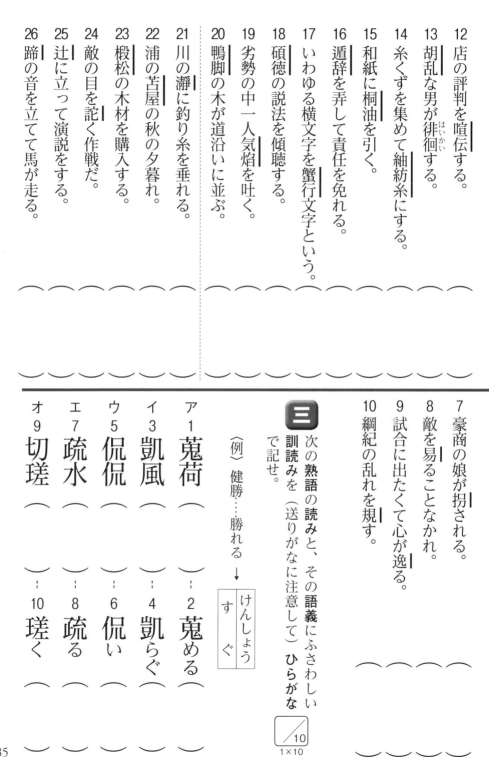

四

次の各組の二文の（　）には**共通**する漢字が入る。その読みを後の□の中から選び、**常用漢字**（**一字**）で記せ。

10 / 2×5

1
(1) ご(1)誼を賜り御礼申し上げます。
深(1)な同情を寄せる。（　）

2
(2)皇として駆けつける。
豊かな穀(2)地帯が広がる。（　）

3
(3)日雨が降り続けた。
全財産を蕩(3)する。（　）

4
計画の概要を(4)捉する。
軍部が実権を(4)持する。（　）

5
なかなか気(5)のある若者だ。
権力に対して叛(5)精神を見せる。（　）

ぎゃく・こう・こつ・じ しゅう・じん・そう・は

五

次の傍線部分の**カタカナ**を**漢字**で記せ。

40 / 2×20

15 有名人が**セイゾロ**いした。（　）
16 海苔の**ツクダニ**をおかずにする。（　）
17 浅瀬で船が**ザショウ**する。（　）
18 転んで足首に**ザショウ**を負う。（　）
19 **カマ**で飯を炊く。（　）
20 **カマ**で稲を刈り取る。（　）

六

次の各文にまちがって使われている**同じ音訓の漢字**が**一字**ある。**上に誤字**を、**下に正しい漢字**を記せ。

10 / 2×5

1 人望篤かった前監督の理不尽な解任劇は選手らの意気を阻相させるに足りた。（　・　）
2 大規模な管漑と革新的な農業技術により乾燥地は豊穣な沃野へと変貌した。（　・　）
3 莫大な公金を拐帯して失走した男の行方を捜査員が総力を挙げて追う。（　・　）
4 若手から抜擢された新社長は前任者に損色のない手腕を発揮している。（　・　）

1 強敵にもヒルまずに立ち向かう。（　　）
2 ダイタイ部に痛みを覚える。（　　）
3 コソクな手段でその場を済ませる。（　　）
4 博物館でハニワを展示する。（　　）
5 人をグロウしてはいけない。（　　）
6 眼下にコンペキの海が広がる。（　　）
7 大臣は改革派のキュウセンポウだ。（　　）
8 グウイを含んだ物語を読む。（　　）
9 ケタハズれの金額を請求する。（　　）
10 キママな独身生活に終止符を打つ。（　　）
11 他をリョウガする活躍を見せる。（　　）
12 長い交際を経てカショクの典を挙げた。（　　）
13 県境をマタいで架かる橋。（　　）
14 軒下にアマドイを付ける。（　　）

---

5 机上には丁寧に紐で閉じられた分厚い原稿の束が端然と置かれていた。（　・　）

七

次の問1と問2の四字熟語について答えよ。

問1 次の四字熟語の（1〜10）に入る適切な語を後の□から選び**漢字二字**で記せ。

/20 2×10

（1）自大	麦秀（6）
（2）累累	羊質（7）
（3）俗語	矛盾（8）
（4）反照	名誉（9）
（5）兎走	首鼠（10）

うひ・かいこう・こひ・しし・しょり・どうちゃく
ばんかい・へいだん・やろう・りょうたん

問2 次の1～5の**解説・意味**にあてはまる四字熟語を後の□から選び、その**傍線部分だけの読み**を**ひらがな**で記せ。

/10
2×5

1 追い詰められた弱者の反撃が強者を苦しめること。（　　）

2 死後に極楽浄土に往生できるよう願うこと。（　　）

3 守護や願望成就を神仏に祈ること。（　　）

4 君子は決して信念を曲げないことのたとえ。（　　）

5 めったに出会えないことのたとえ。（　　）

加持祈禱・鳴蟬潔飢・盲亀浮木・伏竜鳳雛 道聴塗説・窮鼠嚙猫・欣求浄土・凋氷画脂

八

次の1～5の**対義語**、6～10の**類義語**を後の□の中から選び、**漢字**で記せ。□の中の語は一度だけ使うこと。

/20
2×10

対義語

1 枯渇（　　）

2 付与（　　）

類義語

6 吉兆（　　）

7 仰天（　　）

8 爪の**アカ**を煎じて飲む。（　　）

9 衣食足りて則ち**エイジョク**を知る。（　　）

10 **ガベイ**に帰す。（　　）

十

文章中の傍線（1～5）の**カタカナ**を漢字に直し、波線（ア～コ）の**漢字の読み**を**ひらがな**で記せ。

/20
書き2×5
読み1×10

A

現に田辺附近で[1]**キツネ**を狩り尽くして[ア]兎が跋扈《ばっこ》し、その害[2]**ツト**に十倍し弱り居る村がある、されば支那人もツトに[3]**キンジュウ**が農事に大功あるを認め、十二月に臘《ろう》と名づけて先祖を祭ると同日、蜡《しょ》といって穀類の種神を祭り、農夫と督耕者と農に益あるキンジュウを[イ]饗せしは仁の至義の尽なりと『礼記』に[ウ]讃めて居る、子貢蜡《しょ》を観る、孔子曰く賜しや楽しきか、対えて曰く一国の人皆狂せるごとし、賜その楽しさを知らざるなり、子曰く百日の蜡一日の沢、[エ]爾が知るところにあらざるなり

（南方熊楠　十二支考 虎に関する史話と伝説民俗）

B

「このうえは、いかに骨が折れようと、また、い

3 莫大（　　）
4 停頓（　　）
5 斬新（　　）
8 堪能（　　）
9 股肱（　　）
10 学識（　　）

きちずい・きょうとう・きんしょう・しんちょく
ぞうけい・ちんとう・はくだつ・ふくしん
ふんしゅつ・れんたつ

九 次の故事・成語・諺の**カタカナ**の部分を**漢字**で記せ。 20 2×10

1 **リカ**に冠を正さず。（　　）
2 **ルリ**の光も磨きがら。（　　）
3 歓楽極まりて**アイジョウ**多し。（　　）
4 **キカ**居くべし。（　　）
5 **セキヒン**洗うが如し。（　　）
6 秋の日は**ツルベ**落とし。（　　）
7 国に**イサ**める臣あればその国必ず安し。（　　）

かに行く先々で愚弄され嗤《わら》われようと、とにかく一応、この河の底に栖むあらゆる賢人、あらゆる医者、あらゆる占星師に親しく会って、自分に納得のいくまで、教えを乞おう」と。

渠[オ]は粗末な直綴[カ]を**マト**[4]うて、出発した。（中略）流沙河の最も繁華な四つ辻に立って、一人の若者が叫んでいた。

「我々の短い生涯が、その前とあととに続く無限の大永劫[キ]の中に没入していることを思え。我々の住む狭い空間が、我々の知らぬ・また我々を知らぬ・無限の大広袤《だいこうぼう》の中に投込まれていることを思え。誰か、みずからの姿の微小さに、おののかずにいられるか。我々はみんな鉄鎖に繋[ク]がれた死刑囚だ。毎瞬間ごとにその中の幾人かずつが我々の面前で殺されていく。我々はなんの希望もなく、順番を待っているだけだ。時は迫っているぞ。その短い間を、自己欺瞞《ぎまん》と酩酊《めいてい》とに過ごそうとするのか？　呪われた**ヒキョウ**[5]者め！　その間を汝[ケ]の惨な理性を恃んで自惚[コ]れ返っているつもりか？　傲慢な身の程知らずめ！」

（中島敦　悟浄出世）

第10回 よく出る模擬試験問題

月　日

試験時間 60分

合格ライン 160点

得点 /200

一 次の傍線部分の読みをひらがなで記せ。1〜20は音読み、21〜30は訓読みである。

/30 1×30

1 喋喋と雑談に興じる。（　）
2 塵芥を処理する施設。（　）
3 罫紙に文をしたためる。（　）
4 部族の酋領に挨拶をする。（　）
5 父親の鍾愛を受けて育つ。（　）
6 善道を諮諏し、雅言を察納す。（　）
7 或問形式で記された思想書。（　）
8 堕落した世を慨歎する。（　）
9 雨水が暗渠に流れこむ。（　）
10 親を亡くした嬰児を引き取る。（　）
11 若さと情熱の横溢する舞台。（　）

27 相手の意図を汲む。（　）
28 敵軍の攻撃を禦いだ。（　）
29 お互いの健闘を讃える。（　）
30 紙漉きの技術を学ぶ。（　）

二 次の傍線部分は常用漢字である。その表外の読みをひらがなで記せ。

/10 1×10

1 世界王者に亜ぐ実力者だ。（　）
2 荘かな式典が行われる。（　）
3 類まれな才能に恵まれる。（　）
4 凡ての生命は平等である。（　）
5 恥ずかしくて顔が熱る。（　）
6 女寡に花が咲く。（　）

12 井蛙大海を知らず。（　　）
13 お祝いの品を献芹する。（　　）
14 切手の蒐集を趣味とする。（　　）
15 困惑して掻頭する。（　　）
16 戊寅の年に政変が起きる。（　　）
17 甜菜から砂糖をとる。（　　）
18 骨董の価値を見極める。（　　）
19 肉の焼き方に註文をつける。（　　）
20 屢次の災難を嘆く。（　　）
21 池の塘を築く。（　　）
22 夜の巷を彷徨《ほうこう》する。（　　）
23 夷顔の主人が客を迎える。（　　）
24 馬の轡をとる。（　　）
25 荊の人生を歩む。（　　）
26 袷の着物をしつらえる。（　　）

7 多様な草木が参差として茂る。（　　）
8 気が狂れたように走り続ける。（　　）
9 柘榴《ざくろ》の実が爆ぜる。（　　）
10 目的に副った手段を取る。（　　）

三 次の**熟語**の**読み**と、その**語義**にふさわしい**訓読み**を（送りがなに注意して）**ひらがな**で記せ。

／10（1×10）

〈例〉健勝……勝れる → けんしょう　すぐ

ア 1 訊責（　　）…2 訊う（　　）
イ 3 勃爾（　　）…4 勃かに（　　）
ウ 5 徽章（　　）…6 徽い（　　）
エ 7 亨通（　　）…8 亨る（　　）
オ 9 冶金（　　）…10 冶る（　　）

四 次の各組の二文の（　）には共通する漢字が入る。その読みを後の□の中から選び、**常用漢字（一字）**で記せ。

10
2×5

1
過去の失敗を悔（1）する。
聡明にして英（1）である。
（　）

2
美しい女性が（2）波を送る。
麦（2）の季節を迎える。
（　）

3
何の臆（3）もなく人をだます。
（3）妖な出来事に出くわす。
（　）

4
（4）官制度によって行政官が変わる。
古今の奇書を渉（4）する。
（　）

5
希代の人（5）として名を轟かせる。
魁（5）と呼ぶにふさわしい大男だ。
（　）

かく・けつ・ご・こん
しゅう・たい・めん・りょう

五 次の傍線部分の**カタカナ**を**漢字**で記せ。

40
2×20

15 **ヘラ**で接着剤を塗る。（　）
16 **オヒレ**を付けて話を広める。（　）
17 会社の**テイカン**に目を通す。（　）
18 望みを捨てて**テイカン**する。（　）
19 周囲の人々に愛嬌《あいきょう》を**マ**く。（　）
20 植物の種を**マ**く。（　）

六 次の各文にまちがって使われている**同じ音訓の漢字**が**一字**ある。**上に誤字を、下に正しい漢字**を記せ。

10
2×5

1 国際条約の締結のために両国の担当者が水面下で度重なる接衝を行う。（　・　）
2 火薬の製造法は中国を発祥とし蒙古の遠征を通じて欧州に伝波したという。（　・　）
3 被害者の方々に哀悼の意を表すとともに忠心よりお詫び申し上げます。（　・　）
4 故人の遺産を巡る遺族たちの骨肉の争いは泥試合の様相を呈してきた。（　・　）

1 相手の申し出を**イッシュウ**する。（　　）
2 数奇な運命に**ホンロウ**される。（　　）
3 両者を**テンビン**にかける。（　　）
4 **ダキ**すべき偽善的な行為だ。（　　）
5 不注意が思わぬ事故を**ジャッキ**する。（　　）
6 最後の**バンサン**。（　　）
7 川で**ソウテイ**の競技が行われる。（　　）
8 薬缶の底が**スス**ける。（　　）
9 **ワキメ**もふらず往来を闊歩《かっぽ》する。（　　）
10 弓に矢を**ハ**ぐ。（　　）
11 理不尽な苦情に**アゼン**とする。（　　）
12 **ワニガワ**で財布を作る。（　　）
13 **カサダカ**な荷物を運ぶ。（　　）
14 野望が**モロ**くも崩れる。（　　）

5 鎧兜に身を固めた雲霞のような軍勢が敵陣へと怒騰のごとく押し寄せる。（　・　）

七

次の問1と問2の四字熟語について答えよ。

問1 次の四字熟語の（1〜10）に入る適切な語を後の□から選び**漢字二字**で記せ。

／20 2×10

（1）亡羊	名声（6）
（2）沈魚	用管（7）
（3）大儒	竜章（8）
（4）行歩	紅毛（9）
（5）相制	羊頭（10）

かくかく・きてん・くにく・けんが・ざが
せきがく・たき・へきがん・ほうし・らくがん

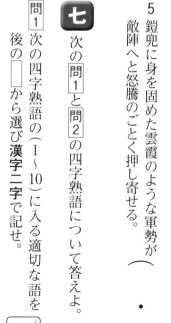

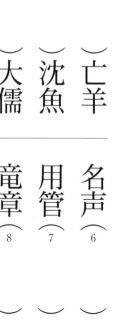

問2 次の1〜5の**解説・意味**にあてはまる四字熟語を後の□から選び、その**傍線部分だけの読み**を**ひらがな**で記せ。

/10
2×5

1 建物を盛んに建築・造営すること。（　　）

2 作物が豊かに実ること。（　　）

3 意志がしっかりとしていて動じないこと。（　　）

4 見識が非常に狭いこと。（　　）

5 あてにならない話のたとえ。（　　）

画虎類狗・確乎不抜・管中窺豹・繋風捕影
五穀豊穣・泰山鴻毛・朝穿暮塞・飛鷹走狗

八 次の1〜5の**対義語**、6〜10の**類義語**を後の□の中から選び、**漢字**で記せ。□の中の語は一度だけ使うこと。

/20
2×10

対義語

1 遵奉（　　）

2 狭量（　　）

類義語

6 看破（　　）

7 知悉（　　）

8 センダンは双葉より芳し。（　　）

9 六親和せずしてコウジ有り。（　　）

10 コケの後思案。（　　）

十 文章中の傍線（1〜5）の**カタカナ**を**漢字**に直し、波線（ア〜コ）の**漢字の読み**を**ひらがな**で記せ。

/20
書き2×5
読み1×10

A

そのイワオ[1]のように静まり返った家の中では、人が行ききし起臥[ア]している。家庭をなしている。飲みまた食っている。ただ恐ろしいことには、戦々兢々《きょうきょう》としている。その恐怖の念は、反徒らに対するひどい冷淡さをユウジョ[2]するものである。また酌量すべき情況としてはロウバイ[3]の念もいっしょにある。（中略）

そこには他を庇護[イ]し得る壁もあり、彼らを救い得る人もいる。しかも、壁には聞く耳があるけれども、人には石のような心しかない。

だれを咎《とが》むるべきであるか？

何人をも、そしてまたすべての人を。

吾人[ウ]が属するこの不完全な時代を。

3 抗争（　　）（　　）
4 祝賀（　　）（　　）
5 灌木（　　）（　　）

8 秘訣（　　）（　　）
9 未明（　　）（　　）
10 田畑（　　）（　　）

おうよう・きょうぼく・ちょうとう・つうぎょう・どうさつ・のうほ・はいち・まいそう・ようてい・わぼく

九 次の故事・成語・諺の**カタカナ**の部分を**漢字**で記せ。

／20
2×10

1 **ジジョ**の交わりを結ぶ。（　　）（　　）
2 **ケガ**の功名。（　　）（　　）
3 敷居を**マタ**げば七人の敵あり。（　　）（　　）
4 **バクギャク**の友。（　　）（　　）
5 **アリ**の思いも天に届く。（　　）（　　）
6 握れば**コブシ**、開けば掌。（　　）（　　）
7 **ホ**れた腫れたは当座の内。（　　）（　　）

（ビクトル・ユーゴー豊島与志雄訳　レ・ミゼラブル）

B 私は、娘の背後から、道糸の囮《おとり》［エ］鮎の動くままに［オ］曳かれて、水上を前後左右に往きつ戻りつする白い目印の微妙な消息に、深い注目を払っていた。（中略）

竿先が一尺ばかりあがると、果然激しい勢いをもって沖の方へ走りだした。これは、［カ］鉤に掛かった鮎が、道糸の緊張に［キ］刺戟されて、［4］**トンソウ**の行動を開始した表示である。こうなると、もう娘には竿を支えきれない。（中略）

娘は腕をふるわせ、顔の筋肉を緊張させ、眼をみはり、口でなにか私に訴えようとするのであるけれど、［ク］咽から声が出ない。

私は、娘の手から竿を取った。そして、静かに竿を立て、徐ろにあしらいつつ、手許へ引き寄せて、掛かった鮎を手網のなかへ［5］**ツ**るし入れた。長さ七寸あまり、三十五［ケ］匁はあろうと思う。

［コ］瀞場の鮎は、鉤に掛かった瞬間、微少の衝動を目印に感ずるのが、急流の鮎と異なって、鉤に掛かるや否や、男の足でも追いつけないほどの速さで、下流へ走りだしはしない。

（佐藤垢石　瀞）

第11回 よく出る模擬試験問題

月　日

試験時間 60分

合格ライン 160点

得点 /200

一

次の傍線部分の読みをひらがなで記せ。
1～20は**音読み**、21～30は**訓読み**である。

/30 1×30

1 敦朴な性格の好人物だ。（　）
2 己の管窺を恥じるところがない。（　）
3 稲粟を納めるための倉。（　）
4 彼は本心を晦匿する傾向がある。（　）
5 鳶肩の大男に呼び止められた。（　）
6 遊興で財産を蕩尽する。（　）
7 画帖を開いて写生を始める。（　）
8 全国津々浦々を巡錫した。（　）
9 内科で鎮咳剤を処方してもらう。（　）
10 木犀の花の香が漂う。（　）
11 身の程もわきまえぬ鼠輩。（　）

27 襖を開けて座敷に上がる。（　）
28 鶏の笹身を調理する。（　）
29 僧が鉦を鳴らして歩く。（　）
30 大臣として君主を丞ける。（　）

二

次の傍線部分は常用漢字である。
その**表外**の**読み**を**ひらがな**で記せ。

/10 1×10

1 喜びもまた一入だ。（　）
2 国王陛下に謁える。（　）
3 歯に衣着せぬ論評を加える。（　）
4 自慢の愛娘を嫁に出す。（　）
5 刀剣を象った紋章。（　）
6 幼い孫の姿に目を細める。（　）

12 天然の自然薯を掘り出す。（　　）
13 卦体な出来事を目にした。（　　）
14 鳴禽のさえずりに耳を傾ける。（　　）
15 彬彬とした名文だ。（　　）
16 まさに烏兎匆匆《そうそう》の十年であった。（　　）
17 出版社が文学叢書を刊行する。（　　）
18 捕縛した下手人を鞫訊する。（　　）
19 味付けの按排を間違える。（　　）
20 借金の返済が濡滞する。（　　）
21 韮を炒めて食した。（　　）
22 小舟で城の堀を亘る。（　　）
23 沼地に真菰が群生する。（　　）
24 問題を店晒しにしておく。（　　）
25 意地悪な質問に答え倦ねた。（　　）
26 きかん坊に灸を据える。（　　）

7 頻りに周囲を気にしている。（　　）
8 野外で茶を点てる。（　　）
9 この作品の出来は拙い。（　　）
10 両親に結婚を聴される。（　　）

三 次の**熟語**の**読み**と、その**語義**にふさわしい**訓読み**を（送りがなに注意して）**ひらがな**で記せ。

／10（1×10）

〈例〉 健勝…勝れる → けんしょう　すぐ

ア 1 恢廓（　　）： 2 恢い（　　）
イ 3 繋泊（　　）： 4 繋ぐ（　　）
ウ 5 靭性（　　）： 6 靭やか（　　）
エ 7 董督（　　）： 8 董す（　　）
オ 9 賂謝（　　）： 10 賂う（　　）

四 次の各組の二文の（　）には**共通**する漢字が入る。その読みを後の□の中から選び、**常用漢字**（**一字**）で記せ。

1
（1）百の考えにとらわれる。
我々の（1）慮の及ばぬところだ。
（　）

2
（2）漠とした荒野をさまよう。
家庭の事情を詮（2）する。
（　）

3
社会的包（3）を実現する。
自然の（3）理に叛く行為だ。
（　）

4
大（4）な仕草で人を招く。
病を得て床に（4）臥する。
（　）

5
繁（5）を極めた都心の一郭。
（5）的な結末を迎える。
（　）

き・ぎょう・げき・げん
さく・せつ・ぼう・ぼん

／10
2×5

五 次の傍線部分の**カタカナ**を**漢字**で記せ。

／40
2×20

15 紅白のカマボコを贈る。（　）
16 リンゴの実を齧《かじ》る。（　）

17 二人の交際はコウゼンの秘密だ。（　）
18 大自然の中でコウゼンの気を養う。（　）

19 キリの木箱を開けた。（　）
20 キリを使って穴を開ける。（　）

六 次の各文にまちがって使われている**同じ音訓の漢字**が**一字**ある。**上に誤字**を、**下に正しい漢字**を記せ。

／10
2×5

1 戦没者の慰霊碑に深く叩頭し、その冥服を祈るとともに万世の不戦を誓う。（　・　）
2 共通の知己を介して予てより私粛していた碩儒の知遇を得るに至った。（　・　）
3 森閑とした林道を抜けると眼前に清澄な水を讃えた紺碧の湖が広がった。（　・　）
4 懸命の蘇生措置による奇跡的な恢復の報せに家族は漸く秀眉を開いた。（　・　）

1 ヒガみっぽい性格を直す。（　）
2 アカネイロに染まった空を眺める。（　）
3 新しい商売にクラガえする。（　）
4 ウエンな議論を嫌う。（　）
5 好奇心のオウセイな子だ。（　）
6 権力にキゼンとして立ち向かう。（　）
7 出かけるのがオックウだ。（　）
8 人間はセキツイ動物だ。（　）
9 コナれやすい食べ物を選ぶ。（　）
10 ウレしい知らせを受けた。（　）
11 ガンゼない子供のように泣き喚く。（　）
12 ノコギリで木材を切る。（　）
13 セッケンで手を洗う。（　）
14 ギキョウ心の強い快男児。（　）

5 夕餐の惣材として河岸で買った新鮮な鰯を醤油と料理酒で煮付けにした。（　・　）

七

次の問1と問2の四字熟語について答えよ。

/20 2×10

問1 次の四字熟語の（1～10）に入る適切な語を後の□から選び**漢字二字**で記せ。

（1）頓挫　純情（6）
（2）菩提　亡羊（7）
（3）無稽　三十（8）
（4）一枝　前虎（9）
（5）陸離　七堂（10）

がらん・かれん・けいりん・こうさい・こうとう
こうろう・じりつ・ほろう・ぼんのう・よくよう

問2 次の1～5の**解説・意味**にあてはまる四字熟語を後の［　］から選び、その**傍線部分だけの読み**を**ひらがな**で記せ。

/10 2×5

1 自分の力以外に頼るものが何もないこと。（　　）
2 非常に固く絶対に壊れないこと。（　　）
3 人々が額を突き合わせて相談すること。（　　）
4 少しの力で簡単に相手を打ち負かすこと。（　　）
5 平和な世の中を楽しむこと。（　　）

鳩首凝議・錦心繡口・金剛不壊・鎧袖一触・鼓腹撃壌・鉄網珊瑚・徒手空拳・用管窺天

八

次の1～5の**対義語**、6～10の**類義語**を後の［　］の中から選び、**漢字**で記せ。［　］の中の語は一度だけ使うこと。

/20 2×10

対義語

1 平坦（　　）
2 還俗（　　）

類義語

6 優越（　　）
7 一端（　　）

8 付け焼き刃はナマり易い。（　　）
9 蟷螂《とうろう》ひじを怒らしてシャテツに当たる。（　　）
10 シンエンに臨んで薄氷をふむが如し。（　　）

十

文章中の傍線（1～5）の**カタカナを漢字に直し**、波線（ア～コ）の**漢字の読みをひらがな**で記せ。

/20 書き2×5 読み1×10

A

高等学校のころには、頬に[1]ケンカの傷跡があり、[2]ホウハツ垢面[ア]、ぼろぼろの洋服を着て、乱酔放吟して大道を濶歩《かっぽ》すれば、その男は英雄であり、the Almighty であり、成功者でさえあった。芸術の世界も、そんなものだと思っていた。お恥かしいことである。

私の悪徳は、みんな贋物[イ]だ。告白しなければ、なるまい。身振りだけである。まことは、小心翼々の、甘い弱い、そうして多少、頭の鈍い、酒でも飲まなければ、ろくろく人の顔も正視できない、謂わば[ウ]、おどおどした劣った子である。（中略）

こんどは私も用心した。鎧[エ]かぶとに身を固めた。二枚も三枚も、鎧を着た。固め過ぎた。動けなくなったのである。部屋から一歩も出なかった。癈人《はいじん》、と或る見舞客が、うっかり口を滑らしたのを聞いて、流石[オ]に、いやな気がした。

3 該博（　　）
4 黄昏（　　）
5 悠悠（　　）

8 匹敵（　　）
9 鄭重（　　）
10 籠絡（　　）

かいじゅう・きゅうきゅう・きゅうしゅん・こんとう・とんせい・ひけん・ふつぎょう・へんりん・もうまい・りょうが

九 次の故事・成語・諺の**カタカナ**の部分を**漢字**で記せ。 ／20 2×10

1 **ボタン**に唐獅子、竹に虎。（　　）
2 **キンラン**の契り。（　　）
3 **シックイ**の上塗りに借金の目塗り。（　　）
4 **シュンメ**痴漢を乗せて走る。（　　）
5 **カナエ**の軽重を問う。（　　）
6 骨折り損のくたびれ**モウ**け。（　　）
7 一富士二鷹三**ナスビ**。（　　）

いまは、素裸にサンダル、かなり丈夫の楯[カ]を一つ持っている。

（太宰治　春の盗賊）

B　花屋から屑花[キ]を払いさげてもらって、こうして売りに出てから、もう三日も経っているのであるから花はいい加減にしおれていた。重そうにうなだれた花が、ゆすぶられる度毎に、みんなあたまを顫《ふる》わせた。

それをそっと小わきにかかえ、ちかくの支那[3]**ソバ**の屋台へ、寒そうに肩をすぼめながらはいって行った。（中略）

帰国するのだ。きっとそうだ、と美しく禿[ク]げた頭を二三度かるく振った。自分のふるさとを思いつつ釜から雲呑の実を[4]**スク**っていた。

「コレ、チガイマス」

あるじから受け取った雲呑の黄色い鉢を覗[ケ]いて、女の子が当惑そうに呟いた。

「カマイマセン。チャシュウワンタン。ワタシノゴチソウデス」

あるじは固くなって言った。

雲呑は十銭であるが、[5]**チャーシュー**雲呑は二十銭なのである。

女の子は暫[コ]くもじもじしていたが、やがて、雲呑の小鉢を下へ置き、肘のなかの花束からおおきい蕾《つぼみ》のついた草花を一本引き抜いて、差しだした。

（太宰治　葉）

第12回 よく出る模擬試験問題

月　日

試験時間 60分

合格ライン 160点

得点 /200

一

次の傍線部分の読みをひらがなで記せ。
1～20は音読み、21～30は訓読みである。

/30 1×30

1 古代の鉄楯が出土した。（　）
2 畦畔の除草を行う。（　）
3 盤陀を用いて接合する。（　）
4 一瞥だにせずに通り過ぎた。（　）
5 疇昧を恥じて独学する。（　）
6 厩舎で競走馬を管理する。（　）
7 旧都が紅蓮の炎に包まれた。（　）
8 職業に貴賤はない。（　）
9 勿体ないお言葉を頂く。（　）
10 まばゆいばかりの光耀を放つ。（　）
11 紛擾の収拾に奔走する。（　）

27 万事つつがなく亨る。（　）
28 名物の黍餅に舌鼓をうつ。（　）
29 米一粒をあだ疏かにしてはならない。（　）
30 筏で川を溯る。（　）

二

次の傍線部分は常用漢字である。
その表外の読みをひらがなで記せ。

/10 1×10

1 原本の謄しを提出する。（　）
2 人を動物に准える。（　）
3 歯七十にして習い事を始めた。（　）
4 卑劣な嚇しには屈しない。（　）
5 彼の働きぶりは全社員の鑑である。（　）
6 乗客の荷物を検べる。（　）

12 庵を結んで幽栖する。（　）
13 一面に禾穎が実っている。（　）
14 暗黒街の渠魁として名を馳せた。（　）
15 庚寅の年に生を受ける。（　）
16 醇乎たる美の世界を描く。（　）
17 鷹揚な態度を崩さない。（　）
18 梁上の君子として盗みを働く。（　）
19 孝悌の道を重んじる。（　）
20 欠損した部分を補綴した。（　）
21 刑吏が罪人を鞭つ。（　）
22 主君に対して謀反を猷る。（　）
23 世に蔓る悪を退治する。（　）
24 麴を撒いて米を発酵させる。（　）
25 夜の埠に船の汽笛が響いた。（　）
26 蝦根はラン科の多年草だ。（　）

7 心の号びを文字に表す。（　）
8 干し椎茸が水で潤びた。（　）
9 作戦が尽く失敗する。（　）
10 円かな月を眺めていた。（　）

三

次の**熟語**の読みと、その**語義**にふさわしい**訓読み**を（送りがなに注意して）**ひらがな**で記せ。

／10 1×10

〈例〉健勝……勝れる → けんしょう / すぐ

ア 1 膏田（　）：2 膏える（　）
イ 3 纂述（　）：4 纂める（　）
ウ 5 綻裂（　）：6 綻ぶ（　）
エ 7 蔽護（　）：8 蔽う（　）
オ 9 顚墜（　）：10 顚れる（　）

四 次の各組の二文の（　）には**共通**する漢字が入る。その読みを後の□の中から選び、**常用漢字**（**一字**）で記せ。

10 (2×5)

1
斯界の（1）老に教えを請うた。
（1）怨を晴らす機会を待つ。
（　）

2
（2）黛を凝らした美女が現れる。
会社の業績を（2）飾する。
（　）

3
父ももう（3）順になる。
小さな組織の牛（3）を執る。
（　）

4
（4）謀に長けた指揮官だ。
老作家の（4）遇を得る。
（　）

5
品性の（5）冶に努める。
郁郁たる香りに（5）然とする。
（　）

ぎ・じゅう・しゅく・じ
ち・ちょう・とう・ふん

五 次の傍線部分の**カタカナ**を**漢字**で記せ。

40 (2×20)

15 塩の**サジ**加減を間違える。（　）
16 **イラ**立った気持ちを抑える。（　）
17 目を閉じて**シイ**に耽る。（　）
18 法の**シイ**的な運用を防ぐ。（　）
19 **ノリ**で飯を巻いた。（　）
20 **ノリ**をつけて封をする。（　）

六 次の各文にまちがって使われている**同じ音訓の漢字**が**一字**ある。**上に誤字**を、**下に正しい漢字**を記せ。

10 (2×5)

1 浅瀬を航行中の船舶が座礁し顚幅したが禄いにも乗組員は全員無事だった。（　・　）
2 峰を伝って山麓に下りると茅拭きの屋根の点綴する寂れた群落が見えてきた。（　・　）
3 一介の勤め人として徒に婆齢を重ねるのを厭い一念発起して起業の道を択ぶ。（　・　）
4 深い造詣と慧眼を活かして物の真贋を見抜く喜びに骨董の大醐味がある。（　・　）

1 今年は四年に一度のウルウドシだ。（　　　）

2 虫の運んだ花粉がメシベにつく。（　　　）

3 長い混乱の先にショコウが射す。（　　　）

4 カップクのよい立派な男性だ。（　　　）

5 ワイシャツの袖をマクる。（　　　）

6 歴史にサンゼンと輝く実績を残した。（　　　）

7 先祖のイハイを祀《まつ》る。（　　　）

8 知人への手紙をトウカンする。（　　　）

9 後継者を得てコウコの憂いがない。（　　　）

10 鳥たちが餌をツイバむ。（　　　）

11 ショウヨウとして難事に当たる。（　　　）

12 税収減で財政がヒッパクする。（　　　）

13 ロウソクに火をともす。（　　　）

14 肩の関節をダッキュウした。（　　　）

5 素封家の御曹司と華燭の典を挙げ、世間からは玉の腰に乗ったと噂された。（　・　）

七

次の問1と問2の四字熟語について答えよ。

/20 2×10

問1 次の四字熟語の（1〜10）に入る適切な語を後の□から選び**漢字二字**で記せ。

（1）十菊

（2）万里

（3）夕虚

（4）還郷

（5）果断

暗中（6）

自然（7）

粗酒（8）

未来（9）

閑雲（10）

いきん・えいごう・ごうき・そさん・ちょうえい
とうた・はとう・もさく・やかく・りくしょう

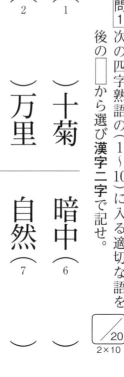

問2 次の1～5の**解説・意味**にあてはまる四字熟語を後の□から選び、その**傍線部分だけの読み**を**ひらがな**で記せ。

/10 2×5

1 根本の原因を取り除く必要があること。（　　）

2 無駄な努力をすること。（　　）

3 言葉が巧みで行動が素早いこと。（　　）

4 自分自身で原因を作って災難を招くこと。（　　）

5 世の中が平和なこと。（　　）

釜底抽薪・東窺西望・錦心繡口・開門揖盗・画虎類狗・凋氷画脂・刑鞭蒲朽・資弁捷疾

八

次の1～5の**対義語**、6～10の**類義語**を後の□の中から選び、**漢字**で記せ。□の中の語は一度だけ使うこと。

/20 2×10

対義語

1 荒蕪地（　　）

2 論難（　　）

類義語

6 童心（　　）

7 不審（　　）

8 リュウインを下げる。（　　）

9 エイジの貝を以て巨海を測る。（　　）

10 ヌカに釘。（　　）

十

文章中の傍線（1～5）の**カタカナ**を**漢字**に直し、波線（ア～コ）の**漢字の読み**を**ひらがな**で記せ。

/20 書き2×5 読み1×10

A

[ア]雛の節句の晩に男の子を挙げてまだ産屋に籠もっている私は医師から筆執る事も物を読む事も許されておりません。ところで平生忙しく暮していりますので、こう静かに[イ]臥せっておりますと何だか独りで旅へ出て[1]ノンキに温泉にでも入っておるような気が致しますし、また平生考えもせぬ事が色色と胸に浮びます。（中略）

[ウ]縦令如何なる罪障や欠点があるにせよ、[2]シャカ、基督の如き聖人を初め、歴史上の[3]セキガクや英雄を無数に生んだ功績は大したものではありませんか。その功績に対して当然他の一切を[エ]恕しても[オ]宜しかろうと思います。

（与謝野晶子　産屋物語）

B

徳川時代からして以来陸上の交通が安全になり便

3 閑散（　　）
4 濃艶（　　）
5 消沈（　　）
8 契合（　　）
9 牢記（　　）
10 尊大（　　）

うろん・けんこう・こたん・ちき・はんげき
はんばく・ふそん・ふんごう・めいき・よくど

九 次の故事・成語・諺の**カタカナ**の部分を**漢字**で記せ。 ／20 2×10

1 **カンタン**相照らす。（　　）
2 **キュウソ**猫を噛む。（　　）
3 野に**イケン**無し。（　　）
4 **イワシ**の頭も信心から。（　　）
5 **ミス**を隔てて高座を覗く。（　　）
6 爪の垢を**セン**じて飲む。（　　）
7 **アバタ**もえくぼ。（　　）

利になったその状態に[4]**ジュンチ**し、その旅行に際しては、主として鉄道によりて海路を避け、やむを得ず乗船するとしても、いわゆる聯絡[カ]航路なるものを採って、なるべく乗船時間を短縮せんとする現在の日本人は、徳川時代以前の交通に関してややもすれば誤れる考えに陥りやすく、当時の田舎人が京都に往来するには専ら陸路により、あたかも徳川時代の関西と江戸との間の往来が五十三次を伝わったごとくに、つねに長亭短亭を一々に経過しつつ旅行したものの様に考えむとする。（中略）

かように考えれば、なるほど東山時代に交通の障碍[キ]が到る処に横わり、いかに強い力のある文明でも伝播[ク]ができず、日本の大部分が暗黒に想像されるのも無理はない。（中略）

兵庫なるもののかつて用いられたことのない日本において、坦々[ケ]たる大道の存在を足利時代以前に想像することは不可能であるからして、狭隘《きょうあい》と[5]**シュンケン**とは共にしばしば旅客の忍ばねばならぬ苦痛であったろう。また陸には覆没の憂いがないにしても、旅舎の設備の不完全は、海上の旅行者の嘗[コ]めずにすむところの欠乏であった。

（原勝郎 東山時代における一縉紳の生活）

第13回 よく出る模擬試験問題

月　日

試験時間 60分
合格ライン 160点
得点 /200

一

次の傍線部分の読みをひらがなで記せ。
1〜20は音読み、21〜30は訓読みである。

/30 1×30

1 柑橘の香りが仄《ほの》かに漂う。（　　）
2 燭台の蠟涙を取り除いた。（　　）
3 分娩のために入院する。（　　）
4 蓑笠の一隊が山道を登っている。（　　）
5 残蟬の声も消え秋が深まる。（　　）
6 無謀な振る舞いを諫止した。（　　）
7 肇国の精神に悖《もと》っている。（　　）
8 時代の趨向に逆らう。（　　）
9 茸茸と茂る夏草を刈る。（　　）
10 丙寅の年に生を享ける。（　　）
11 厳格なしきたりが弛廃する。（　　）

27 縞繆の握りを注文する。（　　）
28 嵩高な荷物を運ぶ。（　　）
29 黒檀の苗木を植えた。（　　）
30 洛が大いに賑わいを見せる。（　　）

二

次の傍線部分は常用漢字である。
その表外の読みをひらがなで記せ。

/10 1×10

1 翠は羽を以て自ら残なう。（　　）
2 原本と写本の記述を校べる。（　　）
3 郷土の歴史を精しく調べる。（　　）
4 盛者必衰の理をあらわす。（　　）
5 台から街並みを見下ろした。（　　）
6 種種の品が市に並ぶ。（　　）

12 業務が澁滞する。（　　）
13 夜叉の形相で睨《にら》みつけた。（　　）
14 跨線橋から電車を見下ろす。（　　）
15 遊居して厚く養うは牟食の民なり。（　　）
16 街の灯が晃晃と輝く。（　　）
17 轟然たる地響きがする。（　　）
18 剃度の儀式が行われた。（　　）
19 金の燭台を熔冶する。（　　）
20 野菜の播種を行う。（　　）
21 田圃に水を漑ぐ。（　　）
22 野蒜を和え物にして食べる。（　　）
23 美しい衣装を纏う。（　　）
24 往時の記憶が蘇る。（　　）
25 病が身体を蝕む。（　　）
26 天蚕糸に錘を付ける。（　　）

7 花魁に扮して郭詞を話す。（　　）
8 光が彩なす幻想的な世界。（　　）
9 古の淳風はすっかり地を掃った。（　　）
10 傍に臣下を侍らせる。（　　）

三

次の**熟語**の**読み**と、その**語義**にふさわしい**訓読み**を（送りがなに注意して）**ひらがな**で記せ。

/10（1×10）

〈例〉健勝……勝れる → 1 けんしょう　2 すぐ

ア 1 豊穣（　　）……2 穣る（　　）
イ 3 蕪辞（　　）……4 蕪れる（　　）
ウ 5 瀆職（　　）……6 瀆す（　　）
エ 7 峻嶺（　　）……8 峻い（　　）
オ 9 瑞雲（　　）……10 瑞い（　　）

四 次の各組の二文の（　）には**共通**する漢字が入る。その読みを後の□の中から選び、**常用漢字（一字）**で記せ。

2×5　/10

1
予てよりの(1)懐を叶える。
(1)封家の跡継ぎとして生まれる。（　　）

2
(2)見を述べさせていただく。
(2)賤から身を起こす。（　　）

3
御(3)駕の栄に浴する。
爾(3)、音沙汰もない。（　　）

4
(4)買者の摘発が行われる。
世(4)に長けた人物だ。（　　）

5
有名人の醜聞に食(5)する。
人を中(5)してはいけない。（　　）

こ・し・じゅう・しょう
そ・ほん・ひ・らい

五 次の傍線部分の**カタカナ**を**漢字**で記せ。

2×20　/40

15 **テハズ**は万事整った。（　　）
16 批判に対して**ハンバク**する。（　　）
17 権力を**ショウチュウ**にする。（　　）
18 **ショウチュウ**をお湯で割る。（　　）
19 劇的な勝利に観客が**ワ**いた。（　　）
20 山間の村に温泉が**ワ**く。（　　）

六 次の各文にまちがって使われている**同じ音訓の漢字**が**一字**ある。**上に誤字**を、**下に正しい漢字**を記せ。

2×5　/10

1 湿黒の闇夜に跳梁する異形の気配に戦慄を覚えて倉皇として退散した。（　・　）
2 世界を席圏した日本の技術も今や新興国の後塵を拝しているのが現実だ。（　・　）
3 工場から排出された媒煙や立ち昇る粉塵で都市の空気が汚染された。（　・　）
4 変幻自在の奇計を用いて敵を奔弄し、寡兵をもって大軍を敗走させた。（　・　）

1 野に出て**サワラビ**を摘む。（　　）（　　）
2 **ミケン**に深いしわが刻まれた。（　　）（　　）
3 山の**リョウセン**が霧で霞む。（　　）（　　）
4 **ボダイジュ**に薄黄色の花が咲く。（　　）（　　）
5 古美術品の**ガンサク**を見抜く。（　　）（　　）
6 混雑して**リッスイ**の余地もない。（　　）（　　）
7 **コウシジマ**の手巾を買った。（　　）（　　）
8 **ダエン**形のボールを抱えて走る。（　　）（　　）
9 全く**カンゼン**するところがない演説。（　　）（　　）
10 寝床の布団を**ハ**ぐ。（　　）（　　）
11 両者の力量は**ケンゼツ**している。（　　）（　　）
12 **トロ**けるような甘いメロディー。（　　）（　　）
13 論文の趣旨を**ハソク**する。（　　）（　　）
14 敗者の涙を見て**モラ**い泣きをする。（　　）（　　）

5 公共事業を巡る斡旋収賄の疑いで与党最大派閥の領酋に捜査の手が入る。（　　・　　）

七 次の問1と問2の四字熟語について答えよ。

/20 2×10

問1 次の四字熟語の（1〜10）に入る適切な語を後の□から選び**漢字二字**で記せ。

（1）復礼　　亡羊（6）
（2）以徳　　論功（7）
（3）択木　　一世（8）
（4）大呂　　円木（9）
（5）零墨　　牽衣（10）

きゅうてい・けいちん・こうしょう・こっき
だんかん・とんそく・ほうえん・ぼくたく・ほろう
りょうきん

問2 次の1～5の**解説・意味**にあてはまる四字熟語を後の□から選び、その**傍線部分だけの読み**を**ひらがな**で記せ。

10 / 2×5

1 賢者が認められず愚者が威張ること。（　　）
2 深く悲しみ涙を流し続けること。（　　）
3 作物が勢いよく生長する様子。（　　）
4 人間業とは思えぬ技術で作られたもの。（　　）
5 幸運に恵まれること。（　　）

禾黍油油・瓦釜雷鳴・舜日尭年・鬼斧神工
泣血漣如・老莱斑衣・杓子果報・陶犬瓦鶏

八

次の1～5の**対義語**、6～10の**類義語**を後の□の中から選び、**漢字**で記せ。□の中の語は一度だけ使うこと。

20 / 2×10

対義語

1 精密（　　）
2 破綻（　　）

類義語

6 配偶者（　　）
7 卓越（　　）

---

7 **キョウキン**を開く。（　　）
8 **タイカン**は忠に似たり。（　　）
9 海中より盃中に**デキシ**する者多し。（　　）
10 一文銭で生爪**ハ**がす。（　　）

十

文章中の傍線（1～5）の**カタカナ**を漢字に直し、波線（ア～コ）の**漢字の読み**を**ひらがな**で記せ。

20 / 書き2×5 / 読み1×10

A

例の[1]**シッソウ**列車の車掌だったジェームス・マックファースンの妻が、夫マックファースンから一通の手紙を受取ったということなのだ。手紙は、その年の七月五日付で、米国の紐育から[2]**トウカン**されたもので、彼女の手に渡ったのは七月十四日の事だった。それは、彼女の証言によれば、[ア]紛うべくもない本人の[イ]筆蹟で、殊に中には、米国の五弗紙幣で百弗の大金が封入してあったのだ。（中略）

それからあの連れの男というのは、船客名簿にはエドゥアルド・ゴメズと記入されたが、この男こそは[3]**キダイ**の[ウ]兇

3 豊稔（　　　　）
4 模糊（　　　　）
5 旭日（　　　　）

8 鳳雛（　　　　）
9 花形（　　　　）
10 口調（　　　　）

きょうこう・きりんじ・こうふん・しゃよう・ずさん
ちょうじ・はんりょ・びほう・めいりょう・りょうが

九 次の故事・成語・諺のカタカナの部分を漢字で記せ。 ／20 2×10

1 **クボ**き所に水溜まる。（　　　　）
2 **カナヅチ**の川流れ。（　　　　）
3 風が吹けば**オケヤ**が儲かる。（　　　　）
4 **アブハチ**取らず。（　　　　）
5 負け犬の**トオボ**え。（　　　　）
6 猩猩《しょうじょう》は血を惜しむ、**サイ**は角を惜しむ、日本の武士は名を惜しむ。（　　　　）

賊として、また暴漢として中央亜米利加を震駭《しんがい》させた危険人物だということも解[エ]って来た。

（アーサー・コナン・ドイル 新青年編輯局訳 臨時急行列車の紛失）

B

却[オ]ってそういう私自身の不幸をあてにして仕事をしに来た私は、ために困惑したほどであった。私はてんでもうそんなものを取り上げてみようという気持《きもち》すらなくなってしまったのだ。で、私は仕事の方はそのまま打棄[カ]らかして、毎日のように散歩ばかりしていた。そうして私は私の散歩区域を日毎[キ]に拡げて行った。

或[ク]る日私がそんな散歩から帰って来ると、庭掃除をしていた宿の4**ジイ**やに呼び止められた。（中略）

「庭へ羊歯[ケ]を植えて置くようにと言われたんですが、何処[コ]へ植えろとおっしゃったんだか、すっかり忘れてしまいましたもんで……」

「羊歯をね」私は5**オウム**がえしに言った。

（堀辰雄 美しい村）

第14回 よく出る模擬試験問題

月　日

試験時間 60分

合格ライン 160点

得点 /200

一

次の傍線部分の読みをひらがなで記せ。
1～20は**音読み**、21～30は**訓読み**である。

/30 1×30

1 政府を筆鋒鋭く批判する。
2 溜まった厨芥を処理する。
3 突然の物音に栗栗とする。
4 狐狸の類に化かされる。
5 金無垢の腕時計を買った。
6 羅紗のコートを羽織る。
7 一擲《いってき》を成して乾坤を賭せん。
8 亡父の廻向をする。
9 頴脱した頭脳を持っている。
10 太閤として国を治める。
11 戦地より捷報が届いた。

27 ざるで米を淘げる。
28 鋤鍬で田畑を耕す。
29 樵を生業として暮らす。
30 鴛鴦のような睦まじい夫婦。

二

次の傍線部分は常用漢字である。その**表外**の**読み**を**ひらがな**で記せ。

/10 1×10

1 諸の事情を鑑みる。
2 外套の領を立てる。
3 誤字や脱字を訂す。
4 凍てつくような寒さだ。
5 芳しい香りが立ち昇る。
6 不羈《ふき》の精神を尚ぶ。

12 眼前に遥碧が広がっている。

13 判読にも苦しむ蠅頭細書だ。

14 倭語と漢語の混合文。

15 柊葉は芭蕉に似た植物だ。

16 皇太后による簾政が始まった。

17 下肢に腫脹が見られる。

18 来年は己丑にあたる。

19 一帯に煙霞が立ち籠めていた。

20 草庵を結んで隠棲する。

21 天下を靖んずる。

22 生憎とその方面には蒙い。

23 紅蓮の焔が上がる。

24 躬《み》の故に匪ず。

25 隼のような鋭い眼つき。

26 亦説ばしからずや。

7 男が酒に酔って喚く。

8 布袋の置物を飾った。

9 尉の面をして能を舞う。

10 私がお相手仕る。

三

次の**熟語**の**読み**と、その**語義**にふさわしい**訓読み**を（送りがなに注意して）**ひらがな**で記せ。

/10
1×10

〈例〉 健勝……勝れる → けんしょう / すぐ

ア 1 醇朴（　）…2 醇い（　）

イ 3 周匝（　）…4 匝る（　）

ウ 5 捧腹（　）…6 捧える（　）

エ 7 亮達（　）…8 亮らか（　）

オ 9 諫止（　）…10 諫める（　）

四

次の各組の二文の（　）には**共通する漢字**が入る。その読みを後の□の中から選び、**常用漢字（一字）**で記せ。

10 / 2×5

1
- 鉄壁の布（1）を敷く。
- 遠い戦地で（1）没した。

2
- 先方の名前を失（2）する。
- 証拠として（2）書を交わす。

3
- 考えが（3）乱する。
- さまざまな情報が（3）綜する。

4
- （4）履を棄つるが如し。
- 時（4）を正すことに尽力する。

5
- 年賀（5）礼の葉書を出す。
- 間（5）泉から湯が噴く。

けつ・こん・さく・じ
じん・ねん・へい・ぼう

五

次の傍線部分の**カタカナ**を**漢字**で記せ。

40 / 2×20

15 **ホオヅエ**を突いて考える。

16 **ガイトウ**を着て街に出る。

17 横書きの**ケイシ**に文字を綴った。

18 旧家の**ケイシ**として育てられる。

19 **カブラ**矢が放たれた。

20 **カブラ**の漬物を食べる。

六

次の各文にまちがって使われている**同じ音訓の漢字**が**一字**ある。**上に誤字**を、**下に正しい漢字**を記せ。

10 / 2×5

1 汽笛の響く霧の埠頭で黒衣に身を包んだ恰腹のよい紳士に誰何された。

2 圧巻の演技を披露し満場の喝采を浴びること程役者妙利に尽きることはない。

3 巷間に氾乱する玉石混交の言説に惑わされず自らの頭で思惟すべきだ。

4 名匠の手による茶碗が出品され名立たる蒐集家たちが触指を動かす。

1 シノツくような大雨が降る。（　　）
2 怒って口をトガらせた。（　　）
3 三つの勢力がテイリツする。（　　）
4 有力者のヒゴを受ける。（　　）
5 肥料としてケイフンを撒いた。（　　）
6 投資のカネヅルを探す。（　　）
7 三人の子をモウけた。（　　）
8 上司は万事コトナカれ主義だ。（　　）
9 タンペイキュウな話に戸惑う。（　　）
10 山のフモトの村で暮らす。（　　）
11 舞台の隅で踊っている人はハクビだ。（　　）
12 得意先にアイサツに伺う。（　　）
13 彼はユウギに厚い男だ。（　　）
14 劇的な勝利にカイサイを叫ぶ。（　　）

5 防災意識の啓蒙を目的とした冊子が編輯され地域住民に無料で販布された。（　・　）

七

次の 問1 と 問2 の四字熟語について答えよ。

問1 次の四字熟語の（1～10）に入る適切な語を後の□から選び**漢字二字**で記せ。

/20 2×10

（1）佳人　磨穿（6）
（2）紛擾　披星（7）
（3）之戒　不失（8）
（4）心猿　高軒（9）
（5）如愚　錦心（10）

いば・さいし・しゅうこう・せいこく・たいげつ
だいち・だんき・ちょうか・てっけん・はんげき

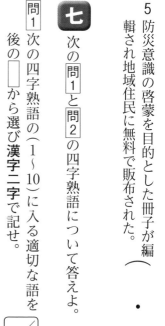

問2 次の1～5の**解説・意味**にあてはまる四字熟語を後の□から選び、その**傍線部分だけの読み**を**ひらがな**で記せ。

／10 2×5

1 自分の行った悪いことが自分に返ってくること。（　）

2 物事の基準となるもの。（　）

3 心のままにのびのびと生きること。（　）

4 建物が質素であること。（　）

5 敵につけ入る隙を与えないこと。（　）

横説竪説・規矩準縄・向天吐唾・規矩準縄
折衝禦侮・阿附迎合・土階茅茨・遊戯三昧

八

次の1～5の**対義語**、6～10の**類義語**を後の□の中から選び、**漢字**で記せ。□の中の語は一度だけ使うこと。

／20 2×10

対義語

1 悲傷（　）

2 富貴（　）

類義語

6 可憐（　）

7 鉄面皮（　）

7 医者の薬も**サジ**加減。（　）

8 欲の**クマタカ**股裂くる。（　）

9 **イハツ**を継ぐ。（　）

10 人を**ノロ**わば穴二つ。（　）

十

文章中の傍線（1～5）の**カタカナ**を**漢字**に直し、波線（ア～コ）の**漢字の読み**を**ひらがな**で記せ。

／20 書き2×5 読み1×10

A

あらゆる方角から吹き立てて來るやうに思へる。埃《ほこり》のたゝないのが目つけものだが、その代りに[ア]鹽分を含んでゐる。海ぎはのたいていの所はいきなり斷崖《だんがい》となつてゐて、まださう古くない[イ]熔岩の眞黒いのが切立つてゐたり、ごろごろした岩塊の[1]**タイセキ**となつてゐる。そいつに浪が打ちつけ、しぶき、吹き、まるで霧のやうな潮煙りが崖を驅《か》けのぼつて、その廣い傾斜地を濛々《もうもう》と匍《は》ひ上る。耕地の秣、[ウ]榛の木の新芽などは潮煙りをしつきりなく浴びるので、葉末が赤茶けて、鏝《こて》をあてたやうに縮み、捲き上つてゐる。

（中略）

3 碇泊（　　）
4 軟弱（　　）
5 近接（　　）

8 不可欠（　　）
9 調理（　　）
10 傾斜（　　）

かっぽう・きょうこう・きんえつ・けんかく
こうばい・せいそ・ばつびょう・はれんち・ひんせん
ひっす

九 次の故事・成語・諺の**カタカナ**の部分を**漢字**で記せ。　／20　2×10

1 濡れ手で**アワ**。（　　）
2 **ウロ**の争い。（　　）
3 澹泊《たんぱく》の士は必ず**ノウエン**の者の疑うところとなる。（　　）
4 外面似**ボサツ**、内心如夜叉。（　　）
5 **ハック**の隙を過ぐるが若し。（　　）
6 腹の皮が張れば目の皮が**タル**む。（　　）

何といふ明るい[2]**ケンタイ**と恍惚を誘ふ空氣だらう。樹々の芽はやつと勢をとりもどし、艶々としはじめる。山鳩[エ]が固い羽音をたてて林から林へと眞すぐにとぶ。[3]**ウグイス**、アカハラ、啄木鳥[オ]、そのほか名も知れないいろんな小鳥どもが、啼きかはし、椿[カ]の密生した間を、仄暗い[4]**ヤブ**の中をとびまはり、すり抜ける。山の斜面では放牧牛が、ある奴はずつと高手に、他のある奴は下方に、又横に、のろのろと動いて、その黒と白との斑[キ]な胴體が鮮やかな目のさめるやうな印象を與へる。

（田畑修一郎　南方）

B

そのあたり一面に蘆荻《ろてき》の類が繁つてゐて、そこをいろいろの獣類が恣《ほしいまま》に子を連れたりなんかして歩いてゐる有様をも想像することが出来た。明治[5]**ニジュウ**五年ごろには山川の鋭い水の為めにその葦原が侵蝕[ク]されて、もとの面影がなくなつてゐたのであらうが、それでもその片隅の方には高い葦が未だに繁つてゐて、そこに葦切[ケ]がかしましく啼いてゐるこゑが今僕の心に蘇[コ]つて来ることも出来た。

（斎藤茂吉　念珠集）

第15回 よく出る模擬試験問題

月　日

試験時間 60分

合格ライン 160点

得点　／200

一

次の傍線部分の読みをひらがなで記せ。1～20は音読み、21～30は訓読みである。

／30　1×30

1 政治家が兇刃に倒れた。

2 綾子の着物を羽織る。

3 罫線の引かれた便箋。

4 董狐の筆に倣う。

5 娶宿の運勢を占う。

6 資本家が労働者を傭役する。

7 警備隊が堵列している。

8 自ら竪立する意志を持つ。

9 藍綬褒章が授与された。

10 賭博は人の射倖心を煽る。

11 葵花は向日葵の異称である。

27 松の木の幹に菰が巻かれる。

28 辻札の前に人が群がる。

29 独学で哲学を噛った。

30 見窄らしい恰好をするな。

二

次の傍線部分は常用漢字である。その表外の読みをひらがなで記せ。

／10　1×10

1 胸の裏は複雑だった。

2 会社の上役に使う。

3 逃亡者を家に匿う。

4 辛い体験を克服する。

5 席を敷いて寝そべった。

6 今こそ応に行動すべきだ。

12 鷗盟を結ぶ友と酒を酌み交わす。（　　）
13 柴荊に隠棲する。（　　）
14 言葉と行動が背馳している。（　　）
15 惣領に家業を継がせる。（　　）
16 坤軸を中心に地球が自転する。（　　）
17 壇上で誓詞を捧読した。（　　）
18 湯が弗弗と煮えたぎる。（　　）
19 決勝を前に腕を撫す。（　　）
20 鶏黍の膳を出す。（　　）
21 檀が美しく紅葉した。（　　）
22 燦らかな月光がさす。（　　）
23 畷を歩いて田圃を回る。（　　）
24 人々に禄いあれと祈る。（　　）
25 靭やかな身のこなしだ。（　　）
26 土産品の佃煮を買った。（　　）

7 論文作成のための資料を漁る。（　　）
8 口だけは立派なことを宣う。（　　）
9 末成りの南瓜をもいだ。（　　）
10 噂話が周く知れ渡る。（　　）

三

次の**熟語**の**読み**と、その**語義**にふさわしい**訓読み**を（送りがなに注意して）**ひらがな**で記せ。

／10（1×10）

〈例〉健勝……勝れる → けんしょう｜すぐ

ア 1 赫灼（　　）：2 赫く（　　）
イ 3 歎賞（　　）：4 歎える（　　）
ウ 5 決潰（　　）：6 潰える（　　）
エ 7 敦厚（　　）：8 敦い（　　）
オ 9 萌芽（　　）：10 萌む（　　）

四

次の各組の二文の（　）には共通する漢字が入る。その読みを後の［　］の中から選び、常用漢字（一字）で記せ。

10
2×5

1
愚かな行いで（1）節を汚す。
（1）学といえども碩学に昇る。

2
廉（2）な性格の人士だ。
ただ愚（2）に努力を続ける。

3
税金の（3）正の手続きをする。
交渉は深（3）に及んだ。

4
派手に扮（4）した女性。
落（4）して仏門に入る。

5
（5）下へ永久《とわ》の旅に出る。
清らかな（5）水に心癒される。

こう・じ・しょく・ぜ
せい・せん・ちょく・ばん

五

次の傍線部分のカタカナを漢字で記せ。

40
2×20

15 肉食動物のエジキになる。
16 家族のチュウタイを大切にする。
17 時代のチョウジとしてもてはやされる。
18 故人へのチョウジを読む。
19 仕事が一段落して手がスいた。
20 昔ながらの技法で紙をスく。

六

次の各文にまちがって使われている同じ音訓の漢字が一字ある。上に誤字を、下に正しい漢字を記せ。

10
2×5

1 破天荒な経営手法で業界を席捲した名物社長に商売繁昌の秘結を尋ねた。（　・　）
2 目白などの鳴禽はその声だけでなく可憐な姿形も賞含の対象とされた。（　・　）
3 古墳に埋葬された遺体の頭骸骨を元に古代人の顔貌の復元が試みられた。（　・　）
4 津津浦浦に伝わる口碑を採録し編算した書が老舗出版社から上梓された。（　・　）

1 水がアンキョを流れる。（　　）
2 重いカバンを提げて出ていった。（　　）
3 オトギ話に胸を膨らませる。（　　）
4 地上の人々がケシ粒に見える。（　　）
5 亡妻は元よりホリュウの質であった。（　　）
6 嘘をつくとドウコウが開くそうだ。（　　）
7 池でヒゴイを飼う。（　　）
8 若駒をジュンチする。（　　）
9 父はボクネンジンだが情に厚い。（　　）
10 中学校でキョウベンを執った。（　　）
11 羊の群れをカクランする。（　　）
12 身をテイして要人を警護する。（　　）
13 快楽にタンデキする。（　　）
14 おやつにセンベイを出した。（　　）

5 流刑地に逼塞して筆絶に尽くし難い苦難を嘗めながら捲土重来の機会を窺う。（　・　）

七

次の 問1 と 問2 の四字熟語について答えよ。

問1 次の四字熟語の（1～10）に入る適切な語を後の□から選び**漢字二字**で記せ。

/20
2×10

（1）斉駆　　街談（6）
（2）無頼　　眼高（7）
（3）積玉　　意気（8）
（4）惑衆　　内股（9）
（5）盗鐘　　推本（10）

えんじ・けんこう・こうご・こうやく・しゅてい・そげん・たいきん・へいが・ほうとう・ようげん

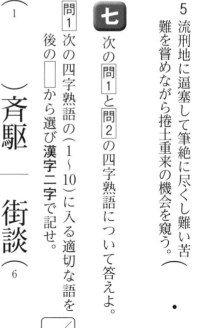

問2 次の1～5の**解説・意味**にあてはまる四字熟語を後の□から選び、その**傍線部分だけの読みをひらがな**で記せ。

/10　2×5

1 文物が衰亡すること。（　　）
2 縦横自在に弁舌をふるうこと。（　　）
3 整然と並んでいること。（　　）
4 有能な人材が流出すること。（　　）
5 細かいことにとらわれず本質をつかむこと。（　　）

横説竪説・鶴髪童顔・純真無垢・楚材晋用・凋零磨滅・綱挙網疏・羊質虎皮・鱗次櫛比

八

次の1～5の**対義語**、6～10の**類義語**を後の□の中から選び、**漢字**で記せ。□の中の語は一度だけ使うこと。

/20　2×10

対義語

1 懲戒（　　）
2 失墜（　　）

類義語

6 友好（　　）
7 穎敏（　　）

8 **ウド**の大木。（　　）
9 重箱の隅を**ヨウジ**でほじくる。（　　）
10 **オヒレ**が付く。（　　）

十

文章中の傍線（1～5）の**カタカナ**を**漢字**に直し、波線（ア～コ）の**漢字の読み**を**ひらがな**で記せ。

/20　書き2×5　読み1×10

A

猟師は、草叢[ア]へ鉄砲を下ろして、その側らへ首の切《きり》取られた犬を置いた。犬は、脚を縮めて、ミイラの如[イ]くかたくなってころがった。疵《きず》[ウ]は頸にだけでなく、胸まで切裂かれてあった。

「どこの奴だか、ひどいことをするでねえか、御侍様、**ユ**[1]**ウベ**方、そこの岩んとこで、**タ**[2]き火する奴があっての、こいつが見つけて**ホ**[3]えて行ったまま戻って来ねえで――」

（直木三十五 南国太平記）

B

屏風《びょうぶ》のようになった岩の蔭[エ]。水を飛び越えて七兵衛は声のする方へ行って見ると、笠[オ]をかぶって首から肩へ袋をかけて、尻切**ハンテン**[4]を着た十五六の少年が一人、水

3 追跡（　　）
4 覚醒（　　）
5 真作（　　）

8 密偵（　　）
9 感化（　　）
10 台頭（　　）

がんさく・かんちょう・くんせん・こんすい・さいり
しんぼく・とんそう・ばんかい・ぼっこう・ゆうめん

九 次の故事・成語・諺の**カタカナ**の部分を**漢字**で記せ。 ／20（2×10）

1 **セッタ**の裏に灸。（　　）
2 **クモ**の子を散らす。（　　）
3 亀の年を鶴が**ウラヤ**む。（　　）
4 馬革に**シカバネ**をつつむ。（　　）
5 **カイケイ**の恥を雪ぐ。（　　）
6 嘘も誠も話の**テクダ**。（　　）
7 匕首《あいくち》に**ツバ**を打ったよう。（　　）

の中を歩いています。

「山魚でも捕るのかい」

「そうじゃないよ、もっと大きな物を捕るんだ」

「山魚より大きなもの――それでは鰻カか鱒キでもいるのかい」

（中略）

「ははあ、鮪クや鯨よりもっと大きな物がいるんですからね、お気の毒さま」

人を食った言い分で七兵衛もいささか毒気を抜かれます。

「鮪や鯨より、もっと大きなもの――それをお前はそのお椀ケで5**スク**って、その袋へ入れようと言うんだね」

「そうだよ、その通り」

ああ言えばこう言う、少しも怯コまぬ少年。

（中里介山 大菩薩峠 白根山の巻）

答案用紙（コピーして使用してください）

一 読み（1 × 30　／30）

1	2	3	4	5	6	7	8	9	10	11	12	13	14

（左へ続く）

二 表外の読み（1 × 10　／10）

1	2	3	4	5	6	7	8	9	10

三 熟語の読み 一字訓読み（1 × 10　／10）

ア 1	ア 2

五 書き取り（2 × 20　／40）

1	2	3	4	5	6	7	8	9	10

（左へ続く）

六 誤字訂正（2 × 5　／10）

	1	2	3	4	5
誤					
正					

七 四字熟語（／30）

問1 書き取り（2 × 10）

1	2	3	4

（左へ続く）

八 対義語・類義語（2 × 10　／20）

1	2	3	4	5	6	7	8	9	10

十 文章題（／20）

書き取り（2 × 5）

1	2	3	4	5

読み（1 × 10）

ア	イ	ウ	エ	オ

（左へ続く）

月　日

試験時間 60分

合格ライン 160点

得点　／200

30	29	28	27	26	25	24	23	22	21	20	19	18	17	16	15

オ		エ		ウ		イ	
10	9	8	7	6	5	4	3

四 共通の漢字 ／10

5	4	3	2	1

2 × 5

20	19	18	17	16	15	14	13	12	11

10	9	8	7	6	5

問2 意味と読み

5	4	3	2	1

2 × 5

九 故事・諺 ／20

10	9	8	7	6	5	4	3	2	1

2 × 10

コ	ケ	ク	キ	カ

第1回 超よく出る模擬試験問題 解答・解説

問題 6～11ページ

一

1 ゆうぶつ　2 ぞくげん　3 かこく
4 せいぼく　5 こうとう　6 しゅくや
7 こちゅう　8 とくひつ　9 せんぺい
10 きゅうしゃ　11 こういん
12 ちゅうたい(じゅうたい)　13 ちんじ
14 すいたい　15 きゅうせん　16 けいがん
17 きんぼ　18 けいこう(けいきょう)
19 おうせん　20 びょうそう　21 もみ
22 な　23 しぎ　24 そぞろ　25 はざま
26 ほとほと　27 はなし　28 やたら
29 たつみ　30 たこいと

解説
1 「尤物」は、特に優れたもののこと。
4 「清穆」は、清らかで、なごんでいること。また、手紙で相手の幸せや健康を願う言葉。
7 「壺中の天」は、俗世間を離れた別天地のこと。「壺中の天地」ともいう。
14 「翠黛」は、緑にかすむ山の色のこと。
19 「鶯遷」は、立身出世などを祝う語。

解説
15 「揺曳」は、ゆらゆらとただようこと。
17 「快哉」は、愉快だと思うこと。

六

1 陣・塵　2 観・巻　3 籍・戚
4 咳・急　5 多・汰

解説
1 馬が通り過ぎた後に土埃を浴びて見送ることに由来するので「後塵」が正しい。
5 「おこない。事件。」という意味の「沙汰」が正しい。

七

問1

1 (鳩首)凝議　6 虚心(坦懐)
2 (猪突)猛進　7 甜言(蜜語)
3 (天佑)神助　8 自家(撞着)
4 (欣喜)雀躍　9 紫電(一閃)
5 (長汀)曲浦　10 前途(遼遠)

問2

1 たくしょう　2 けんきょう
3 とかく　4 きょくじつ
5 きく

解説
問1・5 「長汀曲浦」は、長く続く、美しい海岸線のこと。

24「坐」は、心が落ち着かないこと。
29「巽」は、南東の方角のこと。

二

1 かね　2 くだん　3 かこ　4 しつら
5 なじ　6 つぶさ　7 すだ　8 ほしいまま
9 あやか　10 た

解説
2「件」は、前述したこと、特定の事柄のこと。
5「詰る」は、問いつめて責めること。
7「集く」は、虫などが群れて鳴くこと。

三

1 ちょうぞう　2 はじ　3 ひっきょう
4 お　5 ゆうあく　6 あつ　7 しょうび
8 あつ　9 すうこう　10 おもむ

解説
1「肇造」は、はじめてつくること。
5「優渥」は、ねんごろで手厚いこと。
7「鍾美」は、美を一身に集めること。

四

1 画　2 係　3 案　4 跡　5 嘆

解説
3「案分」は、基準となる数量に比例して割りふること。

五

1 斡旋　2 冴(冱)　3 扮装　4 捌　5 凱歌
6 湛　7 癌　8 薙　9 大袈裟　10 宥
11 梱包　12 詫　13 瀕死　14 襖　15 揺曳
16 霞　17 快哉　18 皆済　19 卯　20 鵜

問1・8「自家撞着」は、自分の言動が矛盾していること。本来は「自家撞著」とも書いた。

八

対義語 1 退嬰　2 偏頗　3 末梢　4 還俗　5 脆弱
類義語 6 顛末　7 逢着　8 旦夕　9 投錨　10 未曽有

解説
9「碇泊」「投錨」は、船がいかりをおろしてとまること。

九

1 糟糠　2 恢恢　3 鴛鴦　4 栴檀
5 轍鮒　6 呑舟　7 蓬莱　8 瓜田
9 牡丹餅　10 苛政

解説
2 悪事を行えば必ず捕らえられ、天罰をこうむるということ。
5 危機に瀕すること。

十

1 兜率天　2 全豹　3 満腔　4 鷹揚　5 湛
ア たど　イ そ　ウ く　エ へんしゅう
オ おっしゃ　カ なが　キ ごちそう
ク たんがん　ケ あなた　コ ごもっと

解説
1「兜率天」は、仏教の世界観における天界の一つ。
2「全豹」は、全体のありさま、全貌のこと。
3「満腔」は、体中に満ちていること。「まんくう」とは読まない。

第2回 超よく出る模擬試験問題 解答・解説

問題12〜17ページ

一

1 いちゅう　2 きぼく　3 びょうどう
4 はいし　5 ていちょう　6 ちょざい
7 こうしょう　8 じょうさい　9 けんげき
10 げいぎ　11 しょうがん　12 ぼうおく
13 かくしゃく　14 えいさい　15 じんぜん
16 いくいく　17 きょうりん　18 けいつい
19 そうたく　20 りょうじょ　21 もてな
22 かす　23 また　24 おり　25 つが(とが)
26 そばみち(そわみち)　27 うが　28 しとみ
29 いささ　30 くつ

解説
1 「一揖」は、軽くおじぎをすること。
4 「稗史」は、中国の民間の歴史書。
6 「樗材」は、役に立たない才能。自分をへりくだる言葉。
13 「赫灼」は、光り輝いて明るいこと。
15 「荏苒」は、無為に歳月が過ぎること。
16 「郁郁」は、香気が盛んなこと。
20 「諒恕」は、事情を思いやって許すこと。
19 「倦む」は、嫌になること。

六

1 順・馴　2 混・昏　3 穏・怨
4 笠・嵩　5 花・可

解説
1 「なれさせる」という意味の「馴致」が正しい。
4 「物の分量や大きさ」という意味の「嵩」が正しい。

七

問1
1 (不倶)戴天　6 曲学(阿世)
2 (玩物)喪志　7 鶏鳴(狗盗)
3 (規矩)準縄　8 情緒(纏綿)
4 (牽強)附会　9 沈魚(落雁)
5 (醇(淳)風)美俗　10 天神(地祇)

問2
1 ろうばい　2 ちくい　3 ひょうこ
4 おくりょう　5 そうじん

解説
問1・3 「規矩準縄」は、物事や行動の規準。法則。
問1・5 「醇風美俗」は、人情に厚く美しい生活態度や風俗習慣。
問1・8 「情緒纏綿」は、愛情深く離れがたいこと。

二

1 あずか　2 いとぐち　3 おもむろ
4 かたじけな　5 たまたま　6 そぞ
7 ねぎら　8 あげつら　9 あだ　10 けみ

解説

6 「漫ろ」は、なんとなくそうするさま。
8 「論う」は、欠点などを大げさに言うこと。
10 「閲する」は、年月を経ること。

三

1 ちょうらく　2 しぼ　3 はんあい　4 ひろ
5 きょうひつ　6 たす　7 もうまい　8 くら
9 れいこう　10 みが

解説

5 「匡弼」は、非を正し、欠けたところを補い助けること。
9 「礪行」は、おこないをみがくこと。

四

1 壊　2 戦　3 衷　4 利　5 総（惣）

解説

3 「衷心」は、心の中、心の底。
4 「犀利」は、文章の言葉遣いが鋭いこと。

五

1 螺旋　2 僻　3 漏洩（泄）　4 佃煮
5 蛋白質　6 鰐　7 木鐸　8 尾鰭
9 紺碧　10 歪　11 柑橘　12 跨　13 急先鋒
14 嵩　15 凌（陵）駕　16 埴輪　17 覚醒
18 隔世　19 倦　20 膿

解説

13 「急先鋒」は、先頭で勢いよく活動すること。

八

対義語　1 冒瀆　2 晦渋　3 竣成
4 莫大　5 湧（涌）出
類義語　6 倦怠　7 梗概　8 蘇（甦）生
9 抜擢　10 容貌

解説

2 「平明」は、わかりやすくはっきりしていること。「晦渋」は、言葉や文章が難解なこと。

九

1 杵柄　2 浩然　3 鷺　4 暖簾
5 釈迦　6 按摩　7 賑　8 鳳凰
9 鞘　10 錆

解説

2 物事にとらわれない、のびのびとした気持ちを育むこと。
5 宗派の争いなどは無意味であるということ。
9 天下泰平であることのたとえ。

十

1 抑　2 何時　3 笘　4 凋落　5 雫（滴）
ア まわ　イ おど　ウ しんがん　エ ある
オ ないし　カ す　キ さび　ク あくた
ケ は　コ おんな

解説

4 「凋落」は、落ちぶれること。
ウ 「真贋」は、本物と偽物のこと。
オ 「乃至」は、あるいは、またはという意味。
ク 「芥」は、ごみ。転じてくだらないもの。

第3回 超よく出る模擬試験問題

解答・解説

問題18〜23ページ

一

1 けんしょく　2 びゅうけん　3 えんてい
4 しょうし　5 ちょうたつ　6 じゅうば
7 えいこう　8 てきか　9 じゅんち
10 ばんか　11 ずさん　12 てっそん　13 きかん
14 かずい　15 すいらん　16 いんか
17 しゃはん　18 きゅうだん
19 しゃくじょう　20 しゅうしゅう　21 ひる
22 きぬた　23 すく　24 くるわ　25 いわし
26 しばしば　27 やえむぐら　28 ひさ
29 ゆるが　30 すぎ

解説

2「謬見」は、まちがった考えや見解。
6「戎馬」は、戦争に使用する軍馬。
13「祁寒」は、厳しい寒さ、酷寒。
14「花蕊」は、花の雄しべと雌しべの総称。
16「允可」は、許すこと。
17「這般」は、これら、この辺、この度。
28「粥ぐ」は、商うこと。
29「忽せ」は、物事をいい加減にすること。

六

1 徹・轍　2 侮・撫　3 硬・梗
4 羽・胡　5 酬・蹴

解説

1「道理」という意味の「途轍」が正しい。
2「なだめる」という意味の「慰撫」が正しい。
3「ふさがる」という意味の「梗塞」が正しい。

七

問1

1 (鵬程)万里　6 抜本(塞源)
2 (鎧袖)一触　7 四面(楚歌)
3 (旭日)昇天　8 長身(痩軀)
4 (狐狸)妖怪　9 抜山(蓋世)
5 (獅子)奮迅　10 魚目(燕石)

問2

1 らくがん　2 りんえん　3 がんい
4 あせい　5 ろぎょ

解説

問1・1「鵬程万里」は、非常に遠い道のりのたとえ。
問1・3「旭日昇天」は、勢いが盛んなことのたとえ。
問1・6「抜本塞源」は、災いの原因を完全に取り去ること。
問1・10「魚目燕石」は、よく似ているが本物と

二

1 よこしま　2 うべな　3 まみ
4 つづ　5 おもんぱか　6 ちな
7 ほぼ　8 あがな　9 すさ　10 たむろ

解説 2「諾う」は、要求を引き受けること。
3「見える」は、お目にかかること。

三

1 えいきょ　2 み　3 えいけつ　4 わか
5 かいめい　6 くら　7 とんそう　8 のが
9 かくてい　10 くぎ

解説 1「盈虚」は、月が満ちたり欠けたりすること。
5「晦冥」は、辺りが暗くなること。暗やみ。
9「劃定」は、区切りをはっきり決めること。

四

1 希　2 血　3 卒　4 踏　5 繁

解説 2「膏血を絞る」は、人が苦労して得た利益や財産を取りあげること。
3「卒爾」は、突然なこと。「倉卒」は、慌ただしいこと。

五

1 寓意　2 桁外　3 姑息　4 勢揃　5 大腿
6 脆　7 埠頭　8 雨樋　9 揺曳　10 窄
11 漕艇　12 竹篦　13 菩提樹　14 煤　15 楕円
16 気儘　17 華燭　18 貨殖　19 堰(塞)　20 急

解説 17「華燭の典」は、結婚式の美称。

は違うもの。まがい物。

八

対義語　1 安堵　2 混(渾)沌　3 弛緩
4 瞥見　5 暗鬱
類義語　6 堅牢　7 真贋　8 長逝
9 秘訣　10 面妖

解説 4「瞥見」は、ちらっと見ること。
7「真贋」は、本物とにせもののこと。

九

1 磯際　2 茄子(茄)　3 糾　4 袈裟
5 膏薬　6 塞翁　7 釘　8 氷炭
9 有卦　10 鸚鵡

解説 1 物事が完成直前で駄目になること。
5 人に理屈や言いがかりをつけようと思えば、どうにでもつくということ。
9 すべての物事がうまくいくこと。「入る」は「いる」と読む。

十

1 斡旋　2 斯　3 編纂　4 如何　5 橡(栃)
ア すこぶ　イ まで　ウ こうむ　エ ともかく
オ まと　カ しゅうしゅう　キ い　ク ろろう
ケ たた　コ おのの

解説 4「如何なる」は、どのようなという意味。
ア「頗る」は、程度がはなはだしいさま。非常に。

第4回 超よく出る模擬試験問題

解答・解説

問題 24〜29ページ

一

1 ごうとう　2 ゆうあく　3 けつがん
4 しんゆう　5 ねぎ　6 とゆう　7 がいせい
8 ちょくん　9 かしん　10 ひし　11 けんどう
12 がいげつ　13 しっぴ　14 こうじ
15 うつうつ　16 うんい　17 こうしん
18 しし　19 てっとう　20 しさん　21 よみ
22 たちま　23 わらぐつ　24 もく　25 たちま
26 あさぎ　27 しか　28 うばめがし　29 およ
30 ふたこり(ふたこうり)

解説

4「辛酉」は、干支の一つ。かのととり。
5「禰宜」は、神職の総称。
11「萱堂」は、母を敬っていう語。母上。
13「櫛比」は、すきまなく並んでいること。
14「鉤餌」は、針につけたつりえさ。
15「蔚蔚」は、草木がよく茂っている様子。
21「嘉する」は、よしとして賞賛すること。
24「杢」は、大工。

二

1 なんなん　2 こな　3 さか　4 わざ

16「伍する」は、肩を並べること。

六

1 初・曙　2 徳・篤　3 概・骸
4 泡・粟　5 数・趨

解説

1「明るい兆し」という意味の「曙光」が正しい。
2「慈善家」という意味の「篤志家」が正しい。
4 鳥肌が立つ様子なので「粟立つ」が正しい。
5「おもむく」という意味の「趨勢」が正しい。

七

問1

1 (焚書)坑儒　6 阿鼻(叫喚)
2 (蓬頭)垢面　7 暮色(蒼然)
3 (孟母)断機　8 李下(瓜田)
4 (啐啄)同時　9 治乱(興亡)
5 (剃髪)落飾　10 加持(祈禱)

問2

1 ぼくせつ　2 けいちん　3 ぼぶん
4 ひんぴん　5 ろうずい

解説

問1・1「焚書坑儒」は、思想・学問・言論を弾圧すること。
問1・7「暮色蒼然」は、夕暮れ時の薄暗い様子。

八

対義語　1 平坦　2 峻拒　3 仮寓

5 つかさど　6 したた　7 つが　8 あまつさ
9 ひとえ　10 しんがり

解説
1「垂とする」は、もう少しでそうなろうとすること。
2「熟れる」は、物事に熟練すること。
3「賢しら」は、利口ぶって振る舞うこと。
8「剰え」は、良くない状態が重なること。
10「殿」は、隊列などの最後尾で行動する者。

三

1 ほうすい　2 に　3 れんこう　4 わた
5 こうき　6 つよ　7 しょうほう　8 か
9 しょうび　10 あつ

解説
3「聯亘」は、長く連なり続くこと。
7「捷報」は、勝利の知らせ。

四

1 愁　2 陳　3 決　4 俊　5 遊

解説
2「具陳」は、くわしく述べること。

五

1 蒲鉾　2 位牌　3 雌蕊　4 惹起　5 立錐
6 挺　7 怯　8 流暢　9 錯綜　10 藻屑
11 捌　12 窄(歙)　13 蛋白　14 木鐸　15 歪
16 伍　17 珊瑚　18 凱歌　19 外貨　20 崖下

解説
8「流暢」は、話し方が滑らかでよどみないこと。
14「社会の木鐸」は、世の人を教え導く人。

超出る4回

---

4 痛恨　5 歪曲

類義語

6 厨房　7 惹起　8 逗留
9 沮(楚)喪　10 俄然

解説
2「峻拒」は、きっぱりと断ること。
3「仮寓」は、仮住まい。
5「匡正」は、正しい状態にすること。
10「俄然」は、にわかに。

九

1 胡(蝴)蝶　2 孝子　3 乾坤　4 鴻鵠
5 死屍　6 刎　7 喬木　8 鬼神　9 獅子
10 芝蘭

解説
1 人生を振り返り、死期が迫ったことに驚いて後悔することのたとえ。
7 人の地位が高くなると、世人の批判が厳しくなるということ。
10 立派な人との交流により受ける良い刺激。

十

1 煤　2 宵闇　3 檜　4 儘　5 鴛鴦
ア はばた　イ かじ　ウ はや
エ ひらめ　オ きょうき　カ まさ　キ しらさぎ
ク すご　ケ ぼたん　コ すずめ

解説
オ「俠気」は、弱い者を助けようとする気性。男らしい性質。

第5回 超よく出る模擬試験問題

解答・解説

問題 30～35ページ

一

1 だいこう 2 かんぼく 3 ひんぼ
4 せいてつ(おいめい) 5 しらん
6 きしょう 7 かんかん 8 かくぜん
9 きゅうこう 10 そうゆう(ぞうゆう)
11 ほてい(ほてつ) 12 へいいん 13 ひんぴん
14 ひんば 15 ぼや 16 ほうちゅう
17 ちはつ 18 きゃら 19 そうてい
20 しゅんきゅう 21 おもね 22 ぬき
23 いびつ 24 しばら 25 もすそ 26 ひおうぎ
27 やり 28 しずく 29 こまいぬ 30 あぶみ

解説

1「乃公」は、男性が、尊大に自分をさしていう語。我が輩。
2「翰墨」は、詩文を作ったり書画をかいたりすること。
9「九皐」は、深い谷底。
13「斌斌」は、文化的な事物の盛んに興る様子。
15「戊夜」は、およそ午前三時から二時間。
21「阿る」は、気に入られようとへつらうこと。

解説

10「弛む」は、油断すること。
12「友誼」は、友人としての情愛。友情。

六

1 応・堪 2 闘・藤 3 争・綜
4 到・逗 5 羅・螺

解説

2 蔓草が絡み合うことに由来しているので「葛藤」が正しい。
3「まじる」という意味の「錯綜」が正しい。

七

問1

1 (旧套)墨守 6 泰山(鴻毛)
2 (泡沫)夢幻 7 清濁(併呑)
3 (寂滅)為楽 8 鼓腹(撃壌)
4 (嘉辰)令月 9 一碧(万頃)
5 (城狐)社鼠 10 門前(雀羅)

問2

1 かんし 2 りし 3 くにく
4 しゃそ 5 たいれい

解説

問1・1「旧套墨守」は、自分の習慣や主張などを、かたく守って変えないこと。
問1・3「寂滅為楽」は、心安らかな悟りの境地に至ってはじめて、真の安楽が得られること。

二

1 うつつ 2 ひと 3 おのの 4 つか
5 こぞ 6 あらた 7 したた 8 あざな
9 ただ 10 あがな

解説
5「挙って」は、一人も残らず。全員で。
8「糾う」は、撚り合わせること。
9「質す」は、たずねて明らかにすること。
10「購う」は、罪のつぐないをすること。

三

1 たんでき 2 ふけ 3 ばくしょ 4 さら
5 そこう 6 さかのぼ 7 はんしょく
8 しげ 9 さくびゅう 10 あやま

解説
1「耽溺」は、一つのことに夢中になって、他を顧みないこと。

四

1 欲 2 涙 3 辺 4 途 5 御

解説
1「胴欲」は、非常に欲の深いこと。
2「紅涙」は、悲嘆にくれて流す涙。女性の涙のたとえ。
3「辺幅」は、外見。「那辺」は、どのあたり。どこ。

五

1 旺盛 2 林檎 3 稜線 4 眉間 5 天秤
6 億劫 7 翻弄 8 蠟燭 9 甲斐性 10 弛
11 脱臼 12 友誼 13 諜報 14 首魁 15 圭角
16 投函 17 化膿 18 酒肴 19 首肯 20 殊功

八

問1・4「嘉辰令月」は、めでたい日と月。

対義語 1 危殆 2 遅疑 3 追従
4 深淵 5 挫折

類義語 6 永訣 7 所詮 8 逼迫
9 巣窟 10 祥瑞

解説
1「危殆」は、非常にあぶないこと。
3「諫言」は、いさめること。または、その言葉。「追従」は、他人の気に入るような言動をすること。
10「吉兆」「祥瑞」は、よいことがあるしるし。

九

1 松柏 2 輿(輦) 3 嚢中 4 正鵠 5 蕎麦
6 好事 7 紙価 8 瓢箪 9 蟻穴 10 香餌

解説
1 艱難《かんなん》にあって人の真価が初めてわかることのたとえ。
3 英才は隠れていてもいつか必ず真価を現すということ。
7 著書が好評で売れ行きのよいことのたとえ。

十

1 苔 2 瞰 3 桶屋 4 儲 5 凌(陵)駕
ア すさ イ おおなみ ウ あぜ
エ いおり(あん) オ しの カ かやぶき
キ むかしばなし ク つち ケ たた コ ふとん

解説
ウ「畦」は、水田と水田との間に土を盛り上げてつくった小さな堤。

第1回 よく出る模擬試験問題

解答・解説

問題36～41ページ

一

1 えいだん　2 きんじゅう　3 せんご
4 ぎょうあん(あかつきやみ)　5 ぼうゆう
6 じんぎ　7 じきょう　8 ひき　9 しかい
10 きょうわ　11 がくぎょ　12 れんじょう
13 すうそう　14 おゆう　15 きっきん
16 ほけい　17 きゅうあい　18 ときん
19 しょうりょう(ひょうりょう)　20 しれい
21 のり　22 かし　23 さぐ　24 ひがごと
25 いい　26 すこぶ　27 へら　28 ゆ
29 おい　30 よしみ

解説

2 「近什」は、最近作った詩歌や文章。
3 「舛誤」は、誤ること。
5 「卯酉線」は、天頂を通り子午線に直交する大円。
13 「雛僧」は、幼い僧、小僧。
14 「於邑」は、悲しみのため気持ちがふさがるさま。
21 「矩」は、正道、模範を意味する。

二

1 つい　2 みつぎ　3 うら

六

1 透・漉(抄)　2 拝・牌　3 才・采
4 絹・衣　5 宏・浩

解説

2 「ふだ」という意味の「位牌」が正しい。
5 「ひろい」という意味の「浩然」が正しい。

七

問1
1 (千篇(編))一律　6 君子(豹変)
2 (不惜)身命　7 一目(瞭然)
3 (卿相)雲客　8 百尺(竿頭)
4 (鳶飛)魚躍　9 長汀(曲浦)
5 (欣求)浄土　10 玉砕(瓦全)

問2
1 きょせい　2 ゆうけん
3 りくしょう(ろくしょう)
4 しゅそ　5 しらん

解説

問1・3 「卿相雲客」は、高い身分の人。
問1・4 「鳶飛魚躍」は、よい政治が行われ、世の中が平和なことのたとえ。
問1・10 「玉砕瓦全」は、名誉を重んじて未練なく死ぬことと、何もすることなく長く生きること。

八

対義語　1 違背　2 斬新　3 聡明

4 しりぞ　5 さや　6 いしぶみ
7 うべな　8 つまび　9 く　10 きず

解説
7「肯う」は、承知すること。
8「審らか」は、詳しいこと。

三
1 しょうふん　2 な　3 きょうひつ
4 ただ　5 えんお　6 にく　7 そがい
8 さまた　9 はんじょう　10 みだ

解説
1「嘗糞」は、恥も外聞も捨てて、人にへつらうことのたとえ。
9「煩擾」は、わずらわしく乱れること。

四
1 凶　2 幸　3 散　4 装　5 隆

解説
2「射幸心」は、「幸運を得たい」と願う感情。
5「隆昌」は、非常に栄えること。

五
1 迂遠　2 茜色　3 好好爺　4 匙(匕)加減
5 昏睡　6 鞍　7 憧(憬)　8 鋸　9 椅子
10 勿　11 曙光　12 篠　13 晩餐　14 麓
15 永訣　16 腎臓　17 走狗　18 痩軀　19 潰
20 費

解説
1「迂遠」は、実際の用に向かないこと。
12「篠突く」は、雨が激しく降る様子。

類義語
4 肥沃　5 迂(紆)遠
6 拘泥　7 頓才　8 稀(希)有
9 腐心　10 放蕩

解説
1「遵奉」は、法律・教えなどを尊重して従うこと。
「違背」は、規則・命令などにそむくこと。

九
1 逸物　2 桃李　3 出藍　4 盗泉
5 骸骨　6 灸　7 錦上　8 鮫臭
9 鉦　10 葱

解説
2 徳望のある人のもとへは人が自然に集まることのたとえ。
5 主君に辞職を願い出ること。
9 大騒ぎしながら探し回ること。

十
1 蜘蛛　2 儲　3 縞柄　4 惹起　5 更紗
ア か　イ しっくい　ウ さ　エ くぼ
オ しずく　カ つま　キ あか　ク がらす
ケ み　コ はや

解説
4「惹起」は、事件・問題などをひきおこすこと。
5「更紗」は、木綿地などに、人物・花・鳥獣などの模様を多色で染め出したもの。

第2回 よく出る模擬試験問題 解答・解説

問題 42〜47ページ

一

1 さんわい　2 ちょうじょう　3 たんでき
4 ろう　5 こうと　6 かいてい
7 けいしょう　8 りょうあん　9 さんさん
10 しんしょう　11 しゅうぜん　12 じんいん
13 しょきゅう　14 しこん　15 ずし
16 わんせん　17 りょうが　18 りゅうらん
19 へいこ　20 ちゅうしつ　21 つぶさ
22 こしき　23 あぶみ　24 さば　25 たど
26 ちりとり(み)　27 もみじ　28 うしとら
29 えのきだけ　30 ぬかぶくろ

解説
2 「牒状」は、まわしぶみ。回状。
4 「耳を聾する」は、耳が聞こえなくなるかと思うほどの。
6 「階梯」は、学問・芸術などの手ほどき。
14 「只今」は、今この時。現在。
18 「劉覧」は、くまなく目を通すこと。

二

1 ばら　2 そ　3 つまび　4 うた

…

4 劇・隙　5 堅・肩

解説
1 竜のあご下の逆さに生えた鱗に触れると竜が怒ることに由来するので「逆鱗」が正しい。
4 「すきま」という意味の「間隙」が正しい。
5 肩と肘を高くして身構えることから「肩肘」が正しい。

七

問1
1 (綾羅)錦繍　6 疾風(怒濤)
2 (荊妻)豚児　7 気息(奄奄)
3 (捲土)重来　8 容貌(魁偉)
4 (兎角)亀毛　9 温柔(敦厚)
5 (斬新)奇抜　10 挙措(進退)

問2
1 いっせん　2 ません　3 さくらく
4 ぶんぼう　5 ゆうそく

解説
問1・4 「兎角亀毛」は、ありえない物事のたとえ。

八

対義語
1 迂路　2 失墜　3 勃興
4 刹那　5 仇敵

類義語
6 椿寿　7 些(瑣)細　8 氾(汎)濫
9 稜線　10 孜孜

5 わきま　6 い　7 お　8 ため
9 つて　10 なら

解説
4 「転た」は、ますます。

三
1 いんか　2 ゆる　3 しゅうこう　4 うつく
5 きんせん　6 つつし　7 ごうおん
8 とどろ　9 こうけい　10 つな

解説
3 「繡閣」は、美しく飾った部屋。
5 「欽羨」は、敬いつつうらやましく思うこと。

四
1 曲　2 差　3 疎　4 退　5 丁

解説
1 「委曲」は、物事の詳しい事情。詳細。
2 「差配」は、貸地・貸家などを管理すること。

五
1 義侠　2 嬉　3 垢抜　4 手筈　5 脊椎
6 閏年　7 俄然　8 尖　9 石鹼
10 縞模様　11 毅然　12 貫　13 辿　14 苛
15 一蹴　16 蕩(盪)　17 朗詠　18 漏洩(泄)
19 蒜　20 蛭

解説
1 「義侠」は、正義を重んじて、強い者をくじき、弱い者を助けること。
7 「俄然」は、にわかに。

六
1 激・逆　2 畏・威　3 解・晦

解説
1 「捷径」は、目的地への近道。
10 「営営」「孜孜」は、休みなく熱心に励む様子。

九
1 晦朔　2 芙蓉　3 芥子(罌粟・罌子)
4 金箔　5 撞木　6 逆旅　7 近憂
8 山葵　9 錐　10 直諫

解説
1 限られた境遇の者は広大な世界を理解できないことのたとえ。また、はかないことのたとえ。
3 芥子の粒のように小さな自分の中にも、一つの世界があるということ。
9 物事をするには人と協力することが大切であるというたとえ。

十
1 莞爾　2 白樺　3 憤
4 熱(火照)　5 厭
ア きんかい　イ こずえ　ウ たちま　エ かえ
オ あっ　カ はず　キ きざ　ク しばしば
ケ も　コ あふ

解説
ア 「欣快」は、非常にうれしいこと。
オ 「壓」は、「圧」の旧字体。

第3回 よく出る 模擬試験問題 解答・解説

問題48～53ページ

一

1 ほうすい　2 れんこう　3 でいそ
4 ごうまつ(こうまつ)　5 わくん
6 しゅうしょ　7 ゆうらく　8 はきゃく
9 たくはつ　10 さくほく　11 せつせつ
12 きんたい　13 ひょううつ(ひゅううつ)
14 びわ　15 そうし　16 しんよ　17 こうしん
18 とうせい　19 ろうや　20 たく　21 ときいろ
22 みす　23 うかが　24 すなわ　25 もんめ
26 さきがけ　27 かこつ　28 むしば
29 いよいよ　30 みずみず

解説

11「屑屑」は、せわしく働く様子。
12「衿帯」は、敵の攻撃を受けにくい要害の地。
13「彪蔚」は、あや模様が立派なさま。
15「桑梓」は、ふるさと、故郷。
18「濤声」は、大波の音。
27「寓ける」は、他のことに関係づけて、そのせいにすること。

二

1 うるさ　2 ふみ　3 つちくれ

15「逢着」は、出あうこと。行きあたること。
17「穿孔」は、穴があくこと。また、その穴。

六

1 度・堵　2 寒・汗　3 近・僅
4 弧・跨　5 搔・書

解説

2 顔に汗をかくほど恥ずかしいという意味なので「汗顔」が正しい。
3「わずか」という意味の「僅差」が正しい。
4 鉄道線路を「またぐ」という意味の「跨線橋」が正しい。
5「帳簿にかきいれる」という意味の「書き入れ時」が正しい。

七

問1

1 (明哲)保身　6 周章(狼狽)
2 (蓋棺)事定　7 経世(済民)
3 (杓子)定規　8 和光(同塵)
4 (旧套)墨守　9 街談(巷語)
5 (全豹)一斑　10 魚網(鴻離)

問2

1 しゅうこう　2 ふんきん　3 きんき
4 しし　5 らくがん

4 かたくな　5 ちょうちょう　6 しこ
7 なず　8 うなじ　9 たむろ　10 くわ

解説
5 「打打」は、かん高い音が続いて響くさま。
7 「泥む」は、こだわること。執着すること。
9 「屯する」は、一カ所に大人数が集まること。

三
1 ゆうぶつ　2 すぐ　3 るらく(ろうらく)
4 つな　5 へんしゅう　6 あつ　7 はいかん
8 こま　9 はいれい　10 もと

解説
1 「尤物」は、同類の中で、特にすぐれたもの。
3 「婁絡」は、まとわりつくこと。
10 「戻《もと》る」は、道理や人情に反すること。

四
1 脱　2 幸　3 亜　4 恩　5 狂

解説
2 「幸便」は、都合のよいついで。
5 「風狂」は、風雅に徹し他を顧みないこと。

五
1 巴　2 捲　3 贋作　4 早蕨　5 鼎談
6 儲　7 鶏糞　8 伴侶　9 庇護　10 金蔓
11 捻挫　12 啄　13 燦然　14 白樺
15 逢着　16 利鞘　17 穿孔　18 閃光
19 拭　20 茸

解説
4 「早蕨」は、芽を出したばかりのわらび。
13 「燦然」は、美しく鮮やかに光り輝く様子。

解説
問1・5 「全豹一斑」は、見識が狭いことのたとえ。
問1・10 「魚網鴻離」は、求めるものが得られず、求めていないものが得られることのたとえ。

八
対義語　1 蕩尽　2 臆(憶)病　3 遮蔽
4 鎮撫　5 模糊
類義語　6 永劫　7 晦渋　8 懸崖
9 趨勢　10 奈(那)落

解説
4 「鎮撫」は、乱をしずめ民を安心させること。

九
1 法螺　2 肘(肱・臂)　3 素(索)麺
4 寒稽古　5 嘉(佳)肴　6 髪膚　7 啄(啅)
8 轡　9 綴　10 雀羅

解説
10 訪問する人もなく、ひっそりしていることのたとえ。

十
1 儘　2 貫　3 麹町
4 醍醐味　5 竿先
ア かいふく　イ ほとん　ウ よ　エ よ
オ てんどう　カ かんぷな　キ お　ク あし
ケ ざぶとん　コ あぐら

解説
4 「醍醐味」は、本当の面白さ。深い味わい。
オ 「顛動」は、あわてて騒ぐこと。動転。

一

1 きっちゅう 2 じじょ 3 がんせい
4 しんきゅう 5 たんぜん 6 こうかく
7 しょきゅう 8 えんお 9 そうく
10 てんじく 11 さいひ 12 むげ 13 せんだつ
14 じょうし 15 けいろく 16 かんけい
17 ちょま 18 こうふん 19 やくし
20 ていだん 21 のこぎりざめ 22 けが
23 つか 24 なだ 25 さかき 26 やぐら
27 ふき 28 わた 29 にわ 30 は

解説
2「爾汝」は、相手を「きさま」「おまえ」などと呼び合える親密な交わり。
4「賑救」は、財を施して貧民や被災者などを救うこと。
11「柴扉」は、粗末な家。
13「蟬脱」は、迷いから覚め、悟りの境地に達すること。「蟬蛻《せんぜい》」ともいう。
15「鶏肋」は、大して役に立たないが、捨てるには惜しいもの。

---

4 近・緊 5 聞・分

解説
3「布施」という意味の「檀」が正しい。
4「さしせまる」という意味の「喫緊」が正しい。

七

問1
1 (蚊虻)走牛 6 笑面(夜叉)
2 (輪廻)転生 7 膏火(自煎)
3 (孟母)三遷 8 一虚(一盈)
4 (道聴)塗説 9 熟読(玩味)
5 (象箸)玉杯 10 甲論(乙駁)

問2
1 へきらく 2 てんこん 3 そくげん
4 てんげん 5 ごうき

解説
問1・4「道聴塗説」は、聞いただけで理解していない知識。受け売り。
問1・7「膏火自煎」は、財産や才能などがあることで、逆に災いを招くことのたとえ。

八

対義語
1 破綻 2 梁行 3 坦夷
4 紅潮 5 定石(跡)

類義語
6 伯仲 7 股肱 8 瓦解
9 酸鼻 10 出奔

二

1 かし　2 こもかぶ　3 じ　4 なにがし
5 あざな　6 ながら　7 ほぐ　8 ひた
9 いた　10 ことさら

解説
4「某」は、明確でない数量。幾らか。
6「存える」は、生き続けること。
10「故に」は、わざと。故意に。

三

1 しゅちょう　2 は　3 ごうま(がま)
4 くだ　5 しんちょく　6 はかど
7 ちょうふ　8 は　9 がいせい　10 おお

解説
9「蓋世」は、威勢がきわめて盛んな様子。

四

1 横(汪)　2 慰　3 皆　4 陰　5 宇

解説
4「陰徳」は、隠れた善行。
5「気宇」は、気構え。「一宇」は、一棟の建物。

五

1 豹変　2 偲　3 恰幅　4 樵　5 反駁
6 倦　7 逼迫　8 餌食　9 唾棄　10 虹鱒
11 流暢　12 爽　13 昏倒　14 禿　15 鍔(鐔)
16 相槌(鎚)　17 喉頭　18 荒唐　19 串　20 櫛

解説
5「反駁」は、他人の主張や批判に反論すること。
6「倦む」は、困ること。もてあますこと。

六

1 錦・禽　2 飾・燭　3 壇・檀

解説
3「坦夷」は、土地などが平らなこと。
5「奇手」は、奇抜な手段。
7「腹心」は、心から信頼できる人。「股肱」は、信頼できる家来や部下。
10「逐電」「出奔」は、逃げて行方をくらますこと。

九

1 白袴　2 拙誠　3 挨拶　4 伽羅
5 栗　6 得手　7 竿頭　8 守成
9 覆轍　10 貫

解説
4 よいものを、いっそうよくすることのたとえ。
9 前の人と同じ過ちを繰り返すこと。
10 欲の深いことのたとえ。

十

1 醤油　2 玉葱　3 海鼠　4 漉(濾)
5 揃
ア そうざい　イ こ　ウ しま
エ おい　オ の　カ なにとぞ
キ ひきにく　ク ちんでん　ケ いっそう
コ あか

解説
ケ「一匝」は、ひとめぐり。

第5回 よく出る模擬試験問題

解答・解説

問題 60～65ページ

一

1 えんご　2 おうめい　3 きゅうあい
4 りんず　5 そうあん　6 ぼうゆう
7 けいせん　8 ごうぜん　9 かんしょ
10 じゅんこ　11 はいち　12 ちゅうぼうし
13 ようえき　14 もったい　15 ていしょう
16 ひっぽう　17 こういん　18 はんだ
19 こうと　20 えいだつ　21 み　22 あお
23 はしか　24 あつ　25 わだち　26 ぬ
27 さと　28 まま　29 しのざさ　30 ず

解説

2「鷗盟」は、俗世間を離れた風流な交わり。
10「醇乎」は、心情・行動などが純粋な様子。
11「背馳」は、くいちがうこと。
15「禎祥」は、めでたいしるし。
19「宏図」は、大きな計画。広大な方針。
20「穎脱」は、才能が特にすぐれていること。
22「煽る」は、たきつけること。

二

1 すさ　2 あや　3 めあ　4 ほぼ
5 こぼ　6 ただ　7 つか　8 はす

4 巻・蒔　5 尊・遜

解説

1 組み分けした軍隊の単位が転じた「隊伍」が正しい。
3「やどる」という意味の「寓居」が正しい。
5「へりくだる」という意味の「謙遜」が正しい。

七

問1

1（臥薪）嘗胆　6 赤手（空拳）
2（碩師）名人　7 剃髪（落飾）
3（輪廻）転生　8 陶犬（瓦鶏）
4（金烏）玉兎　9 画虎（類狗）
5（長鞭）馬腹　10 古色（蒼然）

問2

1 けんど　2 はんい　3 きゅうてい
4 おつばく　5 ししょう

解説

問1・6「赤手空拳」は、誰の手も借りず、自分の力だけで物事を行うこと。

問1・9「画虎類狗」は、才能のないものが手本を真似ても、似て非なるものになるということ。

八

対義語

1 停頓　2 覚醒　3 擾乱
4 充溢　5 剝奪

9 に　10 つい

解説
1 「荒む」は、ゆとりやおおらかさがなくなること。とげとげした状態になること。

三
1 きょうしょう　2 たか　3 あいせき
4 いた　5 けい(きょう)こく　6 しばら
7 べつじょ　8 さげす　9 かいたい　10 かた

解説
5 「頃刻」は、しばらくの時間。
9 「拐帯」は、人から預かった金や品物を持ち逃げすること。

四
1 哀　2 回　3 概　4 幹　5 炎

解説
1 「哀咽」は、悲しんでむせび泣くこと。
4 「軀幹」は、頭と手足を除いた胴体部分。

五
1 紐帯　2 鞄　3 噴飯　4 御伽噺(話)
5 菩提樹　6 頬杖　7 好好爺　8 逆撫
9 糊　10 雛形(型)　11 秘訣　12 韮
13 伍　14 巴　15 首魁　16 禿　17 怨霊
18 温良　19 弦　20 鶴

解説
1 「紐帯」は、血縁・地縁・利害関係など、社会を形づくる結びつき。
3 「噴飯」は、我慢できずに笑ってしまうこと。

六
1 互・伍　2 軽・稽　3 隅・寓

類義語　6 億劫　7 逐鹿　8 看破
9 浮沈　10 陶冶

解説
1 「停頓」は、物事がはかどらないこと。
7 「逐鹿」は、帝位や政権などをめぐって争うこと。
10 「陶冶」は、人の才能などを育て上げること。

九
1 杓子　2 愁眉　3 塗　4 飴
5 屋烏　6 寛恕　7 一鶴　8 鳶
9 箸　10 黄泉

解説
1 できるはずがないこと、また、形式だけのことをするたとえ。
3 二度と立ち上がれないほど大敗すること。
5 人を愛すると、その人に関係するすべてに愛情を注ぐようになること。

十
1 背負　2 味噌　3 逗留
4 朔風　5 穿
ア ねぎ　イ みのかさ　ウ うた　エ せり
オ かゆ　カ い　キ しきいし　ク がいとう
ケ さんじ　コ さかずき

解説
3 「逗留」は、旅先などに一定期間とどまること。
4 「朔風」は、北から吹く風。北風。

第6回 よく出る模擬試験問題 解答・解説

問題66～71ページ

一

1 きか 2 ときん 3 たいこう
4 ちゅうかい 5 おうよう 6 こうこう
7 じゅりつ 8 ちょたい 9 とれつ
10 でいそ 11 びわ 12 さんさん
13 ようや 14 さりゅう 15 こうよう
16 ていど 17 しゅうしょ 18 やしゃ
19 こり 20 えんか 21 やり 22 つじふだ
23 あしび 24 ただ 25 えのきだけ
26 おしどり 27 み 28 けわ
29 くろがし 30 あたか

解説

4「厨芥」は、台所から出る食べ物のくず。
8「瀦滞」は、停滞していること。
9「堵列」は、大勢の人が横に並んで立つこと。
10「禰祖」は、父と祖先の霊廟。
13「熔冶」は、金属を溶解して鋳ること。
17「洲渚」は、州の水際。
27「盈つ」は、いっぱいになること。
30「恰も」は、まるで。ちょうど。

解説

3「なきがら」という意味の「形骸」が正しい。
5「こだわる」という意味の「拘泥」が正しい。

七

問1

1（頓首）再拝 6 天壌（無窮）
2（一蓮）托生 7 徒手（空拳）
3（魯魚）章草 8 一張（一弛）
4（勤倹）力行 9 臥竜（鳳雛）
5（東窺）西望 10 博聞（強（彊）識）

問2

1 もうぼ 2 きんきょ 3 しゅうぜん
4 きんう 5 そか

解説

問1・1「頓首再拝」は、頭を深く下げて丁寧に礼をすること。
問1・3「魯魚章草」は、文字を書き誤ること。
問1・5「東窺西望」は、あちこちを見回して、落ち着きのない様子。
問1・6「天壌無窮」は、永遠や永久のたとえ。

八

対義語 1 荒蕪 2 峻烈 3 濃艶 4 畏敬 5 武断
類義語 6 爪牙 7 寛恕 8 指弾

二

1 おさ 2 こもごも 3 ぬか 4 やや
5 しご 6 はかりごと 7 よぎ 8 まめ
9 たくら 10 くび

解説

4「動もすれば」は、とかくある状況になりやすい様子。

三

1 けいはい 2 もう 3 ぼうりゃく
4 はか 5 そうゆう(ぞうゆう) 6 かつ
7 しょくじょう 8 ぬぐ 9 ざせつ 10 くじ

解説

4「謀る」は、計略をめぐらしてだますこと。

5「曽遊」は、以前に訪れたことがあること。

四

1 逸 2 奥 3 佳 4 疑 5 憶(臆)

解説

1「逸楽」は、気ままに遊び楽しむこと。

3「佳什」は、すぐれた詩歌。立派な文学作品。

五

1 挨拶 2 羨 3 蒲柳 4 辿 5 飛沫
6 鍔(鐔) 7 教鞭 8 賑(殷) 9 湿疹
10 憧(憬) 11 醍醐味 12 緋鯉 13 寵児 14 纏
15 白樺 16 賭 17 労 18 弄 19 笠 20 嵩

解説

3「蒲柳」は、体質がひ弱なこと。

六

1 睡・錐 2 職・嘱 3 効・骸
4 向・剥 5 糠・拘

---

9 上梓 10 一掃

解説

1「荒蕪」は、土地が荒れて、雑草が茂ること。

2「峻烈」は、非常に厳しく激しいこと。

5「文治」は、法令などによって世を治めること。「武断」は、武力をもって政治を行うこと。

6「爪牙」は、人を傷つけ、脅かすもの。

九

1 駒 2 辞儀(宜) 3 叢中 4 井蛙
5 厭 6 冠履 7 沙汰 8 繍
9 草臥 10 馴染

解説

2 遠慮も、時と場合とによることのたとえ。
6 根本を忘れて末節のことにこだわること。
8 出世しても、帰郷して人々にその立派な姿を見てもらえなければ、出世した意味がないこと。

十

1 強靱 2 煩悶 3 印度 4 倫敦 5 伝播
ア けが イ あやま ウ しんそつ エ えいち
オ ほうせいしゃ カ せんたん キ しら
ク だえん ケ ぶどう(えび) コ ぬ

解説

2「煩悶」は、いろいろ悩み苦しむこと。

5「伝播」は、伝わり広まること。

第7回 よく出る模擬試験問題 解答・解説

問題 72～77ページ

一

1 じんぎ　2 きょうじん　3 わんせん
4 へいこ　5 しゃこうしん　6 りょうか
7 こうてい　8 いちべつ　9 ぶんべん
10 ほうどく　11 ちょうこく　12 らしゃ
13 しゅちょう　14 りょうじょう　15 ようへき
16 そうが　17 ぐれん　18 ちょうじょう
19 らんじゅ　20 てんじく　21 のこぎりざめ
22 すきくわ　23 ふせ　24 とも　25 こも
26 すぼ　27 ふたこり（ふたこうり）　28 くい
29 たねこうじ　30 かじ

解説
3「腕釧」は、仏像の装身具の一。

4「弊袴」は、古びて破れたはかま。

7「孝悌」は、父母に孝行をつくし、年長者によくつかえること。

15「遥碧」は、はるかな青空。

18「牒状」は、順番に回して用件を伝える書状。

19「藍綬褒章」は、公衆の利益、公共の事業で事績著明な人に授与される藍色の綬の記章。

六

1 素・粗（楚）　2 差・些（瑣）　3 顕・喧
4 当・倒　5 概・該

解説
1「そそっかしい・軽はずみ」という意味の「粗忽」が正しい。
2「わずか」という意味の「些少」が正しい。
5「学問や知識の範囲がきわめて広い」という意味の「該博」が正しい。

七

問1
1（眉目）秀麗　6 純真（無垢）
2（尭風）舜雨　7 朝秦（暮楚）
3（阿附）迎合　8 金剛（不壊）
4（鱗次）櫛比　9 行住（坐臥）
5（桃李）満門　10 三者（鼎立）

問2
1 しょり　2 えんぴ　3 かんうん
4 ぞうちょ　5 うひ

解説
問1・3「阿附迎合」は、気に入られようとしてへつらいおもねること。
問1・7「朝秦暮楚」は、生活の拠点をもたず放浪すること。信念や主義などが一定でないたとえ。

二
1 ぬめ　2 いそ　3 よろず　4 おおむ
5 ひろ　6 よしみ　7 ことほ
8 すべ　9 したが　10 みごも

解説
6「好」は、親しいつきあい。

三
1 まれい　2 と　3 きょうさい
4 すく　5 こうがい　6 おおむ
7 ほうたい　8 いただ　9 ちょし　10 つ

解説
7「奉戴」は、つつしんでいただくこと。
9「儲嗣」は、君主の世継ぎ。皇太子。

四
1 汗　2 雲　3 矯　4 介　5 器

解説
2「凌雲」は、俗世を超越していること。
3「奇矯」は、言行が普通と違っていること。

五
1 朋党　2 澱(滓)　3 賑　4 憐察
5 楕円　6 藻屑　7 耽溺　8 隈取
9 把捉　10 垢抜　11 蹄鉄　12 肴　13 捻挫
14 糊　15 椅子　16 萌　17 斥候　18 石膏
19 敢　20 和

解説
2「澱（滓）」は、吐き出されないで、かすのように積もりたまるもの。
4「憐察」は、思いやってあわれむこと。

八
対義語　1 嘲罵　2 剛毅　3 進捗(陟)
4 潤沢　5 黄昏
類義語　6 栄耀　7 怒濤　8 泰斗
9 蕪雑　10 煩悶

解説
5「払暁」は、明け方。「黄昏」は、夕暮れ。
6「繁昌」「栄耀」は、大いに栄えること。
8「泰斗」は、その道で最も権威ある人。大家。

九
1 匹夫　2 喧嘩　3 戎馬　4 塗炭
5 一瓢　6 餌食　7 釜中　8 磯
9 采薪　10 濡

解説
1 人の志は尊重すべきであるということ。
4 泥や火の中にいるようなひどい苦しみ。
5 つまらないものでも場合によってはとても価値があるというたとえ。

十
1 堰(塞)　2 虻　3 蜘蛛　4 樫(橿)
5 賑(殷)　ア はえ　イ こより　ウ す
エ いっぺん　オ たにま(けいかん)　カ せんせん
キ こずえ　ク のぼ　ケ さら　コ ひかげ

解説
イ「紙撚」は、細長く裂いた紙をねじり合わせた紐。
カ「閃々」は、輝く様子。きらきら。
ケ「晒す」は、日光や風雨に当たるままにすること。

第8回 よく出る模擬試験問題

解答・解説

問題 78～83ページ

一

1 はんしょく 2 しょうはい 3 はんばく
4 ほうじん 5 だいふ 6 かんしょ
7 ほひつ 8 ふんけい 9 しんえん
10 ふきん 11 とうめい 12 とうびょう
13 ひっそく 14 しょげん 15 しっかい
16 たんす 17 ぼうげき 18 ばんかん
19 ほうらい 20 けんあく 21 むくどり
22 しぶき 23 まさめ 24 ほろ
25 ふくべ（ひさご） 26 そむ 27 はなわ
28 いかだ 29 さら 30 しの

解説

4「豊稔」は、作物が豊かに実ること。
7「輔弼」は、天子の政治をたすけること。
11「宕冥」は、くらくて果てしないこと。天の高いさま。
14「緒彦」は、男性に敬意を込めて呼びかける言葉。みなさん。
18「盤桓」は、徘徊すること。
20「捲握」は、強くにぎること。

六

1 甚・靭 2 援・媛 3 縛・漠（莫・寞）
4 尺・灼 5 砲・鋒

解説

2「学問・才能のすぐれた女性」という意味の「才媛」が正しい。
3「ものさびしい」という意味の「索漠」が正しい。
5 矛先にたとえているので「舌鋒」が正しい。

七

問1

1 （盲亀）浮木 6 筆耕（硯田）
2 （風餐）露宿 7 伏竜（鳳雛）
3 （捧腹（抱腹））絶倒 8 土崩（瓦解）
4 （臨淵）羨魚 9 拍手（喝采）
5 （出処）進退 10 紅毛（碧眼）

問2

1 えんじ 2 ごうがん 3 そったく
4 ふぐ 5 おくりょう

解説

問1・2「風餐露宿」は、野宿すること。
問1・3「捧腹絶倒」は、大笑いすること。「抱腹絶倒」とも書く。

二
1 ゆめゆめ　2 にびいろ　3 むし
4 こま　5 まか　6 めざと　7 あまね
8 まさ　9 のっと　10 みだ

解説
1「努努」は、決して。断じて。
5「罷り成らぬ」は、決してしてはならない。
9「法る」は、手本として従うこと。

三
1 ぎょうが　2 ふ　3 かしょう　4 よみ
5 おくたく　6 おしはか　7 えんそく
8 せ　9 えいりん　10 ふ

解説
3「嘉尚」は、ほめたたえること。
9「嬰鱗」は、目上の人の機嫌を損ねること。激怒させること。

四
1 業　2 世　3 走　4 高　5 慕

解説
1「業腹」は、非常に腹が立つこと。
4「高庇」は、他人の庇護を敬う言葉。おかげ。

五
1 斡旋　2 扮　3 凱歌　4 癌　5 大袈裟
6 梱包　7 冴(冱)　8 爽　9 余禄　10 薙
11 勧請　12 瀕死　13 宥　14 螺旋　15 詫
16 揺曳　17 奇矯　18 桔梗　19 葛　20 屑

解説
2「扮する」は、他の人に似せてよそおうこと。
3「凱歌」は、戦勝を祝う歌。

八
対義語　1 陳腐　2 果断　3 不遜
4 叱責　5 横(汪)溢
類義語　6 厨房　7 粗(楚)忽　8 従(縦)容
9 吃(喫)驚　10 贋作

解説
3「謙抑」は、へりくだって控えめにすること。「不遜」は、思いあがっていること。

九
1 薬籠　2 幽明　3 梨花　4 憂患
5 楊枝(楊子)　6 柚子(柚)　7 良禽　8 蠅
9 立錐　10 余慶

解説
1 自分の思いどおりに使える物、または人。
4 学問をするようになるといろいろなことがわかり、かえって悩みごとが多くなること。
10 善行を積み重ねた家には、その報いとして子孫に必ず幸福がおとずれること。

十
1 石鹸　2 辻　3 恰　4 頻　5 凌(陵)駕
ア かに　イ くるみ　ウ さんご　エ のぞ
オ おおよろこ　カ いっぴき　キ き
ク あさひかわ　ケ さっぽろ　コ きえん

解説
5「凌駕」は、他をしのいでその上に出ること。
コ「気焔」は、盛んな意気。威勢のいい言葉。

第9回 よく出る模擬試験問題

解答・解説

問題84～89ページ

一

1 ていしょ　2 ちょうほう
3 かいご　4 しんじん　5 かいさい
6 きょうせい　7 なっせん　8 へいどん
9 けんちょう　10 しっせき　11 こうちょう
12 けんでん　13 うろん　14 ちゅうぼうし
15 とうゆ　16 とんじ　17 かいこう
18 せきとく　19 きえん　20 おうきゃく
21 とろ　22 とまや　23 とどまつ　24 あざむ
25 つじ　26 ひづめ　27 す　28 ほり
29 ゆる　30 あらたか

解説
3「魁梧」は、身体が大きく立派であること。
7「捺染」は、色を直接布面に施すプリント染め。「なせん」ともいう。
13「胡乱」は、正体の怪しく疑わしいこと。
16「遁辞」は、言い逃れの言葉。
18「碩徳」は、徳の高い人。高徳の僧。
21「瀞」は、河川で、水が深くて流れの緩やかな所。
30「灼」は、神仏の霊験や薬効が著しいこと。

六

1 相・喪　2 管・灌　3 走・踪
4 損・遜　5 閉・綴

解説
4「おとる」という意味の「遜色」が正しい。

七

問1
1（夜郎）自大　6 麦秀（黍離）
2（死屍）累累　7 羊質（虎皮）
3（平談）俗語　8 矛盾（撞着）
4（回光）反照　9 名誉（挽回）
5（烏飛）兎走　10 首鼠（両端）

問2
1 きゅうそ　2 ごんぐ　3 きとう
4 めいせん　5 もうき

解説
問1・1「夜郎自大」は、自分の力量を知らずにいばること。
問1・3「平談俗語」は、ごく普通の言葉。
問1・6「麦秀黍離」は祖国の滅亡を嘆くこと。
問1・10「首鼠両端」は、どちらか一方に決めかねている態度のたとえ。

八

対義語
1 噴出　2 剝奪　3 僅少
4 進捗（陟）　5 陳套

二
1 おび 2 そもそも 3 な 4 たまたま
5 ささ 6 つづま 7 かどわか 8 あなど
9 はや 10 ただ

解説
7「拐かす」は、力ずくやだましたりして、人を連れ去ること。

三
1 しゅうか 2 あつ 3 がいふう 4 やわ
5 かんかん 6 つよ 7 そすい 8 とお
9 せっさ 10 みが

解説
3「凱風」は、初夏のそよ風。
5「侃侃」は、気性が強く信念を曲げないさま。

四
1 厚 2 倉 3 尽 4 把 5 骨

解説
1「厚誼」は、情愛のこもった親しいつきあい。
2「倉皇」は、あわてふためく様子。
3「蕩尽」は、財産などを使い果たすこと。

五
1 怯 2 大腿 3 姑息 4 埴輪 5 愚弄
6 紺碧 7 急先鋒 8 寓意 9 桁外
10 気儘 11 凌(陵)駕 12 華燭 13 跨(胯)
14 雨樋 15 勢揃 16 佃煮 17 座(坐)礁
18 挫傷 19 釜 20 鎌

解説
8「寓意」は、何かにかこつけて、それとなくある意をほのめかすこと。

類義語 6 吉瑞 7 驚倒 8 練達
9 腹心 10 造詣

解説
5「陳套」は、きまりきっていて古くさいこと。
8「堪能」は、技術・学芸にすぐれていること。「練達」は、熟練して深く通じていること。
10「造詣」は、学問・芸術・技術などについての深い知識と深い理解をもっていること。

九
1 李下 2 瑠(琉)璃 3 哀情 4 奇貨
5 赤貧 6 釣瓶 7 諫 8 垢
9 栄辱 10 画餅

解説
4 よい機会は逃さずに、うまく利用しなければならないことのたとえ。
5 大変貧しく、洗い流したように何もない様子。

十
1 狐 2 夙 3 禽獣 4 纏 5 卑怯
ア うさぎ イ きょう ウ ほ エ なんじ
オ かれ カ じきとつ キ えいごう ク つな
ケ なんじ コ うぬぼ

解説
2「夙」は、ずっと以前から。
カ「直綴」は、僧侶の服の一種。

第10回 よく出る模擬試験問題

解答・解説

問題90～95ページ

一

1 ちょうちょう　2 じんかい　3 けいいし
4 しゅうりょう　5 しょうあい　6 ししゅ
7 わくもん　8 がいたん　9 あんきょ
10 えいじ　11 おういつ　12 せいあ
13 けんきん　14 しゅうしゅう　15 そうとう
16 ぼいん　17 てんさい　18 こっとう
19 ちゅうもん　20 るじ　21 つつみ
22 ちまた　23 えびすがお　24 くつわ(たづな)
25 いばら　26 あわせ　27 く　28 ふせ
29 たた　30 す

解説

1 「喋喋」は、しきりにしゃべること。
6 「諮諏」は、相談すること。
7 「或問」は、問いに対し自分の意見を述べる文章形式。
20 「屢次」は、たび重なること。
23 「夷顔」は、うれしそうに笑っている顔。

二

1 つ　2 おごそ　3 たぐい　4 すべ

18 「諦観」は、悟りあきらめること。

六

1 接・折　2 波・播　3 忠・衷
4 試・仕　5 騰・濤

解説

3 「まごころ」という意味の「衷心」が正しい。
4 泥の中でし合う（互いに争い合う）ことに由来するので「泥仕合」が正しい。

七

問1

1 (多岐)亡羊　6 名声(赫赫)
2 (落雁)沈魚　7 用管(窺天)
3 (碩学)大儒　8 竜章(鳳姿)
4 (坐(座)臥)行歩　9 紅毛(碧眼)
5 (犬牙)相制　10 羊頭(狗肉)

問2

1 ちょうせん　2 ほうじょう
3 かっこ　4 きひょう　5 けいふう

解説

問1・1 「多岐亡羊」は、学問をする者が末節にこだわり、真理に到達できないこと。
問1・4 「坐臥行歩」は、日常的な立ち居振る舞い。
問1・7 「用管窺天」は、視野が狭くて見識が足りないこと。

5 ほて　6 やもめ　7 しんし　8 ふ
9 は　10 そ

解説
7「参差」は、互いに入りまじる様子。
9「爆ぜる」は、割れて飛び散ること。

三
1 じんせき　2 と　3 ぼつじ　4 にわ
5 きしょう　6 よ　7 こうつう　8 とお
9 やきん　10 い

解説
1「訊責」は、問いただし、責めること。
3「勃爾」は突然起こる、急に盛んになるさま。
7「亨通」は、順調であること。

四
1 悟　2 秋　3 面　4 猟　5 傑

解説
1「英悟」は、賢いこと。
2「秋波」は、流し目。いろ目。
4「渉猟」は、広くあちこち歩きまわって、さがし求めること。

五
1 一蹴　2 翻弄　3 天秤　4 唾棄　5 惹起
6 晩餐　7 漕艇　8 煤　9 脇目　10 矧
11 唖然　12 鰐皮　13 嵩高　14 脆　15 篦
16 尾鰭　17 定款　18 諦観　19 撒　20 蒔(播)

解説
17「定款」は、会社や法人の組織、活動を定めた根本規則またはこれを記載した書面。

八
対義語　1 背馳　2 鷹揚　3 和睦
4 弔悼　5 喬木
類義語　6 洞察　7 通暁　8 要諦
9 昧爽　10 農圃

解説
6「看破」「洞察」は、本質を見破ること。
7「知悉」「通暁」は、ある物事について、細かい点まで知りつくすこと。

九
1 爾汝　2 怪我　3 跨　4 莫逆
5 蟻　6 拳　7 惚　8 栴檀
9 孝慈　10 虚仮

解説
4 気心の知れた友人。親友。
9 孝慈が取り沙汰されるときは、身内が不和である証である。
10 愚か者は、必要なときに知恵が出ず、事が過ぎてから考えが浮かぶものだということ。

十
1 巌　2 宥恕　3 狼狽　4 遁走　5 吊(釣)
ア きが　イ ひご　ウ ごじん　エ あゆ
オ ひ　カ つりばり　キ しげき　ク のど
ケ もんめ　コ ところば

解説
2「宥恕」は、寛大な心で罪を許すこと。
ケ「匁」は、重さを表す単位。一匁は3・75グラム。

第11回 よく出る模擬試験問題

解答・解説

問題 96～101ページ

一

1 とんぼく　2 かんき　3 とうぞく
4 かいとく　5 えんけん　6 とうじん
7 がじょう　8 じゅんしゃく　9 ちんがい
10 もくせい　11 そはい　12 じねんじょ
13 けたい　14 めいきん　15 ひんぴん
16 うと　17 そうしょ　18 きくじん
19 あんばい　20 じゅたい　21 にら
22 めぐ　23 まこも　24 たなざら　25 あぐ
26 やいと　27 ふすま　28 ささみ
29 かね　30 たす

解説

1「敦朴」は、人情があつく、正直で飾らないこと。

4「晦匿」は、自分の才知を隠して世をのがれ隠れること。

11「鼠輩」は、取るに足らない者。

13「卦体」は、奇妙なこと。不思議なさま。

24「店晒し」は、問題を未解決のまま放置すること。

二

1 ひとしお　2 まみ　3 きぬ　4 まなむすめ

六

1 服・福　2 粛・淑　3 讃・湛
4 秀・愁　5 材・菜

解説

2「よいとして慕う」という意味の「私淑」が正しい。

4「うれえる」という意味の「愁眉」が正しい。

七

問1

1（抑揚）頓挫　6 純情（可憐）
2（煩悩）菩提　7 亡羊（補牢）
3（荒唐）無稽　8 三十（而立）
4（桂林）一枝　9 前虎（後狼）
5（光彩）陸離　10 七堂（伽藍）

問2

1 としゅ　2 ふえ　3 きゅうしゅ
4 がいしゅう　5 げきじょう

解説

問1・1「抑揚頓挫」は、文や声の調子の上げ下げや勢いを変えること。勢いが急になくなること。

問1・2「煩悩菩提」は、悟りを妨げる煩悩は、悟りを得るために必要なものでもあるということ。

問1・5「光彩陸離」は、光が乱れ輝き美しいさま。

八

対義語　1 急峻　2 遁世

5 かたど 6 いとけな 7 しき 8 た
9 まず 10 ゆる

解説
1「一入」は、いっそう。ひときわ。

三

1 かいかく 2 ひろ 3 けいはく 4 つな
5 じんせい 6 しな 7 とうとく 8 ただ
9 ろしゃ 10 まいな

解説
1「恢廓」は、広く大きなさま。
5「靭性」は、粘り強さ。
7「董督」は、監督して正すこと。

四

1 凡 2 索 3 摂 4 仰 5 劇

解説
1「凡百」は、いろいろのもの。もろもろ。
3「包摂」は、一つの事柄をより大きな範囲の事柄の中につつみこむこと。

五

1 僻 2 茜色 3 鞍替 4 迂遠 5 旺盛
6 毅然 7 億劫 8 脊椎 9 熟 10 嬉
11 頑是 12 鋸 13 石鹸 14 義侠 15 蒲鉾
16 林檎 17 公然 18 浩然 19 桐 20 錐(鑽)

解説
11「頑是ない」は、幼くて聞きわけがないこと。
18「浩然」は、心などが広くゆったりとしているさま。

3 蒙昧 4 払暁
5 汲汲(汲々)

類義語
6 凌(陵)駕 7 片鱗 8 比肩
9 懇到 10 懐柔

解説
3「蒙昧」は、知識が不十分で愚かなこと。
5「悠悠」は、ゆったりと落ち着いたさま。「汲汲」は、あくせくしてゆとりのないさま。

九

1 牡丹 2 金蘭 3 漆喰 4 駿馬
5 鼎 6 儲 7 茄子(茄) 8 鈍
9 車轍 10 深淵

解説
2 きわめて親密な友人関係。
4 美人がつまらない男と結婚することのたとえ。
9 非力な者が、身の程も顧みずに強敵に立ち向かい、無謀な抵抗をすることのたとえ。
10 非常に危険な状態に臨むこと。

十

1 喧嘩 2 蓬髪 3 蕎麦 4 掬 5 叉焼
ア こうめん イ にせもの ウ い エ よろい
オ さすが カ たて キ くずばな ク は
ケ のぞ コ しばら

解説
2「蓬髪」は、蓬のようにぼうぼうに伸びた髪。
ア「垢面」は、あかじみてよごれた顔。

第12回 よく出る模擬試験問題

解答・解説

問題102～107ページ

一
1 てつじゅん 2 けいはん 3 はんだ
4 いちべつ 5 とうまい 6 きゅうしゃ
7 ぐれん 8 きせん 9 もったい
10 こうよう 11 ふんじょう 12 ゆうせい
13 かえい 14 きょかい 15 こういん
16 じゅんこ 17 おうよう 18 りょうじょう
19 こうてい 20 ほてい(ほてつ) 21 むちゅう
22 はか 23 はびこ 24 こうじ 25 はとば
26 えびね 27 とお 28 きびもち
29 おろそ 30 さかのぼ

解説
5 「檮昧」は、おろかなこと。
11 「紛擾」は、もめること。紛争。
13 「禾穎」は、稲穂。
14 「渠魁」は、悪者の頭領。

二
1 うつ 2 なぞら 3 よわい 4 おど
5 かがみ 6 しら 7 さけ 8 ほと
9 ことごと 10 まど(つぶら)

解説
6 「検べる」は、正しいかどうか、本物かどうか

六
1 幅・覆 2 拭・茸 3 婆・馬
4 大・醍 5 腰・輿(輦)

解説
3 馬の歯が年齢につれて伸びることから、自分の年齢を謙遜する表現なので「馬齢」が正しい。
4 仏教で最上の味とされる「醍醐」に由来するので「醍醐味」が正しい。

七
問1
1 (六菖)十菊 6 暗中(摸(模)索)
2 (波濤)万里 7 自然(淘汰)
3 (朝盈)夕虚 8 粗酒(粗餐)
4 (衣錦)還郷 9 未来(永劫)
5 (剛毅)果断 10 閑雲(野鶴)

問2
1 ふてい 2 ちょうひょう
3 しょうしつ 4 ゆうとう
5 ほきゅう

解説
問1・3 「朝盈夕虚」は、人の一生がはかないことのたとえ。
問1・10 「閑雲野鶴」は、何ものにも束縛も受けず、伸び伸びと暮らす境遇のたとえ。

をよく調べること。チェックすること。
8「潤びる」は、水けを含んでふやけること。

三
1 こうでん 2 こ 3 さんじゅつ 4 あつ
5 たんれつ 6 ほころ 7 へいご 8 おお
9 てんつい 10 たお

解説
1「膏田」は、よく肥えた田。
7「蔽護」は、おおい隠してかばうこと。
9「顚墜」は、ころげ落ちること。

四
1 宿 2 粉 3 耳 4 知 5 陶

解説
2「粉黛」は、化粧。
3「耳順」は、六十歳。
4「知謀」は、すぐれたはかりごと。
5「陶然」は、うっとりとするさま。

五
1 閏年 2 雌蕊 3 曙光 4 恰幅 5 捲
6 燦然 7 位牌 8 投函 9 後顧
10 啄 11 従(縦)容 12 逼迫 13 蠟燭
14 脱臼 15 匙(匕) 16 苛 17 思惟 18 恣意
19 海苔 20 糊

解説
11「従容」は、ゆったりと落ち着いているさま。
17「思惟」は、考えること。思考。
18「恣意」は、自分勝手な考え。

八
対義語 1 沃土 2 反駁 3 繁劇
4 枯淡 5 軒昂
類義語 6 稚気 7 胡(烏)乱 8 吻合
9 銘記 10 不遜

解説
5「軒昂」は、奮い立つさま。
8「契合」「吻合」は、二つのものがぴったり一致すること。
9「牢記」「銘記」は、しっかり心にとどめて忘れないこと。

九
1 肝胆 2 窮鼠 3 遺賢 4 鰯
5 御簾 6 煎 7 痘痕 8 溜飲
9 嬰児 10 糠

解説
1 互いに心の底まで打ち明け親しくつきあうこと。
5 物事が意のままにならず、もどかしいたとえ。
9 とうていできないことのたとえ。

十
1 呑(暢)気 2 釈迦 3 碩学 4 馴致
5 峻険
ア ひな イ ふ ウ たとい(たとえ)
エ ゆる(じょ) オ よろ カ れんらく
キ しょうがい ク でんぱ ケ たんたん コ な

解説
5「峻険」は、山などが高くけわしいこと。

第13回 よく出る模擬試験問題

解答・解説

問題108～113ページ

一

1 かんきつ　2 ろうるい　3 ぶんべん
4 さりゅう　5 ざんせん　6 かんし
7 ちょうこく　8 すうこう　9 じょうじょう
10 へいいん　11 しはい　12 ちょたい
13 やしゃ　14 こせんきょう　15 ぼうしょく
16 こうこう　17 ごうぜん　18 ていど
19 ようや　20 はしゅ　21 そそ　22 のびる
23 まと　24 よみがえ　25 むしば
26 おもり　27 しまあじ　28 かさだか
29 くろがし　30 みやこ

解説
8「趨向」は、物事がある方向に向かうこと。
11「弛廃」は、すたれて行われなくなること。
15「牟食」は、むさぼり食うこと。
25「蝕む」は、悪弊や病気が少しずつ体や心をおかすこと。

二

1 そこ　2 くら　3 くわ　4 ことわり
5 うてな　6 くさぐさ　7 くるわことば
8 あや　9 はら　10 はべ

11「懸絶」は、著しい隔たりがあること。

六

1 湿・漆　2 圏・捲(巻)　3 媒・煤
4 奔・翻　5 酋・袖

解説
5 衣服の襟と袖は特に目立つ部分であることに由来するので「領袖」が正しい。

七

問1
1 (克己)復礼　6 亡羊(補牢)
2 (報怨)以徳　7 論功(行賞)
3 (良禽)択木　8 一世(木鐸)
4 (九鼎)大呂　9 円木(警枕)
5 (断簡)零墨　10 牽衣(頓足)

問2
1 がふ　2 れんじょ　3 かしょ
4 きふ　5 しゃくし

解説
問1・1「克己復礼」は、自制して礼儀を守ること。
問1・4「九鼎大呂」は、貴重な物、重い地位や名声などのたとえ。
問1・10「牽衣頓足」は、つらい別れを惜しむさま。

八

対義語
1 杜撰　2 弥縫　3 凶荒
4 明瞭　5 斜陽

解説 5「台」は、四方を見渡すために建てられた高い建物。高殿。
8「彩なす」は、美しい模様をつくること。

三
1 ほうじょう　2 みの　3 ぶじ　4 あ
5 とくしょく　6 けが　7 しゅんれい
8 たか　9 ずいうん　10 めでた

解説 3「蕪辞」は、洗練されていない言葉。自分の文章をへりくだっていう語。

四
1 素　2 卑　3 来　4 故　5 傷

解説 1「素懐」は、かねてからの願い。「素封家」は、金持ち。財産家。
3「爾来」は、それからのち。それ以来。
4「故買」は、盗品と知りながら買うこと。「世故」は、世間の俗事や習慣。世間の事情。

五
1 早蕨　2 眉間　3 稜線　4 菩提樹
5 贋作　6 立錐　7 格子縞　8 楕円
9 間然　10 剝　11 懸絶　12 蕩（盪）　13 把捉
14 貫　15 手筈　16 反駁　17 掌中　18 焼酎
19 沸　20 湧（涌）

解説 9「間然」は、欠点をついてあれこれと批判・非難すること。

類義語　6 伴侶　7 凌（陵）駕　8 麒麟児
9 寵児　10 口吻

解説 2「弥縫」は、失敗や欠点をとりつくろうこと。
4「模糊」は、はっきりしないさま。
8「鳳雛」「麒麟児」は、才能にすぐれ、将来が期待される少年。

九
1 窪（凹）　2 金槌（鎚）　3 桶屋　4 虻蜂
5 遠吠　6 犀　7 胸襟　8 大姦（奸）
9 溺死　10 剝

解説 2 頭の上がらない、出世の見込みがないことのたとえ。
8 大悪人は、巧みに本性を隠して主君の気に入るように勤め、まるで忠臣のようであること。
10 自身を傷つけてでもわずかな金を出すのを惜しむけちな人のたとえ。

十
1 失踪　2 投函　3 稀（希）代　4 爺　5 鸚鵡
ア まが　イ ひっせき　ウ きょうぞく
エ わか　オ かえ　カ うっちゃ
キ ひごと　ク あ　ケ しだ　コ どこ

解説 カ「打棄る」は、ほうっておくこと。

第14回 よく出る模擬試験問題

解答・解説

問題 114～119ページ

一

1 ひっぽう 2 ちゅうかい 3 りつりつ
4 こり 5 きんむく 6 らしゃ
7 けんこん 8 えこう 9 えいだつ
10 たいこう 11 しょうほう 12 ようへき
13 ようとう 14 わご 15 しゅうよう
16 れんせい 17 しゅちょう 18 きちゅう
19 えんか 20 そうあん 21 やす 22 くら
23 ほのお 24 あら 25 はやぶさ 26 また
27 よな 28 すきくわ 29 きこり
30 おしどり(おし)

解説

3 「栗栗」は、恐れおののいて震えること。
7 「乾坤一擲」は、運命をかける、運を天にまかせるということ。
8 「廻向」は、死者の成仏を願って供養を行うこと。
13 「蝿頭」は、きわめて細かい文字。
21 「靖んじる」は、国などをやすらかに治めること。
27 「淘ぐ」は、米を水の中でゆすってとぐこと。

二

1 もろもろ 2 えり 3 ただ 4 い

4 触・食 5 販・頒

解説

4 食欲が起こるという意味の「食指」が正しい。
5 「わける」という意味の「頒」が正しい。

七

問1

1 (才子)佳人 6 磨穿(鉄硯)
2 (繁劇)紛擾 7 披星(戴月)
3 (断機)之戒 8 不失(正鵠)
4 (意馬)心猿 9 高軒(寵過)
5 (大智)如愚 10 錦心(繡口)

問2

1 とだ 2 きく 3 ゆげ
4 ぼうし 5 ぎょぶ

解説

問1・2 「繁劇紛擾」は、とても忙しくて混乱していること。
問1・4 「意馬心猿」は、煩悩・妄念などが激しく、心の乱れを抑えがたいこと。
問1・9 「高軒寵過」は、貴人の来訪を表した言葉。

八

対義語 1 欣悦 2 貧賤 3 抜錨
4 強硬 5 懸隔

類義語 6 清楚 7 破廉恥 8 必須

5 かぐわ　6 とうと(たっと)　7 わめ
8 ほてい　9 じょう　10 つかまつ

解説 9「尉」は、老翁。

三
1 じゅんぼく　2 あつ　3 しゅうそう
4 めぐ　5 ほうふく　6 かか　7 りょうたつ
8 あき　9 かんし　10 いさ

解説 1「醇朴」は、素直でかざりけのないこと。
7「亮達」は、明らかにして道理にたっすること。

四
1 陣　2 念　3 錯　4 弊　5 欠

解説 1「布陣」は、戦いの陣。
4「時弊」は、その時代の悪習や弊害。

五
1 篠突　2 尖　3 鼎立　4 庇護　5 鶏糞
6 金蔓　7 儲　8 事勿　9 短兵急
10 麓　11 白眉　12 挨拶　13 友誼
14 快哉　15 頬杖　16 外套　17 罫紙　18 継嗣
19 鏑　20 蕪

解説 9「短兵急」は、ひどく急なさま。
11「白眉」は、多数あるものに抜きん出てすぐれているものや人のたとえ。

六
1 腹・幅　2 妙・冥　3 乱・濫

9 割烹　10 勾配

解説 1「欣悦」は、喜ぶこと。
7「鉄面皮」は、あつかましいことやそのような人。
「破廉恥」は、恥知らず。

九
1 粟　2 烏鷺　3 濃艶　4 菩薩
5 白駒　6 弛　7 匙(匕)　8 熊鷹
9 衣鉢　10 呪(詛)

解説 3 欲のない淡白な人は、欲の深いしつこい人から何かあるのではないかと疑われるということ。
5 時の流れがきわめて早いことのたとえ。
9 宗教・学問・芸術などで、弟子が師から奥義を継承すること。

十
1 堆積　2 倦怠　3 鶩　4 藪　5 廿
ア えんぶん　イ ようがん　ウ はしばみ
エ ばと　オ きつつき　カ つばき　キ まだら
ク しんしょく　ケ よしきり　コ よみがえ

解説 1「倦怠」は、事に飽きて嫌になること。
4「恣」は、自分のしたいようにするさま。

よく出る14回

第15回 よく出る模擬試験問題 解答・解説

問題120～125ページ

一

1 きょうじん　2 りんず　3 けいせん
4 とうこ　5 ろうしゅく　6 ようえき
7 とれつ　8 じゅりつ　9 らんじゅ
10 しゃこうしん　11 きか　12 おうめい
13 さいけい　14 はいち　15 そうりょう
16 こんじく　17 ほうどく　18 ふつふつ
19 ぶ　20 けいしょ　21 まゆみ　22 あき
23 なわて　24 さいわ　25 しな
26 つくだに　27 こも　28 つじふだ
29 かじ　30 みすぼ

解説

4「董狐の筆」は、権勢を恐れずにありのままに歴史を発表すること。
5「婁宿」は、おひつじ座の西、頭部分の三星。たたらぼし。
8「竪立」は、しっかりと定めること。
13「柴荊」は、柴や荊で作った門のある陋屋。
16「坤軸」は、回転運動の中心。物事のかなめ。
19「腕を撫す」は、腕をさすること。

六

1 結・訣　2 含・玩(翫)　3 骸・蓋
4 算・纂　5 絶・舌

解説

1「おうぎ」という意味の「秘訣」が正しい。
2「味わい楽しむ」という意味の「賞玩」が正しい。
5「口で言うこと」という意味の「筆舌」が正しい。
11「攪乱」は、かき乱すこと。混乱させること。
12「挺する」は、自ら進んで差し出すこと。

七

問1

1 (並)駕(斉)駆　6 街談(巷語)
2 (放)蕩(無)頼　7 眼高(手低)
3 (堆)金(積)玉　8 意気(軒昂)
4 (妖)言(惑)衆　9 内股(膏薬)
5 (掩)耳(盗)鐘　10 推本(遡(溯)源)

問2

1 ちょうれい　2 じゅせつ　3 しっぴ
4 しんよう　5 もうそ

解説

問1・1「並駕斉駆」は、能力や実力、地位などに差がないこと。
問1・5「掩耳盗鐘」は、浅はかな考えで、自分で自分を欺くたとえ。

23「畷」は、あぜ道。

二

1 うち　2 へつら　3 かくま　4 つら
5 むしろ　6 まさ　7 あさ　8 のたま
9 うら　10 あまね

解説
9「末成り」は、蔓の先になった時期遅れの実。
10「周く」は、すみずみまで行き渡るさま。

三

1 かくしゃく　2 かがや　3 たんしょう
4 たた　5 けっかい　6 つい　7 とんこう
8 あつ　9 ほうが　10 めぐ

解説
6「潰える」は、こわれること。
7「敦厚」は、誠実で、人情に厚いこと。

四

1 晩　2 直　3 更　4 飾　5 泉

解説
1「晩節」は、晩年。人生の終わりごろ。
2「廉直」は、私欲がなく、正直なこと。

五

1 暗渠　2 鞄　3 御伽　4 芥子　5 蒲柳
6 瞳孔　7 緋鯉　8 馴致　9 朴念仁
10 教鞭　11 攪乱　12 挺　13 耽溺　14 煎餅
15 餌食　16 紐帯　17 寵児　18 弔辞　19 空
20 漉

解説
9「朴念仁」は、無口で愛想のない人。

問1・10「推本遡源」は、物事の根本を考えて、その全てを知ろうとすること。

八

対義語　1 宥免　2 挽回　3 遁(遯)走
4 昏睡　5 贋作
類義語　6 親睦　7 犀利　8 間諜
9 薫染　10 勃興

解説
1「宥免」は、罪を大目にみてゆるすこと。
7「穎敏」「犀利」は、才知が鋭くさといこと。
9「薫染」は、よい感化を受けること。また、与えること。

九

1 雪駄　2 蜘蛛　3 羨　4 屍(尸)
5 会稽　6 手管　7 鍔(鐔)　8 独活
9 楊枝(楊子)　10 尾鰭

解説
1 長居の客を早く帰らせるまじない。
3 欲に限りのないことのたとえ。

十

1 昨夜　2 焚　3 吠　4 半纏　5 掬
ア くさむら　イ ごと
ウ くび　エ かげ　オ かさ　カ うなぎ
キ ます　ク まぐろ　ケ わん　コ ひる

解説
コ「怯む」は、おじけづいてしりごみすること。気後れすること。

準1級配当漢字表

準1級の配当漢字を部首別で掲載しました。漢字欄の（　）内は、漢検で正答となる許容字体です。読みの欄のカタカナは音読み、ひらがなは訓読み、（　）内は送りがなです。

漢字	音読み	訓読み	用例
一	いち		
丑	チュウ	うし	丑三《うしみ》つ時《どき》
丞	ショウ ジョウ	たすける	丞相《じょうしょう》・王《おう》を丞《たす》ける
ノ	のはらいぼう		
乃	ダイ ナイ	の すなわち なんじ	乃至《ないし》・乃父《だいふ》・乃《すなわ》ち帰《かえ》る
之	シ	これ この の ゆく	之《これ》が君《きみ》の鞄《かばん》だ・東京《とうきょう》へ之《ゆ》く
乍	サ	たちまち ながら	乍《たちま》ち満席《まんせき》だ・食《た》べ乍《なが》ら話《はな》す
乎	コ	か や を かな	確乎《かっこ》たる意志《いし》・乎《を》古《こ》止《と》点《てん》
乙 ㇄	おつ		
也	ヤ	なり や か また	花《はな》咲《さ》く也《や》・五百円也《ごひゃくえんなり》

漢字	音読み	訓読み	用例
二	に		
云	ウン	いう	云云《うんぬん》かんぬん・春《はる》と云《い》う
亙	コウ	わたる	綿亙《めんこう》・連亙《れんこう》・千年《せんねん》に亙《わた》る
亘	コウ セン	わたる	綿亘《めんこう》・連亘《れんこう》・千年《せんねん》に亘《わた》る
些	サ	いささか すこし	些少《さしょう》・些《いささ》か多《おお》い・些《すこ》し変《へん》
亠	なべぶた けいさんかんむり		
亥	ガイ	い	亥豕《がいし》の誤《あやま》り・亥《い》の子《こ》の祝《いわ》い
亦	エキ	また	人《ひと》も亦《また》動物《どうぶつ》だ
亨	キョウ コウ ホウ	とおる にる	亨通《こうつう》・亨熟《ほうじゅく》・計画《けいかく》が亨《とお》る
亮	リョウ	あきらか すけ	亮然《りょうぜん》・未来《みらい》は亮《あき》らかだ

漢字	音読み	訓読み	用例
人 イ ヘ	ひと にんべん ひとやね		
仇	キュウ	かたき あだ つれあい	仇敵《きゅうてき》・親《おや》の仇《かたき》・仇討《あだう》ち
什	ジュウ	とお	什器《じゅうき》・什日《とおか》
仔	シ	たえる こまか こ	仔細《しさい》・仔羊《こひつじ》・仔《こま》かい話《はなし》
伊	イ	かれ これ ただ	伊豆《いず》・伊《かれ》は兄《あに》だ・伊達《だて》
伍	ゴ	くみ いつつ	伍長《ごちょう》・伍《いつ》つの椅子《いす》
伽	カ ガ キャ	とぎ	閼伽《あか》・伽藍《がらん》・伽羅《きゃら》・御伽話《おとぎばなし》
佃	テン デン	たがやす つくだ かり	佃作《でんさく》・畑《はたけ》を佃《たがや》す・佃煮《つくだに》
佑	ウ ユウ	たすける たすけ	佑助《ゆうじょ》・人《ひと》を佑《たす》ける

漢字	音読み	訓読み	用例
伶	レイ	さかしい わざおぎ	伶人《れいじん》・伶《さか》しい人《ひと》・伶《わざおぎ》の演奏《えんそう》
侃	カン	つよい	侃侃諤諤《かんかんがくがく》・侃《つよ》い人《ひと》
佼	コウ	うつくしい	佼人《こうじん》・佼《うつく》しい人《ひと》
俄	ガ	にわか にわか	俄然《がぜん》・俄《にわか》／俄《にわ》か ファン
俠（侠）	キョウ	おとこだて きゃん	任俠《にんきょう》・俠気《おとこぎ》・お俠《きゃん》
俣		また	水俣市《みなまたし》
倭	イ ワ	やまと	倭人《わじん》・倭《やまと》の国《くに》
倶	ク グ	ともに	倶舎《くしゃ》・倶楽部《くらぶ》・倶《とも》に歩《ある》く
倦（倦）	ケン	うむ あきる あぐむ つかれる	倦怠《けんたい》・日常《にちじょう》に倦《う》む
倖	コウ	さいわい へつらう	射倖心《しゃこうしん》・倖《さいわ》い無事《ぶじ》だった
偓	アク	かかわる	偓促《あくさく》する・話《はなし》に偓《かか》わる
偲	シ	しのぶ	切切偲偲《せつせつしし》・人《ひと》を偲《しの》ぶ

漢字	音読み	訓読み	用例
傭	ヨウ	やとう	傭兵《ようへい》・警備員《けいびいん》を傭《やと》う
僑	キョウ	やどる かりずまい	華僑《かきょう》・異郷《いきょう》の地《ち》に僑《やど》る
僻	ヘキ ヘイ	かたよる ひがむ ひめがき	僻地《へきち》・失敗《しっぱい》を僻《ひが》む
儘	ジン	ことごとく まま	儘《ことごと》く失敗《しっぱい》する・我《わ》が儘《まま》
儲（儲）	チョ	そえ もうける たくわえる	儲蓄《ちょちく》・金《かね》を儲《もう》ける
儿	ひとあし にんにょう		
允	イン	まこと まことに ゆるす じょう	允可《いんか》・允《まこと》によい・歌《うた》を允《ゆる》す
兇	キョウ	わるい おそれる	兇悪《きょうあく》・兇《わる》い人《ひと》・罪《つみ》を兇《おそ》れる
兎（兎・兔）	ト	うさぎ	脱兎《だっと》・兎《うさぎ》を飼《か》う
兜	トウ ト	かぶと	兜巾《ときん》・兜《かぶと》を飾《かざ》る
八 ハ	はち は		
其	キ	その それ	其文字《そもじ》・其《そ》の子《こ》・其《それ》は本《ほん》だ

漢字	音読み	訓読み	用例
冫	にすい		
冴	ゴ	さえる	月《つき》が冴《さ》える
凋（凋）	チョウ	しぼむ	凋落《ちょうらく》・花《はな》が凋《しぼ》む
凌	リョウ	しのぐ	凌駕《りょうが》・先輩《せんぱい》を凌《しの》ぐ腕前《うでまえ》
几	つくえ		
凧		たこ	凧《たこ》揚《あ》げ
凪		なぎ なぐ	夕凪《ゆうなぎ》・海《うみ》が凪《な》ぐ
凰	オウ コウ	おおとり	鳳凰《ほうおう》・凰《おおとり》が現《あらわ》れる
凱	カイ ガイ	かちどき やわらぐ	凱旋《がいせん》・凱《かちどき》を上《あ》げる
凵	うけばこ かんがまえ		
函（凾）	カン	いれる はこ よろい	投函《とうかん》・函館《はこだて》・紙《かみ》を函《い》れる
刀 刂	かたな りっとう		

漢字	音読み	訓読み	用例
剃	テイ	そる	剃毛《ていもう》・ひげを剃《そ》る
劃	カク	わかつ くぎる	劃一的《かくいつてき》・成績《せいせき》で劃《くぎ》る
劉	リュウ	ころす つらねる	劉覧《りゅうらん》・戦場《せんじょう》で劉《ころ》す
力	ちから		
劫	キョウ コウ ゴウ	おびやかす かすめる	劫奪《きょうだつ》・永劫《えいごう》・子供《こども》を劫《おびや》かす
勹	つつみがまえ		
勺	シャク		酒《さけ》一勺《いっしゃく》・三勺《さんしゃく》の土地《とち》
勿	モチ ブツ	なかれ	勿論《もちろん》・勿翦之歓《ぶっせんのかん》・盗《ぬす》む勿《なか》れ
匁		もんめ	一匁《いちもんめ》の銅《どう》
匕	ひ		
匙	シ	さじ	匙《さじ》を投《な》げる
匚	はこがまえ		

漢字	音読み	訓読み	用例
匡	キョウ	ただす すくう	匡正《きょうせい》・規則《きそく》を匡《ただ》す
匪	ヒ	わるもの あらず	匪石《ひせき》の心《こころ》・匪《わるもの》だ・水《みず》に匪《あら》ず
十	じゅう		
廿	ジュウ	にじゅう	廿人《にじゅうにん》
卜	と うらない		
卜	ホク ボク	うらなう うらない	卜占《ぼくせん》・未来《みらい》を卜《うらな》う
卦	カ ケ	うらなう うらない	卦辞《かじ》・八卦《はっけ》・先《さき》を卦《うらな》う
㔾卩	わりふ ふしづくり		
叩	コウ	たたく はたく ひかえる	叩頭《こうとう》・手《て》を叩《たた》く・金《かね》を叩《はた》く
卯	ボウ	う	卯酉線《ぼうゆうせん》・卯月《うづき》
卿（卿・卿）	ケイ キョウ	きみ くげ	卿雲《けいうん》・三卿《さんきょう》・卿《きみ》に仕《つか》える
厂	がんだれ		

漢字	音読み	訓読み	用例
厭	エン オン ヨウ	おさえる いとう あきる いや	倦厭《けんえん》・厭離《おんり》・労《ろう》を厭《いと》う
廐（厩・廏廄）	キュウ	うまや	廐舎《きゅうしゃ》・廐《うまや》に入《はい》る
厨（廚）	チュウ ズ	くりや はこ	厨房《ちゅうぼう》・厨子《ずし》・厨《くりや》で働《はたら》く
又	また		
叉	サ シャ	また さす こまぬく	音叉《おんさ》・夜叉《やしゃ》・木《き》の叉《また》
叛（叛）	ハン ホン	そむく はなれる	叛乱《はんらん》・謀叛《むほん》・主《あるじ》に背《そむ》く
叡	エイ	かしこい	叡智《えいち》・王子《おうじ》は叡《かしこ》い
叢	ソウ	くさむら むらがる	叢書《そうしょ》・叢《くさむら》に寝《ね》る・叢雲《むらくも》
口	くち くちへん		
叶	キョウ	かなう	希望《きぼう》が叶《かな》う
只	シ	ただ	只管打坐《しかんたざ》・只者《ただもの》ではない
吃	キツ	どもる くう すう	吃音《きつおん》・吃《ども》る癖《くせ》・飯《めし》を吃《く》う

漢字	音読み	訓読み	用例
吊	チョウ	つる つるす	吊《つ》り橋《ばし》・柿《かき》を吊《つる》す
吋	スン トウ	インチ	二十六吋《にじゅうろくいんち》のテレビ
吾	ゴ	われ わが	吾人《ごじん》・吾《われ》を忘《わす》れる・吾《わ》が娘《むすめ》
呑	トン ドン	のむ	呑牛《どんぎゅう》の気《き》・息《いき》を呑《の》む
吠	ハイ バイ	ほえる	邑犬群吠《ゆうけんぐんばい》・狼《おおかみ》が吠《ほ》える
吻	フン	くちさき くちびる	口吻《こうふん》・吻《くちびる》が赤《あか》い・吻《くちさき》を出《だ》す
呆	ホウ ボウ タイ	あきれる おろか	痴呆《ちほう》・呆然《ぼうぜん》・遅刻《ちこく》に呆《あき》れる
咒	呪の異体字		咒文《じゅもん》・不運《ふうん》を咒《のろ》う
咳	カイ ガイ	せき せく しわぶき しわぶく	咳気《がいき》・咳払《せきばら》い・人前《ひとまえ》で咳《しわぶ》く
哉	サイ	かな や か	快哉《かいさい》・春哉《はるかな》・行《い》く哉《や》
哨（哨）	ショウ	みはり	哨戒《しょうかい》・哨《みはり》をする
哩	リ	マイル	三哩《さんまいる》離《はな》れた町《まち》

漢字	音読み	訓読み	用例
啄	タク トク	ついばむ	一飲一啄《いちいんいったく》・鳥《とり》が餌《えさ》を啄《ついば》む
啞（唖）	ア アク	ああ わらう	啞然《あぜん》・啞啞《あくあく》・話《はなし》に啞《わら》う
啐	サイ ソツ	なめる なきごえ	啐啄同時《そったくどうじ》・水《みず》を啐《な》める
喬	キョウ	たかい おごる	喬木《きょうぼく》・喬《たか》い岳《たけ》・成功《せいこう》に喬《おご》る
喧	ケン	かまびすしい やかましい	喧伝《けんでん》・服《ふく》に喧《やかま》しい
喋	チョウ	しゃべる ふむ	喋喋喃喃《ちょうちょうなんなん》・楽《たの》しく喋《しゃべ》る
喰		くらう くう	大目玉《おおめだま》を喰《く》らう・梨《なし》を喰《く》う
嘉	カ	よい よみする	嘉日《かじつ》・働《はたら》きを嘉《よみ》する
嘗	ショウ ジョウ	なめる かつて こころみる	臥薪嘗胆《がしんしょうたん》・嘗《かつ》ての話《はなし》・新嘗《にいなめ》
嘩	カ	かまびすしい	喧嘩《けんか》・嘩《かまびす》しい放送《ほうそう》
噓（嘘）	キョ	ふく はく すすりなく うそ	噓言《きょげん》・噓《うそ》をつく
噌（噌）	ソウ ソ	かまびすしい	味噌《みそ》・通《とお》りが噌《かまびす》しい

漢字	音読み	訓読み	用例
噂（噂）	ソン	うわさ	噂沓《そんとう》・噂話《うわさばなし》
嘶		はなし	嘶家《はなしか》
噸		トン	一噸《いっとん》もの荷物《にもつ》
嚙（噛）	ゴウ	かむ かじる	ガムを嚙《か》む・トマトを嚙《かじ》る
囊（嚢）	ノウ ドウ	ふくろ	土囊《どのう》・囊《ふくろ》に入《い》れる
口	くにがまえ		
圃	ホ	はた はたけ	田圃《でんぼ》・圃《はたけ》を耕《たがや》す
土	つち つちへん どへん		
坐	ザ	すわる いながら そぞろに います おわす まします	坐骨《ざこつ》・畳《たたみ》に坐《すわ》る・天《てん》に坐《いま》す
圭	ケイ	たま かどだつ	土圭《どけい》・圭《たま》を頂《いただ》く・石《いし》が圭《かどだ》つ
坤	コン	つち ひつじさる	乾坤《けんこん》・坤《ひつじさる》の方角《ほうがく》・坤《つち》に立《た》つ

漢字	音読み	訓読み	用例
坦	タン	たいら	平坦《へいたん》・坦《たい》らな道《みち》
尭	ギョウ	たかい	尭風舜雨《ぎょうふうしゅんう》・尭《たか》い山《やま》
垢	コウ ク	あか よごれる けがれる はじ	歯垢《しこう》・無垢《むく》・垢《あか》すり
埴	ショク	はに	埴土《しょくど》・埴輪《はにわ》
埠	フ	つか はとば	埠頭《ふとう》・埠《はとば》を歩《ある》く・埠《つか》を作《つく》る
埜	野の異体字		埜原《のはら》・埜趣《やしゅ》・埜《いや》しい身分《みぶん》
堰	エン	せき いせき せく	堰堤《えんてい》・川《かわ》を堰《せ》く・堰《せき》を作《つく》る
(堵)堵	ト	かき	安堵《あんど》・堵《かき》を並《なら》べる
堺	カイ	さかい	堺市《さかいし》
塙	カク コウ	かたい はなわ	塙《かた》い壁《かべ》・塙《はなわ》に杉《すぎ》がある
(塘)塘	トウ	つつみ	堤塘《ていとう》・塘《つつみ》を造《つく》る
塵	ジン	ちり	灰塵《かいじん》・塵《ちり》を払《はら》う

漢字	音読み	訓読み	用例
壕	ゴウ	ほり	塹壕《ざんごう》・壕《ほり》に身《み》を潜《ひそ》める
士	さむらい		
壬	ジン ニン	みずのえ おもねる	壬申《じんしん》・壬午《じんご》・壬《みずのえ》の方角《ほうがく》
(壷)壺	コ	つぼ	壺中《こちゅう》の天《てん》・壺《つぼ》が割《わ》れる
夕	た ゆうべ		
夙	シュク	つとに はやい まだき	夙夜《しゅくや》・夙《つと》に学《まな》ぶ・朝《あさ》が夙《はや》い
大	だい		
夷	イ	たいらか たいらげる ころす うずくまる おごる えびす えみし	夷滅《いめつ》・夷様《えびすさま》・夷《えみし》の土地《とち》
奄	エン	おおう ふさがる たちまち	奄奄《えんえん》・布《ぬの》で奄《おお》う・奄《たちま》ち着《つ》く
套	トウ	かさねる おおい	外套《がいとう》・服《ふく》を套《かさ》ねる
女	おんな おんなへん		

漢字	音読み	訓読み	用例
妓	ギ	わざおぎ あそびめ こ	芸妓《げいぎ》・妓《わざおぎ》の踊《おど》り・舞妓《まいこ》
姑	コ	しゅうとめ しゅうと おんな しばらく	姑息《こそく》・姑《しばら》く置《お》く・姑《しゅうとめ》と話《はな》す
妾	ショウ	めしつかい めかけ わらわ	妾宅《しょうたく》・妾《めかけ》が住《す》む・妾《わらわ》の意《い》見《けん》
姐	ソ シャ	あね あねご ねえ	姐御《あねご》・姐《ねえ》さん
娃	ア アイ	うつくしい	宮娃《きゅうあい》・娃《うつく》しい人《ひと》
姦	カン	よこしま みだら かしましい	姦計《かんけい》・姦《かしま》しい娘《むすめ》・姦《みだら》な行《こう》為《い》
姪	テツ	めい	姪孫《てっそん》・姪《めい》に会《あ》う
姥	ボ モ	うば ばば	姥桜《うばざくら》・姥《ばば》清水《しみず》
姶	オウ	みめよい	姶《みめよ》い女性《じょせい》
(娩)娩	ベン	うむ うつくしい	分娩《ぶんべん》・子《こ》を娩《う》む
娼	ショウ	あそびめ	娼婦《しょうふ》・娼《あそびめ》と酒《さけ》を飲《の》む
婁	ル ロウ	つなぐ つながれる	婁宿《ろうしゅく》・牛《うし》を婁《つな》ぐ

漢字	音読み	訓読み	用例
嬉	キ	たのしむ うれしい あそぶ	嬉嬉《きき》・私《わたし》は嬉《うれ》しい
嬰	エイ	めぐる ふれる あかご	嬰児《えいじ》・嬰《あかご》を抱《だ》く
嬬	ジュ	つま よわい	女嬬《にょじゅ》・嬬《つま》と夫《おっと》・嬬《よわ》い立場《たちば》
子	こ こへん		
孟	モウ ボウ マン	はじめ	孟夏《もうか》・孟浪《まんらん》・夏《なつ》の孟《はじ》め
宀	うかんむり		
宏	コウ	ひろい おおきい	宏遠《こうえん》・宏《ひろ》い体育館《たいいくかん》
宋	ソウ		宋《そう》の国《くに》
宍	ジク ニク	しし	動物《どうぶつ》の宍《にく》・宍《しし》を食《た》べる
宕	トウ	ほしいまま ほらあな	佚宕《てっとう》・宕《ほらあな》に入《はい》る・宕《ほしいまま》にする
宥	ユウ	ゆるす なだめる	宥免《ゆうめん》・人《ひと》を宥《なだ》める
寅	イン	つつしむ とら	戊寅《ぼいん》・寅年《とらどし》・行動《こうどう》を寅《つつし》む

漢字	音読み	訓読み	用例
寓	グ グウ	よせる やどる かりずまい かこつける	寓話《ぐうわ》・身《み》を寓《よ》せる・寓《かりずまい》する
寵	チョウ	めぐむ めぐみ いつくしむ	寵愛《ちょうあい》・子《こ》を寵《めぐ》む
小	しょう		
尖	セン	とがる するどい さき	尖塔《せんとう》・角《かど》が尖《とが》る・ペンの尖《さき》
尢	だいのまげあし		
尤	ユウ	とがめる もっとも すぐれる	尤物《ゆうぶつ》・尤《もっと》も・尤《とが》める
尸	かばね しかばね		
屍	シ	しかばね かばね	屍骸《しがい》・屍《しかばね》を運《はこ》ぶ・屍《かばね》となる
屑（屑）	セツ	いさぎよい くず	屑屑《せつせつ》・紙屑《かみくず》・屑《いさぎよ》い決断《けつだん》
屢（屡）	ル	しばしば	屢述《るじゅつ》・屢旅《しばしばたび》に出《で》る
山	やま やまへん		
岨	ソ	そば そばだつ	嶮岨《けんそ》・岨道《そばみち》が続《つづ》く・岨《そばだ》つ山《やま》

漢字	音読み	訓読み	用例
岱	タイ		岱山《たいざん》
峨（峩）	ガ	けわしい	峨峨《がが》・峨《けわ》しい山《やま》
峻	シュン	たかい けわしい おおきい きびしい	峻別《しゅんべつ》・峻《けわ》しい山道《やまみち》・峻《たか》い山《やま》
峯	ホウ	みね やま	霊峯《れいほう》・山《やま》の峯《みね》
崕	崖の異体字		断崕《だんがい》・崕《がけ》に柵《さく》をつける
嵩	シュウ スウ	かさ かさむ たかい	嵩高《すうこう》・水嵩《みずかさ》・嵩《たか》い山《やま》
嵯（嵳）	サ	けわしい	嵯峨《さが》・嵯《けわ》しい場所《ばしょ》
嶋	トウ	しま	嶋《しま》に渡《わた》る
嶺	リョウ レイ	みね	分水嶺《ぶんすいれい》・嶺《みね》に登《のぼ》る
巌	ガン	けわしい いわ いわお がけ	巌頭《がんとう》・巌《いわお》がある・巌《けわ》しい山《やま》
己	おのれ		
巳	シ	み	上巳《じょうし》・巳《み》の刻《こく》

漢字	音読み	訓読み	用例
巴	ハ	うずまき ともえ	巴里《ぱり》・巴投《ともえな》げ・巴模様《うずまきもよう》
(巷)巷	コウ	ちまた	巷間《こうかん》・巷《ちまた》の噂《うわさ》
巽	ソン	たつみ ゆずる	巽位《そんい》・巽《たつみ》へ行《い》く・人《ひと》に巽《ゆず》る
巾	はば はばへん きんべん		
(帀)匝	ソウ	めぐる	周匝《しゅうそう》・池《いけ》を匝《めぐ》る
帖	チョウ ジョウ	かきもの たれる	手帖《てちょう》・一帖《いちじょう》・帖紙《たとうがみ》
幌	コウ	ほろ	幌馬車《ほろばしゃ》
幡	ハン マン ホン	はた のぼり ひるがえる	幢幡《どうばん》・幡《はた》を立《た》てる・幡旗《のぼりばた》
广	まだれ		
庄	ショウ ソウ	いなか むらざと	庄屋《しょうや》・庄《いなか》の人《ひと》・庄《むらざと》に住《す》む
庇	ヒ	ひさし かばう	庇護《ひご》・庇《ひさし》の下《した》・友《とも》を庇《かば》う
庚	コウ	かのえ とし	庚申《こうしん》・庚《かのえ》の方角《ほうがく》・同《おな》じ庚《とし》

漢字	音読み	訓読み	用例
(庖)庖	ホウ	くりや	庖丁《ほうちょう》・庖《くりや》で働《はたら》く
庵	アン	いおり	庵室《あんしつ》・庵《いおり》を結《むす》ぶ
廓	カク	ひろい ひろげる むなしい くるわ	廓然《かくぜん》・廓《くるわ》の跡《あと》・廓《ひろ》い場所《ばしょ》
(廠)廠	ショウ	かりや うまや しごとば	工廠《こうしょう》・廠《うまや》に入《はい》る・廠《しごとば》にいる
廟	ビョウ	たまや みたまや おもてごてん やしろ	廟堂《びょうどう》・廟《たまや》に参《まい》る・廟《やしろ》に祭《まつ》る
廴	えんにょう いんにょう		
廻	カイ エ	まわす まわる めぐる めぐらす	廻向《えこう》・旋廻《せんかい》・時《とき》が廻《めぐ》る
弓	ゆみ ゆみへん		
弘	コウ グ	ひろい ひろめる	弘願《ぐがん》・弘法《こうぼう》・弘《ひろ》い心《こころ》
弗	フツ ホツ	ドル …ず	弗素《ふっそ》・五弗《ごどる》・弗為胡成《なさずんばなんぞならん》
弛	シ チ	たるむ ゆるむ たゆむ	弛緩《しかん》・糸《いと》が弛《たる》む・口《くち》が弛《ゆる》む
弼	ヒツ	たすける たすけ すけ	輔弼《ほひつ》・王《おう》を弼《たす》ける・弼《すけ》の職《しょく》

漢字	音読み	訓読み	用例
彊	キョウ	つよい つとめる しいる	自彊《じきょう》・歌《うた》を彊《し》いる・彊《つよ》い力《ちから》
彡	さんづくり		
彦	ゲン	ひこ	英彦《えいげん》・彦星《ひこぼし》
彪	ヒュウ ヒョウ	あや まだら	彪蔚《ひゅううつ》・彪炳《ひょうへい》・彪模様《まだらもよう》
彬	ヒン	あきらか そなわる	彬彬《ひんぴん》・彬《あき》らかな文《ぶん》
彳	ぎょうにんべん		
(徽)徽	キ	よい しるし	徽章《きしょう》・徽《よ》い品《しな》・徽《しるし》を作《つく》る
忄 心 ⺗	りっしんべん こころ したごころ		
忽	コツ	ゆるがせ たちまち	忽然《こつぜん》・忽《たちま》ち笑《わら》う
怯	キョウ コウ	おびえる おじる ひるむ	卑怯《ひきょう》・影《かげ》に怯《おび》える
怜	レイ	さとい	怜悧《れいり》・怜《さと》い子《こ》

漢字	音読み	訓読み	用例
恢	カイ	おおきい ひろい	恢恢《かいかい》・恢《ひろ》い志《こころざし》・恢《おお》きい器《うつわ》
恰	カッ コウ	あたかも	恰幅《かっぷく》・恰《あたか》も雪《ゆき》のよう
恕	ショ ジョ	おもいやる ゆるす	寛恕《かんじょ》・人《ひと》を恕《ゆる》す
悉	シツ	つくす ことごとく つぶさに	悉皆《しっかい》・悉《ことごと》く許《ゆる》す・悉《つぶさ》に話《はな》す
悌	ダイ テイ	やわらぐ	孝悌《こうてい》・表情《ひょうじょう》が悌《やわ》らぐ
惟	イ ユイ	おもう これ ただ	思惟《しい》・惟一《ゆいいつ》・先《さき》を惟《おも》う
惚	コツ	ほれる ほうける ぼける とぼける	恍惚《こうこつ》・失敗《しっぱい》を惚《とぼ》ける
惣	ソウ	すべて	惣菜《そうざい》・惣《すべ》て話《はな》す
惇	ジュン トン	あつい まこと	惇朴《じゅんぼく》・惇《あつ》い人《ひと》・惇《まこと》ある態《たい》度《ど》
悶	モン	もだえる	悶絶《もんぜつ》・痛《いた》みに悶《もだ》える
惹	ジャク ジャ	ひく まねく	惹起《じゃっき》・関心《かんしん》を惹《ひ》く
(愈)愈	ユ	いよいよ いえる いやす	愈《いよいよ》始《はじ》まる・傷《きず》が愈《い》える

漢字	音読み	訓読み	用例
慧	ケイ エ	さとい かしこい	慧眼《けいがん》・慧可断臂《えかだんぴ》・慧《さと》い子《こ》
慾	ヨク	ほっする	慾望《よくぼう》・栄光《えいこう》を慾《ほっ》する
憐	レン	あわれむ あわれみ	憐憫《れんびん》・憐《あわ》れみの心《こころ》
戈	ほこづくり ほこがまえ		
戊	ボ ボウ	つちのえ	戊辰《ぼしん》・戊《つちのえ》の方角《ほうがく》
戎	ジュウ	えびす いくさ おおきい つわもの	戎馬《じゅうば》・戎《えびす》を攻《せ》める
或	ワク	ある あるいは	或問《わくもん》・或《あ》る日《ひ》・或《ある》いは駅《えき》か
戟	ケキ ゲキ	ほこ	剣戟《けんげき》・戟《ほこ》を構《かま》える
扌手	て てへん		
托	タク	おす おく たのむ	夢《ゆめ》を托《たく》す・花《はな》を托《お》く
扮	ハン フン	よそおう かざる	扮装《ふんそう》・身《み》を扮《よそお》う・髪《かみ》を扮《かざ》る

漢字	音読み	訓読み	用例
按	アン	おさえる かんがえる しらべる	按摩《あんま》・肌《はだ》を按《おさ》える
挺	テイ チョウ	ぬく ぬきんでる	挺進《ていしん》・身《み》を挺《ぬ》く
捌	ハチ ハツ ベツ	さばく さばける はける はかする	魚《さかな》を捌《さば》く・水捌《みずは》け
(挽)挽	バン	ひく	挽歌《ばんか》・挽肉《ひきにく》
掩	エン	おおう かばう たちまち	掩蔽《えんぺい》・皿《さら》を掩《おお》う・掩《たちま》ち雨《あめ》
掬	キク	すくう むすぶ	情《じょう》を掬《きく》する・水《みず》を掬《すく》う
(捲)捲	ケン	まく まくる めくる いさむ	席捲《せっけん》・布《ぬの》を捲《ま》く・紙《かみ》を捲《めく》る
捷	ショウ	かつ はやい	敏捷《びんしょう》・敵《てき》に捷《か》つ・手《て》が捷《はや》い
捺	ダツ ナツ	おす	捺印《なついん》・捺筆《だっぴつ》・印《いん》を捺《お》す
捧	ホウ	ささげる かかえる	捧腹《ほうふく》・花《はな》を捧《ささ》げる
掠	リャク リョウ	かすめる かする かすれる さらう むちうつ	掠奪《りゃくだつ》・榜掠《ぼうりょう》・目《め》を掠《かす》める

漢字	音読み	訓読み	用例
揃（揃）	セン	そろう そろえる そろい	揃刈《せんがい》・本《ほん》が揃《そろ》う・揃《そろ》いの器《うつわ》
揖	ユウ シュウ	ゆずる へりくだる あつまる	一揖《いちゆう》・人《ひと》に揖《ゆず》る
搔（掻）	ソウ	かく	搔痒《そうよう》・背中《せなか》を搔《か》く
摑（掴）	カク	つかむ	手《て》すりを摑《つか》む
摺（摺）	ショウ ロウ	たたむ ひだ する くじく	絵《え》を摺《す》る・紙《かみ》を摺《たた》む
摸	モ バク ボ	さぐる うつす	摸擬《もぎ》・掏摸《とうばく》・袋《ふくろ》の中《なか》を摸《さぐ》る
撰（撰）	セン サン	えらぶ	撰者《せんじゃ》・杜撰《ずさん》・歌《うた》を撰《えら》ぶ
撒	サツ サン	まく	撒水《さんすい》・撒布《さっぷ》・砂《すな》を撒《ま》く
撞	トウ ドウ シュ	つく	撞木《しゅもく》・撞球《どうきゅう》・球《たま》を撞《つ》く
撚	デン ネン	ひねる よる より	撚糸《ねんし》・糸《いと》を撚《ひね》る・縄《なわ》を撚《よ》る
播	ハ バン	まく しく さすらう	伝播《でんぱ》・播州《ばんしゅう》・種《たね》を播《ま》く
撫	フ ブ	なでる	民《たみ》を撫《ぶ》する・撫《な》で肩《がた》
擢（擢）	タク テキ	ぬく ぬきんでる	抜擢《ばってき》・選擢《せんたく》・擢《ぬき》んでた才《さい》
擾	ジョウ	ならす みだれる わずらわしい さわぐ	擾乱《じょうらん》・隊列《たいれつ》が擾《みだ》れる
攪（撹）	コウ カク	みだす まぜる	攪拌《かくはん》・湯《ゆ》を攪《ま》ぜる
攴攵	のぶん ぼくづくり		
孜	シ	つとめる	孜孜《しし》・研究《けんきゅう》に孜《つと》める
敦	トン	あつい とうとぶ	敦厚《とんこう》・敦盛草《あつもりそう》
文	ぶん ぶんにょう		
斐	ヒ	あや	斐然《ひぜん》・斐《あや》のある布《ぬの》
斌	ヒン	うるわしい	斌斌《ひんぴん》・斌《うるわ》しい服《ふく》
斗	とます		
斡	アツ カン	めぐる つかさどる	斡旋《あっせん》・星《ほし》が斡《めぐ》る・事《こと》を斡《つかさど》る
斤	きん おのづくり		
斧	フ	おの	斧斤《ふきん》・斧《おの》で木《き》を伐採《ばっさい》する
斯	シ	この これ かく かかる	斯界《しかい》・斯《か》くいう私《わたし》・斯《こ》の本《ほん》
方	ほう ほうへん かたへん		
於	オ	おいて おける	於菟《おと》・事件《じけん》に於《お》ける対応《たいおう》
日	ひ ひへん にちへん		
旭	キョク	あさひ	旭日《きょくじつ》・旭《あさひ》が昇《のぼ》る
昂	コウ ゴウ	たかぶる あがる たかい	昂然《こうぜん》・気《き》が昂《たかぶ》る・値《ね》が昂《たか》い
昏	コン	くれ くらい くらむ	昏睡《こんすい》・機械《きかい》に昏《くら》い
昌	ショウ	さかん うつくしい みだれる	繁昌《はんじょう》・昌《さか》んな会社《かいしゃ》
晃	コウ	あきらか ひかる	晃晃《こうこう》・晃《あき》らかな場所《ばしょ》
晋	シン	すすむ	晋山《しんざん》・企画《きかく》が晋《すす》む
晒	サイ	さらす	晒書《さいしょ》・水《みず》に晒《さら》す

漢字	音読み	訓読み	用例
晦（晦）	カイ	みそか つごもり くらい くらます	韜晦《とうかい》・晦日《みそか》・晦《くら》い時《とき》
智	チ	ちえ さとい	智者《ちしゃ》・智《ちえ》がある・智《さと》い人《ひと》
暢	チョウ	のびる とおる のべる	流暢《りゅうちょう》・風《かぜ》が暢《とお》る・暢気《のんき》
曙	ショ	あけぼの	曙光《しょこう》・曙《あけぼの》の空《そら》
曝	バク ホク	さらす さらける さらばえる	曝涼《ばくりょう》・曝《さら》し者《もの》・老《お》い曝《さらば》える
日 ひらび いわく			
曳	エイ	ひく	曳船《えいせん》・網《あみ》を曳《ひ》く
沓	トウ	かさなる むさぼる くつ	雑沓《ざっとう》・沓脱《くつぬ》ぎ・人《ひと》が沓《かさ》なる
月 つき つきへん			
朋	ホウ	とも なかま	朋友《ほうゆう》・朋《とも》と語《かた》る・朋《なかま》に会《あ》う
朔	サク	ついたち きた	朔日《さくじつ》・朔《ついたち》の予定《よてい》・朔《きた》の風《かぜ》
木 き きへん			

漢字	音読み	訓読み	用例
杏	キョウ アン	あんず	杏林《きょうりん》・杏仁《あんにん》・杏《あんず》ジャム
杖	ジョウ	つえ	白杖《はくじょう》・杖《つえ》をつく
杜	ト ズ	とじる ふさぐ やまなし もり	杜仲《とちゅう》・杜撰《ずさん》・杜《もり》の都《みやこ》
杓（杓）	シャク ヒョウ	ひしゃく しゃくう	杓子《しゃくし》・水《みず》を杓《しゃく》う・杓《ひしゃく》を使《つか》う
李	リ	すもも おさめる	李下《りか》・李《すもも》の実《み》
杢		もく	杢目《もくめ》
杭	コウ	わたる くい	杭《くい》を打《う》つ
杵	ショ	きね	臼杵《きゅうしょ》・杵柄《きねづか》
枇	ヒ ビ	さじ くし	枇杷《びわ》・枇《さじ》で掬《すく》う・枇《くし》を使《つか》う
杷	ハ	さらい	枇杷《びわ》・杷《さらい》で掃除《そうじ》する
柑	カン	みかん こうじ	柑橘類《かんきつるい》・柑《みかん》を食《しょく》す・柑子《こうじ》色《いろ》
柴	サイ	しば まつり ふさぐ	柴門《さいもん》・柴刈《しばか》り・道《みち》を柴《ふさ》ぐ

漢字	音読み	訓読み	用例
柘	シャ	やまぐわ つげ	柘《つげ》の櫛《くし》・柘《やまぐわ》の林《はやし》
柊（柊）	シュウ	ひいらぎ	柊《ひいらぎ》の葉《は》
柁	タ ダ	かじ	柁手《だしゅ》・柁《かじ》を切《き》る
柏	ハク ビャク	かしわ	松柏《しょうはく》・柏槙《びゃくしん》・柏餅《かしわもち》
柚	ユ ユウ	ゆず	柚柑《ゆこう》・柚子《ゆず》ジャム・柚湯《ゆずゆ》
栂		とが つが	栂《つが》の林《はやし》・栂《とが》を使《つか》った家具《かぐ》
柾		まさ まさき	柾《まさき》の花《はな》・柾目《まさめ》
桓	カン		桓表《かんぴょう》・三桓《さんかん》・盤桓《ばんかん》
桔	キツ ケツ		桔梗《ききょう》・桔槔《きっこう》
桂	ケイ	かつら	桂馬《けいま》・桂剝《かつらむ》き
栴	セン		栴檀《せんだん》は双葉《ふたば》より芳《かんば》し
桐	ドウ トウ	きり こと	梧桐《ごとう》・桐一葉《きりひとは》

漢字	音読み	訓読み	用例
栗	リツ リ	くり おののく きびしい	栗烈《りつれつ》・栗鼠《りす》・栗毛《くりげ》
栖	サイ セイ	すむ すみか	隠栖《いんせい》・終《つい》の栖《すみか》・森《もり》に栖《す》む
梧	ゴ	あおぎり	梧下《ごか》・梧葉《ごよう》
梱	コン	こり こうり しきみ	梱包《こんぽう》・梱《こり》を負《お》う・梱《しきみ》がある
梓	シ	あずさ はんぎ だいく	上梓《じょうし》・梓弓《あずさゆみ》・梓《はんぎ》を彫《ほ》る
梢	ショウ	こずえ かじ	末梢《まっしょう》・梢《こずえ》の鳥《とり》・梢《かじ》をとる
梯	タイ テイ	はしご	雲梯《うんてい》・梯《はしご》を上《のぼ》る
桶	トウ	おけ	湯桶読《ゆとうよ》み・桶屋《おけや》
梶	ビ	かじ こずえ	梶棒《かじぼう》・梶《こずえ》に引《ひ》っかかる
梁	リョウ	はり うつばり はし やな	橋梁《きょうりょう》・梁《はり》を渡《わた》る・梁簀《やなす》
棲	セイ	すむ すみか	同棲《どうせい》・川《かわ》に棲《す》む・狼《おおかみ》の棲《すみか》
棉	メン	わた	棉花《めんか》・棉《わた》を植《う》える

漢字	音読み	訓読み	用例
椋	リョウ	むく	椋鳥《むくどり》
椀	ワン	はち	茶椀《ちゃわん》・小椀《こばち》
椙		すぎ	椙《すぎ》の木《き》
椛		もみじ	椛《もみじ》を見《み》る
楳	バイ	うめ	楳雨《ばいう》・楳《うめ》の花《はな》
(楢)楢	シュウ ユウ	なら	楢《なら》の林《はやし》
楯	ジュン	たて	矛楯《むじゅん》・楯《たて》で身《み》を守《まも》る
楚	ソ	いばら しもと むち すわえ	清楚《せいそ》・楚《いばら》が茂《しげ》る・楚《しもと》で打《う》つ
椿	チン	つばき	椿庭《ちんてい》・椿《つばき》の油《あぶら》
楠	ナン	くすのき	石楠花《しゃくなげ》・楠《くすのき》で机《つくえ》を作《つく》る
楓	フウ	かえで	楓葉《ふうよう》・楓《かえで》が紅葉《こうよう》する
楊	ヨウ	やなぎ	楊枝《ようじ》・水辺《みずべ》の楊《やなぎ》

漢字	音読み	訓読み	用例
椴	タン ダン	とど とどまつ	椴松《とどまつ》・椴《とどまつ》の柱《はしら》
榎	カ	えのき	榎《えのき》を植《う》える
榛	シン	はしばみ はり くさむら	榛荊《しんけい》・榛《はしばみ》の実《み》・榛《はん》の木《き》
槍	ソウ	やり	槍術《そうじゅつ》・槍投《やりな》げ
(槌)槌	ツイ	つち うつ	鉄槌《てっつい》・相槌《あいづち》
槙	シン テン	まき	這柏槙《はいびゃくしん》・槙《まき》の多《おお》い森《もり》
樺	カ	かば	樺燭《かしょく》・白樺《しらかば》
(榊)榊		さかき	榊《さかき》を供《そな》える
槻	キ	つき	槻《つき》でできた弓《ゆみ》
樟	ショウ	くす くすのき	樟脳《しょうのう》・樟《くすのき》の香《かお》り・樟蚕《くすさん》
樗	チョ	おうち	樗蒲一《ちょぼいち》・樗《おうち》から青色《あおいろ》をとる
(樋)樋	トウ	ひ とい	雨樋《あまどい》・樋《ひ》を作《つく》る

漢字	音読み	訓読み	用例
樫		かし	樫《かし》の実《み》を拾《ひろ》う
橘	キツ	たちばな	橘中之楽《きっちゅうのたのしみ》・橘《たちばな》を求《もと》める
樵	ショウ ゾウ	きこり こる きこる	樵歌《しょうか》・樵《きこり》の家《いえ》・木《き》を樵《こ》る
橡	ショウ	とち くぬぎ つるばみ	橡《くぬぎ》の山《やま》・橡《つるばみ》を拾《ひろ》う・橡《とち》の実《み》
樽（樽）	ソン	たる	樽俎《そんそ》・酒樽《さかだる》
楕（橢）	ダ	こばんがた	楕円《だえん》・楕《こばんがた》のお菓子《かし》
檜（桧）	カイ	ひのき ひ	檜扇《ひおうぎ》・檜舞台《ひのきぶたい》
橿	キョウ	かし	橿《かし》の木《き》
檎	キン ゴ		林檎《りんご》
檀	タン ダン	まゆみ	檀家《だんか》・黒檀《こくたん》・檀《まゆみ》で弓《ゆみ》を作《つく》る
檮（梼）	トウ	きりかぶ おろか	檮味《とうまい》・檮《きりかぶ》に座《すわ》る・檮《おろ》かな人《ひと》
櫛（櫛・櫛）	シツ	くし くしけずる	櫛風《しっぷう》・櫛《くし》を使《つか》う・髪《かみ》を櫛《くしけず》る

漢字	音読み	訓読み	用例
櫓	ロ	おおだて やぐら	櫓櫂《ろかい》・物見櫓《ものみやぐら》・櫓《おおだて》を得《え》る
欝	鬱の異体字		欝憤《うっぷん》・草《くさ》が欝《しげ》る・気《き》が欝《ふさ》ぐ・憂欝《ゆううつ》
欠	あくび かける		
欣	キン ゴン	よろこぶ	欣喜《きんき》・欣求《ごんぐ》・旅《たび》に欣《よろこ》ぶ
欽	キン	つつしむ うやまう	欽仰《きんぎょう》・身《み》を欽《つつし》む・人《ひと》を欽《うやま》う
歎（歎）	タン	たたえる なげく	歎願《たんがん》・死《し》を歎《なげ》く
止	とめる とめへん		
此	シ	この これ かく ここ	此岸《しがん》・此《か》くあれ・此《ここ》がいい
歪	ワイ	ゆがむ いがむ ひずむ いびつ	歪曲《わいきょく》・歪《いびつ》な形《かたち》・軸《じく》が歪《ゆが》む
歹	かばねへん いちたへん がつへん		
殆	タイ	ほとんど あやうい ほとほと	危殆《きたい》・殆《あや》うい話《はなし》・殆《ほとん》どある
殳	るまた ほこづくり		

漢字	音読み	訓読み	用例
毅	キ	つよい たけし	毅然《きぜん》・意気《いき》毅《たけ》し・毅《つよ》い心《こころ》
比	ならびひ くらべる		
毘（毗）	ヒ ビ	たすける	茶毘《だび》・人《ひと》を毘《たす》ける
氵 水 氺	さんずい みず したみず		
汀	テイ	みぎわ なぎさ	汀渚《ていしょ》・汀《なぎさ》を歩《ある》く・汀《みぎわ》の絵《え》
汝	ジョ	なんじ	爾汝《じじょ》・汝《なんじ》の願《ねが》い
汐	セキ	しお うしお	潮汐《ちょうせき》・感情《かんじょう》の汐《うしお》・汐干狩《しおひがり》
汲（汲）	キュウ	くむ ひく	汲汲《きゅうきゅう》・水《みず》を汲《く》む・手《て》を汲《ひ》く
沌	トン	ふさがる	混沌《こんとん》・水路《すいろ》が沌《ふさ》がる
沫	マツ	あわ しぶき よだれ	飛沫《ひまつ》・沫雪《あわゆき》・沫《しぶき》が上《あ》がる
洩	エイ セツ	のびる もれる	洩洩《えいえい》・漏洩《ろうせつ》・話《はなし》が洩《も》れる

漢字	音読み	訓読み	用例
洲	シュウ	す しま	洲嶼《しゅうしょ》・洲浜《すはま》・洲《しま》まで泳《およ》ぐ
洛	ラク	みやこ つらなる	洛中《らくちゅう》・洛《みやこ》の外《そと》・山《やま》が洛《つら》なる
浩	コウ	おおきい ひろい おおい おごる	浩然《こうぜん》・浩《ひろ》い場《ば》・成功《せいこう》に浩《おご》る
浬	リ	かいり ノット	一《いち》浬《り》・二《に》浬《かいり》・三浬《さんのっと》
涌	ヨウ ユウ	わく	涌水《ゆうすい》・涌出《ゆうしゅつ》・水《みず》が涌《わ》く
(渕)淵	エン	ふち ふかい おくぶかい	淵源《えんげん》・淵瀬《ふちせ》・淵《ふか》い湖《みずうみ》
淳	ジュン	あつい すなお	淳化《じゅんか》・淳《あつ》い人柄《ひとがら》・淳《すなお》な子《こ》
渚	ショ	なぎさ みぎわ	洲渚《しゅうしょ》・渚《なぎさ》を伝《つた》う・渚《みぎわ》に立《た》つ
淀	テン デン	よど よどむ	川《かわ》が淀《よど》む・淀川《よどがわ》
淘	トウ	よなげる	淘汰《とうた》・石《いし》を淘《よな》げる
淋	リン	そそぐ したたる さびしい りんびょう	淋病《りんびょう》・淋《さび》しい時《とき》・汗《あせ》が淋《したた》る
渥	アク	あつい うるおい こい	渥恩《あくおん》・渥《あつ》い対応《たいおう》・肌《はだ》が渥《うるお》う

漢字	音読み	訓読み	用例
渠	キョ	みぞ おおきい かしら・かれ なんぞ	暗渠《あんきょ》・渠《みぞ》を掘《ほ》る・渠《かれ》が来《く》る
湘	ショウ		湘南《しょうなん》
湊	ソウ	みなと あつまる	輻湊《ふくそう》・湊《みなと》に行《い》く
湛	タン チン	たたえる あつい しずむ ふかい ふける	湛然《たんぜん》・水《みず》を湛《たた》える・湛《ふか》い池《いけ》
(溢)溢	イツ	あふれる すぎる おごる みちる こぼれる	横溢《おういつ》・油《あぶら》が溢《あふ》れる
溜	リュウ	したたる たまる ためる ため	蒸溜《じょうりゅう》・溜息《ためいき》・雨《あめ》が溜《したた》る
遡	遡の異体字		遡上《そじょう》・時《とき》を遡《さかのぼ》る
(漑)漑	カイ ガイ	そそぐ すすぐ	灌漑《かんがい》・湯《ゆ》を漑《そそ》ぐ・布《ぬの》を漑《すす》ぐ
漕	ソウ	はこぶ こぐ	回漕《かいそう》・船《ふね》を漕《こ》ぐ・荷《に》を漕《はこ》ぶ
(漣)漣	レン	さざなみ	漣然《れんぜん》・漣《さざなみ》が立《た》つ

漢字	音読み	訓読み	用例
漉	ロク	こす したたらせる すく	漉《こ》し餡《あん》・紙《かみ》を漉《す》く
(澗)澗	カン ケン	たに たにみず	澗水《かんすい》・澗《たに》に着《つ》く・澗《たにみず》を飲《の》む
(溌)潑	ハツ	そそぐ はねる	潑剌《はつらつ》・水《みず》を潑《そそ》ぐ
澱	テン デン	おり よどむ よど	澱粉《でんぷん》・澱《おり》が溜《た》まる
濠	ゴウ	ほり	濠州《ごうしゅう》・濠《ほり》を巡《めぐ》らす
濡	ジュ	うるおう ぬれる とどこおる こらえる	濡滞《じゅたい》・濡《ぬ》れ衣《ぎぬ》・土《つち》が濡《うるお》う
(涛)濤	トウ	なみ	怒濤《どとう》・濤《なみ》に船《ふね》が揺《ゆ》れる
(涜)瀆	トク	みぞ けがす あなどる	冒瀆《ぼうとく》・顔《かお》を瀆《けが》す・瀆《みぞ》を作《つく》る
(潴)瀦	チョ	みずたまり たまる	瀦留《ちょりゅう》・瀦《みずたま》りができる
(瀕)瀕	ヒン	みぎわ せまる そう	瀕死《ひんし》・時《とき》が瀕《せま》る・瀕《みぎわ》を歩《ある》く
(瀞)瀞	ジョウ セイ	とろ	瀞《とろ》で泳《およ》ぐ
(潅)灌	カン	そそぐ	灌漑《かんがい》・川《かわ》から水《みず》を灌《そそ》ぐ

漢字	音読み	訓読み	用例
灘（灘）	ダン タン	はやせ なだ	灘響《だんきょう》・玄界灘《げんかいなだ》・灘《はやせ》を避《さ》ける
火	ひ ひへん		
灬	れんが れっか		
灸	キュウ	やいと	灸師《きゅうし》・灸《やいと》をすえる
灼	シャク	やく あきらか あらたか やいと	灼熱《しゃくねつ》・肉《にく》を灼《や》く・霊験《れいげん》灼《あらたか》
烏	オウ	からす くろい いずくんぞ なんぞ	烏合《うごう》・烏滸《おこ》・烏口《からすぐち》・烏豆《くろまめ》
烹	ホウ	にる	割烹《かっぽう》・肉《にく》を烹《に》る
焰（焔）	エン	もえる ほのお	火焰《かえん》・焰《ほのお》が上《あ》がる
焚	フン	やく たく	焚書《ふんしょ》・香《こう》を焚《た》く・山《やま》を焚《や》く
煤	バイ	すす すすける	煤煙《ばいえん》・煤払《すすはら》い
煉（煉）	レン	ねる	煉獄《れんごく》・鉄《てつ》を煉《ね》る
煽（煽）	セン	あおる おだてる おこる あおり	煽動《せんどう》・手《て》で煽《あお》ぐ

漢字	音読み	訓読み	用例
熔（鎔）	ヨウ	いがた とかす とける いる	熔鋳《ようちゅう》・銅《どう》を熔《と》かす
燕	エン	つばめ さかもり くつろぐ	燕尾服《えんびふく》・燕《つばめ》が飛《と》ぶ
燐	リン		燐光《りんこう》
燦	サン	あきらか あざやか きらめく	燦然《さんぜん》・燦《あき》らかな空《そら》
燭	ショク ソク	ともしび	燭台《しょくだい》・蠟燭《ろうそく》・燭《ともしび》を置《お》く
父	ちち		
爺	ヤ	じじ おやじ	老爺《ろうや》・爺《じじ》むさい・爺《おやじ》と話《はな》す
爻	まじわる		
爾	ジ ニ	なんじ その	爾来《じらい》・爾《なんじ》の未来《みらい》・爾《そ》の後《ご》
片	かた かたへん		
牌（牌）	ハイ	ふだ	位牌《いはい》・牌《ふだ》を掛《か》ける
牒	チョウ ジョウ	ふだ	符牒《ふちょう》・牒《ふだ》を渡《わた》す

漢字	音読み	訓読み	用例
牛	うし うしへん		
牝	ヒン	めす	牝馬《ひんば》・牝《めす》と牡《おす》
牟	ボウ ム	なく むさぼる かぶと	釈迦牟尼《しゃかむに》・牟《な》き声《ごえ》
牡	ボ ボウ	おす	牡丹《ぼたん》・牡牛《おうし》・動物《どうぶつ》の牡《おす》
牢	ロウ	いけにえ ごちそう ひとや かたい さびしい	牢獄《ろうごく》・牢《ひとや》に入《はい》る・牢《かた》い扉《とびら》
牽	ケン	ひく つらなる	牽引《けんいん》・車《くるま》を牽《ひ》く
犀	サイ セイ	かたい するどい	犀角《さいかく》・木犀《もくせい》・犀《するど》い矢《や》
犬 犭	いぬ けものへん		
狐（狐）	コ	きつね	狐疑逡巡《こぎしゅんじゅん》・狐火《きつねび》
狗	ク コウ	いぬ	羊頭狗肉《ようとうくにく》・飼《か》い狗《いぬ》
狛	ハク	こま こまいぬ	狛犬《こまいぬ》・狛《こまいぬ》を置《お》く

漢字	音読み	訓読み	用例
狸	リ	たぬき ねこ	狐狸《こり》・狸《たぬき》を見《み》る
狼	ロウ	おおかみ みだれる	狼藉《ろうぜき》・狼《おおかみ》が出《で》る
狽	バイ		狼狽《ろうばい》
猪	チョ	い いのしし	猪突《ちょとつ》・猪首《いくび》・猪《いのしし》武者《むしゃ》
(猷)猷	ユウ	はかる はかりごと みち	嘉猷《かゆう》・事《こと》を猷《はか》る・猷《みち》を作《つく》る
獅	シ	しし	獅子《しし》
王	おう おうへん たまへん	玉	たま
玖	キュウ ク		瓊玖《けいきゅう》
珂	カ		那珂川《なかがわ》
(珊)珊	サン		鉄網珊瑚《てつもうさんご》
玲	レイ		玲瓏《れいろう》
珪	ケイ	たま	珪素《けいそ》・珪《たま》を授《さず》ける

漢字	音読み	訓読み	用例
琉	リュウ ル		琉球《りゅうきゅう》・琉璃《るり》
琢	タク	みがく	切磋琢磨《せっさたくま》・石《いし》を琢《みが》く
瑛	エイ		玉瑛《ぎょくえい》
琵	ビ		琵琶《びわ》
琶	ハ		琵琶《びわ》を弾《ひ》く
琳	リン		琳琅《りんろう》
瑚	ゴ コ		珊瑚礁《さんごしょう》・瑚璉《これん》
瑞	ズイ	しるし めでたい みず	瑞雲《ずいうん》・瑞穂《みずほ》・瑞《しるし》を示《しめ》す
瑳	サ	みがく	切瑳《せっさ》・腕《うで》を瑳《みが》く
瓜瓜	うり		
(瓜)瓜	カ	うり	瓜田《かでん》・瓜《うり》を食《た》べる
(瓢)瓢	ヒョウ	ふくべ ひさご	瓢箪《ひょうたん》・瓢《ひさご》の実《み》・瓢《ふくべ》を運《はこ》ぶ

漢字	音読み	訓読み	用例
瓦	かわら		
(甑)甑	ソウ	こしき	甑塵釜魚《そうじんふぎょ》・甑《こしき》で調理《ちょうり》する
甘	かん あまい		
甜	テン	あまい うまい	甜茶《てんちゃ》・甜《あま》い菓子《かし》・甜《うま》い料理《りょうり》
生	うまれる		
甥	ショウ セイ	おい	外甥《がいせい》・甥《おい》が多《おお》い
用	もちいる		
甫	ホ フ	はじめ おおきい	衆甫《しゅうほ》・甫《はじ》めての旅《たび》
田	た たへん		
畠		はた はたけ	畠《はたけ》が広《ひろ》がる
畦	ケイ	うね あぜ	圃畦《ほけい》・畦《あぜ》を歩《ある》く・畦《うね》を作《つく》る
畢	ヒツ	おわる ことごとく	畢竟《ひっきょう》・事件《じけん》が畢《お》わる

漢字	音読み	訓読み	用例
啜	テツ	なわて	啜《なわて》を行《い》く
疋	ひき ひきへん		
疋	ショ ソ ヒツ	あし ひき	疋《あし》がある・一疋《いっぴき》の犬《いぬ》
(疏)疏	ショ ソ	とおす とおる うとい うとむ おろそか あらい まばら ふみ	疏《そ》水《すい》・歌《うた》に疏《うと》い・風《かぜ》が疏《とお》る
疒	やまいだれ		
疹	シン	はしか	蕁《じん》麻《ま》疹《しん》・疹《はしか》にかかる
痔	ジ	しもがさ	痔《じ》疾《しつ》・痔《しもがさ》を治《なお》す
癌	ガン		癌《がん》を克服《こくふく》する
白	しろ		
(皋)皐	コウ	さわ さつき	皐《こう》魚《ぎょ》の泣《きゅう》・皐《さつき》晴《ば》れ
皿	さら		

漢字	音読み	訓読み	用例
盃	ハイ	さかずき	祝《しゅく》盃《はい》・盃《さかずき》を交《か》わす
盈	エイ	みちる あまる	盈《えい》満《まん》・水《みず》が盈《み》ちる
目	め めへん		
(瞥)瞥	ベツ	みる	一《いち》瞥《べつ》・広告《こうこく》を瞥《み》る
矢	や やへん		
矧	シン	はぐ	矢《や》を矧《は》ぐ
矩	ク	さしがね のり	矩《く》形《けい》・矩《さしがね》を使《つか》う・矩《のり》を守《まも》る
石	いし いしへん		
砦	サイ	とりで	城《じょう》砦《さい》・砦《とりで》にこもる
砥	シ	と といし とぐ みがく	砥《し》礪《れい》・砥《と》石《いし》・刃《は》を砥《みが》く
砧	チン	きぬた	砧《ちん》杵《しょ》・砧《きぬた》を打《う》つ
硯	ケン ゲン	すずり	硯《けん》滴《てき》・硯《すずり》箱《ばこ》

漢字	音読み	訓読み	用例
硲		はざま	硲《はざま》にテントを張《は》る
碍	ガイ ゲ	さまたげる ささえる	障《しょう》碍《がい》・無《む》碍《げ》・通行《つうこう》を碍《さまた》げる
碓	タイ	うす	碓《たい》声《せい》・碓《うす》を使《つか》う
碇	テイ	いかり	碇《てい》泊《はく》・碇《いかり》を下《お》ろす
(盌)碗	ワン	こばち	茶《ちゃ》碗《わん》・碗《こばち》に盛《も》る
碧	ヘキ	みどり あお	碧《へき》眼《がん》・碧《あお》色《いろ》・碧《みどり》の石《いし》
碩	セキ	おおきい	碩《せき》学《がく》・碩《おお》きい本《ほん》
磐	ハン バン	いわ わだかまる	磐《ばん》石《じゃく》・磐《いわ》がある・草《くさ》が磐《わだかま》る
磯	キ	いそ	磯《いそ》に棲《す》む魚《さかな》
(砺)礪	レイ	あらと とぐ みがく	磨《ま》礪《れい》・礪《あらと》でとぐ・剣《けん》を礪《みが》く
(砿)礦	コウ	あらがね	礦《こう》石《せき》・礦《あらがね》を掘《ほ》る
示	しめす		
礻	しめすへん		

漢字	音読み	訓読み	用例
祁（祁）	キ	おおいに、おおきい、さかんに	祁寒《きかん》・祁《おお》いに笑《わら》う
祇（祇）	ギ	くにつかみ	神祇《じんぎ》・祇《くにつかみ》を祭《まつ》る
祐	ユウ	たすけ、たすける	祐助《ゆうじょ》・運《うん》が祐《たす》ける
禄	ロク	さいわい、ふち	禄高《ろくだか》・天《てん》の禄《さいわ》い・禄《ふち》を得《え》る
禎	テイ	さいわい	嘉禎《かてい》・禎《さいわ》いがある
禦	ギョ	ふせぐ、つよい	防禦《ぼうぎょ》・上陸《じょうりく》を禦《ふせ》ぐ・禦《つよ》い力《ちから》
禱（祷）	トウ	いのる、まつる	祈禱《きとう》・天《てん》に禱《いの》る・神《かみ》を禱《まつ》る
禰（祢）	デイ、ネ	みたまや、かたしろ	禰宜《ねぎ》・禰《みたまや》に参《まい》る・禰《かたしろ》を渡《わた》す
禸	じゅう		
禽	キン	とり、とらえる、いけどり	猛禽《もうきん》・禽《とり》を獲《と》る
禾	のぎ、のぎへん		
禾	カ	いね、のぎ	禾穂《かすい》・禾《いね》を植《う》える・禾偏《のぎへん》

漢字	音読み	訓読み	用例
禿	トク	はげ、はげる、ちびる、かむろ	禿頭《とくとう》・禿鷹《はげたか》・禿髪《かむろがみ》
秤（秤）	ショウ、ビン	はかり	秤量《しょうりょう》・天秤《てんびん》・秤《はかり》を使《つか》う
秦	シン	はた	秦《しん》の国《くに》・秦氏《はたうじ》
稀	キ、ケ	まれ、まばら、うすい	稀少《きしょう》・稀有《けう》・稀《まれ》なこと
稔	ジン、ニン、ネン	みのる、とし、つむ	稔歳《じんさい》・豊稔《ほうじん》
稗	ハイ	ひえ、こまかい	稗史《はいし》・稗《ひえ》を買《か》う・稗《こま》かい話《はなし》
稜	リョウ、ロウ	かど、いきおい	稜線《りょうせん》・稜《かど》を出《だ》す・稜《いきお》いよい
穎（頴）	エイ	ほさき、すぐれる	穎哲《えいてつ》・穎《ほさき》が鋭《するど》い・穎《すぐ》れた人《ひと》
穆	ボク、モク	やわらぐ	穆穆《ぼくぼく》・気分《きぶん》が穆《やわ》らぐ
穰	ジョウ	ゆたか、みのる	豊穰《ほうじょう》・穂《ほ》が穰《みの》る・穰《ゆた》かな村《むら》
穐（穐）	シュウ	あき、とき	千穐楽《せんしゅうらく》・穐《あき》が来《く》る・良《よ》い穐《とき》
穴	あな、あなかんむり		

漢字	音読み	訓読み	用例
穿	セン	うがつ・はく、つらぬく、ほじる、ほじくる	穿鑿《せんさく》・石《いし》を穿《うが》つ・靴《くつ》を穿《は》く
窄	サク	せまい、せばまる、すぼむ、つぼむ	狭窄《きょうさく》・夢《ゆめ》が窄《すぼ》む・花《はな》が窄《つぼ》む
窪	ワ、ア	くぼ、くぼむ	窪下《わか》・窪地《くぼち》・目《め》が窪《くぼ》む
窺	キ	うかがう、のぞく	窺知《きち》・外《そと》を窺《うかが》う・穴《あな》を窺《のぞ》く
竈（竃・竈）	ソウ	かまど、へっつい	釜竈《ふそう》・竈《かまど》の火《ひ》・竈《へっつい》を作《つく》る
立	たつ、たつへん		
竪（豎）	ジュ	たつ、たて、こども、こもの	竪立《じゅりつ》・土《つち》に竪《た》つ・竪琴《たてごと》
竣	シュン	おわる	竣工《しゅんこう》・工事《こうじ》が竣《お》わる
靖	セイ	やすい、やすんじる	寧靖《ねいせい》・靖《やす》い国《くに》
竹	たけ、たけかんむり		
竺	トク、ジク	あつい	天竺《てんじく》・竺《あつ》い情《じょう》
竿	カン	さお、ふだ	竿頭《かんとう》・物干《ものほ》し竿《ざお》・竿《ふだ》を作《つく》る

漢字	音読み	訓読み	用例
笈	キュウ	おい	笈《きゅう》を負《お》う・笈《おい》に本《ほん》を入《い》れる
笥	シ ス	け はこ	衣笥《いし》・簞笥《たんす》・笥《け》に盛《も》る
笠	リュウ	かさ	蓑笠《さりゅう》・花笠《はながさ》
笹		ささ	笹《ささ》の葉《は》
筈	カツ	やはず はず	来《く》る筈《はず》だ・筈《やはず》を直《なお》す
筑	チク ツク		筑前煮《ちくぜんに》・筑紫《つくし》
筏	ハツ バツ	いかだ	舟筏《しゅうばつ》・筏《いかだ》で川《かわ》を渡《わた》る
箕	キ	み ちりとり	箕帚《きそう》・箕《み》でふる・箕《ちりとり》を使《つか》う
箔	ハク	すだれ のべがね	金箔《きんぱく》・箔《すだれ》を巻《ま》く・箔《のべがね》を貼《は》る
箭（箭）	セン	や	火箭《かせん》・箭《や》を射《い》る
篇	ヘン	ふだ ふみ まき	篇目《へんもく》・篇《ふだ》に書《か》く・篇《ふみ》を送《おく》る
篦（篦）	ヘイ	へら すきぐし かんざし の	竹篦《ちくへい》・靴篦《くつべら》・矢篦《やの》・黒《くろ》い篦《かんざし》

漢字	音読み	訓読み	用例
篠（篠）	ショウ	しの	篠笛《しのぶえ》
簞（箪）	タン	わりご はこ ひさご	簞食《たんし》・簞《わりご》の飯《めし》・簞《はこ》の服《ふく》
簸	ハ	ひる あおる	簸却《はきゃく》・麦《むぎ》を簸《ひ》る・扇《おうぎ》で簸《あお》る
簾（簾）	レン	す すだれ	暖簾《のれん》・簾《す》をかける・簾越《すだれご》し
篭	籠の異体字		印篭《いんろう》・篭《かご》を負《お》う
米	こめ こめへん		
粁		キロメートル	駅《えき》から二《に》粁《きろめーとる》
粂		くめ	粂氏《くめし》
籾（籾）		もみ	籾殻《もみがら》
粍		ミリメートル	五《ご》粍《みりめーとる》折《お》る
粕	ハク	かす	糟粕《そうはく》・酒粕《さけかす》
粥	シュク イク	かゆ ひさぐ	豆粥《とうしゅく》・七草粥《ななくさがゆ》・花《はな》を粥《ひさ》ぐ

漢字	音読み	訓読み	用例
粟	ショク ソク ゾク	もみ あわ ふち	粟粒《ぞくりゅう》・粟《あわ》と稗《ひえ》・粟《もみ》を捨《す》てる
糊	コ	のり くちすぎ	糊口《ここう》・糊代《のりしろ》
糎		センチメートル	花瓶《かびん》を十《じゅっ》糎《せんちめーとる》右《みぎ》にずらす
糠	コウ	ぬか	粃糠《ひこう》・糠雨《ぬかあめ》
糟	ソウ	かす	糟糠《そうこう》・糟汁《かすじる》
糞	フン	くそ けがれ はらう つちかう	糞尿《ふんにょう》・鼻糞《はなくそ》・糞《けが》れを落《お》とす
糸	いと いとへん		
紘	コウ	おおづな ひろい	八紘《はっこう》・紘《おおづな》を引《ひ》く・紘《ひろ》い心《こころ》
紗	サ シャ	うすぎぬ	袱紗《ふくさ》・羅紗《らしゃ》・紗《うすぎぬ》の着物《きもの》
紐	ジュウ チュウ	ひも	解紐《かいちゅう》・紐帯《じゅうたい》・紐《ひも》解《と》く
絃	ゲン	いと つる	絃楽器《げんがっき》・ギターの絃《いと》
紬	チュウ	つむぎ つむぐ	絹紬《けんちゅう》・大島紬《おおしまつむぎ》・糸《いと》を紬《つむ》ぐ

漢字	音読み	訓読み	用例
絢	ケン	あや	絢爛《けんらん》・絢《あや》のある敷物《しきもの》
綬	ジュ	ひも くみひも	紫綬褒章《しじゅほうしょう》・綬《ひも》を服《ふく》に付《つ》ける
綜	ソウ	すべる おさ まじえる	錯綜《さくそう》・軍《ぐん》を綜《す》べる
綴	テイ テツ	つづる とじる あつめる	補綴《ほてい》・綴《つづ》り方《かた》・卵《たまご》で綴《と》じる
緋	ヒ	あか	緋色《ひいろ》・緋《あか》の衣《ころも》
綾	リョウ リン	あや	綾羅《りょうら》・綾子《りんず》・綾取《あやと》り
緬	ベン メン	はるか とおい	縮緬《ちりめん》・緬甸《びるま》・緬《はる》か先《さき》
縞	コウ	しろぎぬ しま	縞素《こうそ》・縞模様《しまもよう》・縞《しろぎぬ》の服《ふく》
繫（繋）	ケイ	つなぐ つながる かかる とらえる きずな	繫囚《けいしゅう》・手《て》を繫《つな》ぐ・首《くび》に繫《か》かる
繡（繍）	シュウ	ぬいとり にしき うつくしい	刺繡《ししゅう》・繡《ぬいとり》をする・繡《うつく》しい布《ぬの》
纂	サン	あつめる くみひも つぐ	編纂《へんさん》・歌《うた》を纂《あつ》める

漢字	音読み	訓読み	用例
纏（纒・纏）	テン	まとう まつわる まとめる まつる まとい	纏足《てんそく》・身《み》に纏《まと》う・裾《すそ》を纏《まつ》る
网 罒	あみがしら あみめ よこめ		
罫	ケイ		罫線《けいせん》
羽	はね		
翠（翠）	スイ	かわせみ みどり	翠玉《すいぎょく》・翠《かわせみ》が飛《と》ぶ・翠《みどり》の風景《ふうけい》
翫（翫）	ガン	もてあそぶ あじわう あなどる むさぼる	翫賞《がんしょう》・球《たま》を翫《もてあそ》ぶ・富《とみ》を翫《むさぼ》る
翰（翰）	カン	ふで・ふみ てがみ とぶ・みき	翰墨《かんぼく》・翰《ふで》で書《か》く・鳥《とり》が翰《と》ぶ
耀（耀）	ヨウ	かがやく	栄耀《えいよう》・天《てん》が耀《かがや》く
而	しかして しこうして		
而	ジ	しかして しかれども しかも しかるに なんじ	而立《じりつ》・而《しか》して開幕《かいまく》した

漢字	音読み	訓読み	用例
耳	みみ みみへん		
耽	タン	ふける おくぶかい	耽美《たんび》・感慨《かんがい》に耽《ふけ》る
聡	ソウ	さとい	聡明《そうめい》・利《り》に聡《さと》い
聯（聯）	レン	つらなる つらねる	聯句《れんく》・家《いえ》が聯《つら》なる
聾	ロウ		聾者《ろうしゃ》
聿	ふでづくり		
肇	チョウ	はじめる はじめ	肇国《ちょうこく》・選挙《せんきょ》を肇《はじ》める
肉 月	にくづき にく		
肋	ロク	あばら	肋骨《ろっこつ》・肋《あばら》の間《あいだ》を広《ひろ》げる
肴	コウ	さかな	酒肴《しゅこう》・豆腐《とうふ》を肴《さかな》にする
肱	コウ	ひじ	股肱《ここう》・肱《ひじ》を曲《ま》げる
胤	イン	たね	後胤《こういん》・王《おう》の胤《たね》

漢字	音読み	訓読み	用例
胡	コ ゴ ウ	あごひげ えびす なんぞ でたらめ ながいき みだり いずくんぞ	胡椒《こしょう》・胡散《うさん》・胡麻《ごま》・胡《えびす》の民《たみ》
(脆)脆	セイ ゼイ	もろい よわい やわらかい かるい	脆弱《ぜいじゃく》・脆《もろ》い人《ひと》・脆《かる》い石《いし》
(腔)腔	クウ コウ	から からだ	口腔《こうこう》・鼻腔《びくう》・腔《からだ》が丈夫《じょうぶ》だ
脹	チョウ	ふくれる はれる ふくよか	膨脹《ぼうちょう》・胸《むね》が脹《ふく》らむ
膏	コウ	あぶら こえる うるおす めぐむ	石膏《せっこう》・膏汗《あぶらあせ》・畑《はたけ》が膏《こ》える
(腿)腿	タイ	もも	大腿骨《だいたいこつ》・太腿《ふともも》
膿	ドウ ノウ	うみ うむ	膿瘍《のうよう》・膿《うみ》が出《で》る・傷《きず》が膿《う》む
臣	しん		
臥	ガ	ふす ふしど	臥薪嘗胆《がしんしょうたん》・病《やまい》に臥《ふ》す
舌	した		
舘	カン	やかた たて たち	商舘《しょうかん》・舘《たち》が並《なら》ぶ・お舘様《やかたさま》

漢字	音読み	訓読み	用例
舛	まいあし		
舛	セン	そむく あやまる いりまじる	舛誤《せんご》・人《ひと》に舛《そむ》く
舜	シュン	むくげ	尭舜《ぎょうしゅん》・舜《むくげ》の花《はな》
舟	ふね ふねへん		
舵	タ ダ	かじ	舵手《だしゅ》・舵《かじ》を切《き》る
艮	ねづくり こんづくり		
艮	コン ゴン	うしとら	儒艮《じゅごん》・艮《うしとら》の方角《ほうがく》
艸	艹 艹 くさかんむり そうこう		
苅	ガイ	かる	庭《にわ》の草《くさ》を苅《か》る
芥	カイ ケ	からし あくた ちいさい	塵芥《じんかい》・芥子《けし》・芥《あくた》を捨《す》てる
芹	キン	せり	献芹《けんきん》・芹鍋《せりなべ》
芭	ハ バ		芭蕉《ばしょう》

漢字	音読み	訓読み	用例
芙	フ	はす	芙蓉《ふよう》・芙《はす》の花《はな》
苑	エン オン ウツ	その ふさがる	外苑《がいえん》・紫苑《しおん》・神《かみ》の苑《その》
茄	カ	はす なす なすび	茄《なす》の料理《りょうり》・池《いけ》の茄《はす》
苫	セン	とま むしろ	苫屋《とまや》・苫《むしろ》で覆《おお》う
(苒)苒	ゼン		荏苒《じんぜん》
苔	タイ	こけ	舌苔《ぜったい》・苔《こけ》が生《む》す
苧	チョ	からむし お	苧麻《ちょま》・苧《からむし》の穂《ほ》・苧環《おだまき》
茅	ボウ	かや ち ちがや	茅屋《ぼうおく》・茅葺《かやぶ》き・茅《ちがや》を刈《か》る
苓	レイ リョウ	みみなぐさ	苓《みみなぐさ》が生《は》える
(荆)荊	ケイ	いばら むち	荊棘《けいきょく》・荊《いばら》の道《みち》・荊《むち》を打《う》つ
茸	ジョウ	しげる ふくろづの たけ きのこ	茸茸《じょうじょう》・茸狩《きのこが》り・椎茸《しいたけ》
荏	ジン ニン	え やわらか	荏苒《じんぜん》・荏胡麻《えごま》・荏《やわ》らかな草《くさ》

漢字	音読み	訓読み	用例
茜	セン	あかね	茜色《あかねいろ》の空《そら》
莞	カン	い むしろ	莞爾《かんじ》・莞《い》が多《おお》い・莞《むしろ》を敷《し》く
荻	テキ	おぎ	荻花《てきか》・荻《おぎ》が生《は》える
莫	ボク バク マ モ	くれ ない なかれ さびしい	莫大《ばくだい》・寂莫《せきばく》・行《い》く莫《なかれ》
菅	カン	すげ すが	菅蓋《かんがい》・菅畳《すがたたみ》・菅笠《すげがさ》
菰（苽）	コ	こも まこも	菰蘆《ころ》・菰《こも》を織《お》る・菰《まこも》を刈《か》る
菖	ショウ	しょうぶ	菖蒲《しょうぶ》・菖《しょうぶ》の葉《は》
菟（莵・菟）	ト	うさぎ	菟裘《ときゅう》の地《ち》・菟《うさぎ》を飼《か》う
菩	ホ ボ		菩提樹《ぼだいじゅ》
萌（萠）	ボウ ホウ	めばえ めぐむ きざす もえる もやし たみ	萌芽《ほうが》・芽《め》が萌《きざ》す・木《き》が萌《めぐ》む
萊（莱）	ライ	あかざ あれち	蓬萊《ほうらい》・萊《あかざ》を切《き》る・萊《あれち》になる

漢字	音読み	訓読み	用例
菱	リョウ	ひし	菱花《りょうか》・菱餅《ひしもち》
萄	トウ ドウ		葡萄《ぶどう》
葦	イ	あし よし	一葦《いちい》・葦毛《あしげ》・葦簀《よしず》
葵	キ	あおい	葵向《きこう》・葵《あおい》の紋《もん》
萱	カン ケン	かや わすれぐさ	萱草《かんぞう》・萱堂《けんどう》・萱門《かやもん》・萱《わすれぐさ》の花《はな》
韮（韭）	キュウ	にら	辣韮《らっきょう》・韮《にら》を食《た》べる
萩	シュウ	はぎ	御萩《おはぎ》
葺	シュウ	ふく つくろう	補葺《ほしゅう》・板《いた》を葺《ふ》く・壁《かべ》を葺《つくろ》う
葱	ソウ	ねぎ き あおい	葱青《そうせい》・葱《ねぎ》を切《き》る・葱《あお》い紙《かみ》
董	トウ	ただす とりしまる	董督《とうとく》・クラスを董《ただ》す
葡	ホ ブ		葡萄《ぶどう》・日葡《にっぽ》辞書《じしょ》
葎	リツ	むぐら	葎生《むぐらふ》

漢字	音読み	訓読み	用例
蓋	蓋の異体字		天蓋《てんがい》・木《き》を蓋《おお》う・蓋《ふた》をする
蓑	サ サイ	みの	蓑笠《さりゅう》・蓑虫《みのむし》
蒜	サン	ひる にんにく	蒜果《さんか》・野蒜《のびる》・蒜《にんにく》を買《か》う
蒔	シ ジ	うえる まく	蒔絵《まきえ》・畑《はたけ》に蒔《う》える
蒐	シュウ	あつめる かり	蒐集《しゅうしゅう》・本《ほん》を蒐《あつ》める
蒼	ソウ	あお あおい しげる ふるびる あわただしい	蒼白《そうはく》・蒼《あお》い森《もり》・草《くさ》が蒼《しげ》る
蒲	ホ ブ フ	がま かわやなぎ むしろ	蒲柳《ほりゅう》・蒲団《ふとん》・菖蒲《しょうぶ》・蒲鉾《かまぼこ》
蒙	ボウ モウ	おおう こうむる くらい おさない	啓蒙《けいもう》・道《みち》に蒙《くら》い・害《がい》を蒙《こうむ》る
蓉	ヨウ		芙蓉《ふよう》
蓮	レン	はす はちす	蓮根《れんこん》・蓮《はす》の花《はな》・蓮《はちす》の旬《しゅん》
蔭	イン	かげ おかげ おおう しげる	蔭位《おんい》・木蔭《こかげ》・蔭様《おかげさま》

漢字	音読み	訓読み	用例
蔚	ウツ イ		蔚然《うつぜん》
蔣（蒋）	ショウ	まこも	一面《いちめん》に蔣《まこも》が生《は》える
蔦	チョウ	つた	蔦《つた》が絡《から》まる
蔓	バン マン	つる はびこる からむ	蔓延《まんえん》・蔓《つる》が伸《の》びる
蓬（蓬）	ホウ	よもぎ	蓬萊《ほうらい》・蓬餅《よもぎもち》
蔀	ホウ ブ	しとみ おおい	蔀《しとみ》を上《あ》げる・部屋《へや》を蔀《おお》う
蕎	キョウ		蕎麦《きょうばく》
蕨	ケツ	わらび	蕨拳《けっけん》・蕨《わらび》を摘《つ》む
蕉	ショウ		蕉門《しょうもん》
蕊（蘂・蕋）	ズイ	しべ	花蕊《かずい》・雄蕊《おしべ》
蕃	バン ハン	しげる ふえる まがき えびす	蕃布《ばんぷ》・蕃蕪《はんぶ》・森《もり》が蕃《しげ》る

漢字	音読み	訓読み	用例
蕩	トウ	うごく とろける のびやか ほしいまま みだす はらう あらう	放蕩《ほうとう》・塩《しお》が蕩《とろ》ける
蕪	ブ ム	あれる しげる みだれる かぶら	蕪辞《ぶじ》・田《た》が蕪《あ》れる・蕪無《かぶらな》し
薙	テイ チ	なぐ かる そる	薙髪《ちはつ》・薙刀《なぎなた》・顔《かお》を薙《そ》る
蕗	ロ	ふき	蕗《ふき》を炊《た》く
薗	エン オン	その	薗地《えんち》・花薗《はなぞの》
薩（薩）	サツ		薩摩芋《さつまいも》
薯（薯）	ショ ジョ	いも	馬鈴薯《ばれいしょ》・自然薯《じねんじょ》・薯《いも》を煮《に》る
藁	コウ	わら	藁《わら》に火《ひ》をつける
藪（薮）	ソウ	さわ やぶ	藪沢《そうたく》・藪入《やぶい》り・藪《さわ》で休《やす》む
藷（藷）	ショ	いも さとうきび	甘藷《かんしょ》・藷《いも》を焼《や》く・藷《さとうきび》を刈《か》る
蘇	ソ ス	ふさ よみがえる	蘇生《そせい》・蘇芳《すおう》・記憶《きおく》が蘇《よみがえ》る

漢字	音読み	訓読み	用例
蘭	ラン	ふじばかま あららぎ	蘭学《らんがく》・蘭《あららぎ》を摘《つ》む・蘭《ふじばかま》の花《はな》
虫	むし むしへん		
虻（蝱）	ボウ モウ	あぶ	蚊虻《ぶんぼう》・虻《あぶ》が飛《と》ぶ
蚤	ソウ	のみ はやい つめ	蚤起《そうき》・蚤《のみ》の心臓《しんぞう》・朝蚤《あさはや》い
蛋	タン	あま えびす たまご	蛋白《たんぱく》・鳥《とり》の蛋《たまご》・蛋《えびす》の地《ち》
蛙	ア ワ	かえる みだら	蛙声《あせい》・蛙《かえる》の子《こ》・蛙《みだ》らな行《こう》為《い》
蛤	コウ	はまぐり	蜃蛤《しんこう》・蛤《はまぐり》で海《うみ》をかえる
蛭	シツ テツ	ひる	蛭螾《しついん》・肝蛭《かんてつ》・蛭《ひる》に塩《しお》
蛛	チュ チュウ シュ	くも	蛛網《ちゅもう》・蜘蛛《ちちゅう》・蛛《くも》の巣《す》
蜎	ケン	うつくしい	蟬蜎《せんけん》・蜎《うつく》しい人《ひと》
蛾	ガ ギ	まゆげ あり	蛾眉《がび》・蛾術《ぎじゅつ》・蛾《まゆげ》を整《ととの》える
蛸（蛸）	ショウ	たこ	蛸壺《たこつぼ》・蛸部屋《たこべや》

漢字	音読み	訓読み	用例
蜘	チ	くも	蜘蛛《ちちゅ》の網《あみ》・蜘《くも》が落《お》ちる
蝦	カ ガ	えび がま	蝦《が》蟇《ま》・蝦《えび》を釣《つ》る・蝦《がま》の油《あぶら》
蝕（蝕）	ショク	むしばむ	腐《ふ》蝕《しょく》・身《み》を蝕《むしば》む
蝶	チョウ		蝶《ちょう》が花《はな》に止《と》まる
螺	ラ	つぶ にし にな ほらがい	螺《ら》旋《せん》・螺《つぶ》がいる・田《た》螺《にし》
蟬（蝉）	セン ゼン	せみ うつくしい つづく	蟬《せん》脱《だつ》・秋《しゅう》蟬《ぜん》・空《うつ》蟬《せみ》
蟹（蠏）	カイ	かに	蟹《かい》行《こう》・蟹《かに》を食《た》べる
蟻	ギ	あり くろ くろい	蟻《ぎ》酸《さん》・蟻《あり》地《じ》獄《ごく》・蟻《くろ》色《いろ》
蠅（蝿・蠅）	ヨウ	はえ	蠅《よう》頭《とう》・蠅《はえ》を叩《たた》く
蠣（蛎）	レイ	かき	牡《ぼ》蠣《れい》・蠣《かき》の殻《から》
蠟（蝋）	ロウ		蠟《ろう》燭《そく》
衣 衤	ころも ころもへん		

漢字	音読み	訓読み	用例
衿	キン	えり	衿《きん》帯《たい》・衿《えり》を正《ただ》す
袈	ケ		袈《け》裟《さ》
袷	コウ	あわせ	袷《あわせ》を出《だ》す
袴	コ	はかま ももひき	袴《こ》下《した》・袴《はかま》を着《き》る・袴《ももひき》を履《は》く
裡	リ	うら うち	極《ご》秘《く》裡《ひ》《り》・服《ふく》の裡《うら》・胸《むね》の裡《うち》
裟	サ		袈《け》裟《さ》
裳	ショウ	も もすそ	衣《い》裳《しょう》・裳《も》を付《つ》ける
襖（襖）	オウ	わた いれ ふすま あお	素《す》襖《おう》・襖《ふすま》絵《え》・襖《あお》を着《き》る
見	みる		
覗	シ	うかがう のぞく	中《なか》を覗《のぞ》く・様《よう》子《す》を覗《うかが》う
言	げん ごんべん		
訊	シン ジン	たずねる とう きく たより	訊《じん》問《もん》・部《ぶ》下《か》に訊《たず》ねる

漢字	音読み	訓読み	用例
訣	ケツ	わかれる おくぎ	秘《ひ》訣《けつ》・友《とも》と訣《わか》れる
詑	タ	あざむく	人《ひと》を詑《あざむ》く
註	チュウ	ときあかす	註《ちゅう》釈《しゃく》・真《しん》相《そう》を註《ときあか》す
詫	タ	わびる ほこる わび	罪《つみ》を詫《わ》びる・技《わざ》を詫《ほこ》る
誼	ギ	よい すじみち よしみ	厚《こう》誼《ぎ》・友《ゆう》人《じん》の誼《よしみ》・誼《よ》い行《おこな》い
諏	シュ ス	はかる とう	諮《し》諏《しゅ》・諏《す》訪《わ》湖《こ》・会《かい》議《ぎ》で諏《はか》る
誹	ヒ	そしる	誹《ひ》謗《ぼう》・裏《うら》で誹《そし》る
諒	リョウ	まこと おもいやる さとる	諒《りょう》恕《じょ》・諒《まこと》の言《こと》葉《ば》
謂	イ	いう いわれ いい	所《しょ》謂《い》・村《むら》の謂《いわ》れ・人《じん》生《せい》の謂《いい》
諫（諫）	カン	いさめる	諫《かん》言《げん》・主《あるじ》を諫《いさ》める
諺（諺）	ゲン	ことわざ	俚《り》諺《げん》・諺《ことわざ》を知《し》る
諜	チョウ	うかがう さぐる しめす ふだ	諜《ちょう》報《ほう》・敵《てき》を諜《うかが》う・諜《ふだ》を渡《わた》す

漢字	音読み	訓読み	用例
謬(謬)	ビュウ	あやまる	誤謬《ごびゅう》・道《みち》を謬《あやま》る
讃(讚)	サン	ほめる たたえる たすける	自讃《じさん》・功《こう》を讃《たた》える
豸	むじなへん		
豹(豹)	ヒョウ		豹変《ひょうへん》
貝	かい こがい かいへん		
貰	セイ	もらう かりる ゆるす	貰貸《せいたい》・物《もの》を貰《もら》う・人《ひと》を貰《ゆる》す
賑	シン	ほどこす にぎわう にぎやか	賑給《しんきゅう》・賑《にぎ》やかな街《まち》
賤(賎)	セン ゼン	やすい いやしい あやしい いやしめる しず	賤民《せんみん》・賤《いや》しい人《ひと》・賤《しず》の女《おんな》
贋	ガン	にせ	真贋《しんがん》・贋物《にせもの》
赤	あか		
赫	カク	あかい さかん かがやく あつい	赫赫《かくかく》・赫《あか》い瞳《ひとみ》・赫《かがや》く太陽《たいよう》

漢字	音読み	訓読み	用例
走	はしる そうにょう		
趨	スウ ソク シュ	はしる おもむく はやい うながす	趨勢《すうせい》・宿《やど》に趨《おもむ》く・庭《にわ》を趨《はし》る
足	あし あしへん		
跨	コ	またぐ またがる よる また	跨線橋《こせんきょう》・川《かわ》を跨《また》ぐ
蹄	テイ	ひづめ わな	馬蹄《ばてい》・蹄《ひづめ》の跡《あと》・蹄《わな》をかける
蹟	セキ シャク	あと	遺蹟《いせき》・行列《ぎょうれつ》の蹟《あと》
身	み みへん		
軀(躯)	ク	からだ むくろ	体軀《たいく》・軀《からだ》が動《うご》く・軀《むくろ》の形《かたち》
車	くるま くるまへん		
輔	ホ フ	たすける すけ	輔弼《ほひつ》・上司《じょうし》を輔《たす》ける
輿	ヨ	こし くるま のせる おおい めしつかい はじめ	輿論《よろん》・輿入《こしい》れ・輿《くるま》に乗《の》る

漢字	音読み	訓読み	用例
輯	シュウ	あつめる やわらぐ	収輯《しゅうしゅう》・刀《かたな》を輯《あつ》める
轍	テツ	わだち あとかた のり	轍《てつ》を踏《ふ》む・轍《わだち》ができる
轟	ゴウ	とどろく おおいに	轟音《ごうおん》・雷《かみなり》が轟《とどろ》く
轡	ヒ	たづな くつわ	鞍轡《あんぴ》・猿轡《さるぐつわ》・轡《たづな》を引《ひ》く
辰	しんのたつ		
辰	シン	たつ ひ とき	星辰《せいしん》・辰年《たつどし》・よい辰《ひ》
辵 辶 辶	しんにょう しんにゅう		
辻(辻)		つじ	辻斬《つじぎ》り
迂(迂)	ウ	まがる うとい とおい	迂回《うかい》・道《みち》を迂《まが》る・迂《とお》い町《まち》
迄(迄)	キツ	いたる およぶ まで	五時迄《ごじまで》・三時間《さんじかん》に迄《およ》ぶ
辿(辿)	テン	たどる	足跡《あしあと》を辿《たど》る

漢字	音読み	訓読み	用例
迦（迦）	カ		釈迦《しゃか》
迺（迺・廼）	ダイ ナイ	なんじ すなわち の	迺公《だいこう》・迺《すなわ》ち勝利《しょうり》した
這（這）	シャ	この これ はう	這般《しゃはん》・蛇《へび》が這《は》う・這《こ》の世《せ》界《かい》
逗（逗）	トウ ズ	とどまる くぎり	逗留《とうりゅう》・逗子《ずし》・宿《やど》に逗《とど》まる
逢（逢）	ホウ	あう むかえる おおきい ゆたか	逢着《ほうちゃく》・逢引《あいびき》・人《ひと》を逢《むか》える
遁（遁）	トン シュン ジュン	のがれる しりごみする	遁走《とんそう》・都《みやこ》を遁《のが》れる
逼（逼）	ヒツ ヒョク	せまる	逼迫《ひっぱく》・危機《きき》が逼《せま》る
遥	ヨウ	さまよう はるか とおい ながい	遥遠《ようえん》・遥遥《はるばる》・遥《なが》い距離《きょり》
遼	リョウ	はるか	遼遠《りょうえん》・遼《はる》か先《さき》
阝邑	おおざと		
邑	ユウ オウ	むら みやこ くに うれえる	村邑《そんゆう》・近《ちか》い邑《むら》・邑《くに》を治《おさ》める
郁	イク	かぐわしい さかん	馥郁《ふくいく》・郁《かぐわ》しい香《かお》り

漢字	音読み	訓読み	用例
耶	ヤ	か	有耶《うや》無耶《むや》
鄭（鄭）	ジョウ テイ	ねんごろ	鄭重《ていちょう》・鄭《ねんご》ろに対応《たいおう》する
酉	ひよみのとり こよみのとり とりへん		
酉	ユウ	とり ひよみのとり	酉《とり》の市《いち》・酉《ひよみのとり》の時刻《じこく》
酋（酋）	シュウ	おさ かしら	酋長《しゅうちょう》・部族《ぶぞく》の酋《おさ》・酋《かしら》になる
醇	シュン ジュン	もっぱら あつい	醇化《じゅんか》・醇《あつ》い人柄《ひとがら》
醍	ダイ テイ		醍醐味《だいごみ》
醐	コ ゴ		醍醐《だいご》
醬（醤）	ショウ	ししびしお ひしお	醬油《しょうゆ》・醬《ししびしお》を作《つく》る・醬《ひしお》を使《つか》う
醱（醗）	ハツ	かもす	醱酵《はっこう》・酒《さけ》を醱《かも》す
金	かね かねへん		
釘	チョウ テイ	くぎ	装釘《そうてい》・釘《くぎ》を打《う》つ

漢字	音読み	訓読み	用例
釦	コウ	かざる ボタン	釦《ぼたん》を留《と》める
釧	セン	うでわ くしろ	腕釧《わんせん》・釧《うでわ》を付《つ》ける・姉《あね》の釧《くしろ》
鈷	コ		独鈷《どっこ》
鉤（鈎）	ク コウ	かぎ つりばり かける おびどめ まがる	鉤餌《こうじ》・自在鉤《じざいかぎ》・鉄《てつ》が鉤《ま》がる
鉦	セイ ショウ	かね	鼓鉦《こせい》・銅鉦《どうしょう》・鉦叩《かねたた》き
銑	セン	ずく	銑鉄《せんてつ》・銑《ずく》を集《あつ》める
鉾	ボウ ム	ほこ きっさき	鉾《ほこ》を収《おさ》める・鉾《きっさき》を交《か》わす
銚	チョウ ヨウ	なべ すき とくり	銚子《ちょうし》・銚《すき》で耕《たがや》す・銚《なべ》で煮《に》る
鋪	ホ	しく みせ	店鋪《てんぽ》・石《いし》を鋪《し》く・鋪《みせ》を出《だ》す
鋤	ショ ジョ	すき すく	鋤簾《じょれん》・鋤《すき》を振《ふ》る・田《た》を鋤《す》く
鋒	ホウ	ほこさき きっさき ほこ さきがけ	鋭鋒《えいほう》・鋒《ほこ》を握《にぎ》る・鋒《ほこさき》が向《む》く

漢字	音読み	訓読み	用例
鋲	ビョウ		画鋲《がびょう》
鋸	キョ	のこぎり のこ	鋸歯《きょし》・糸鋸《いとのこ》・鋸《のこぎり》で切《き》る
錘	スイ	つむ おもり	鉛錘《えんすい》・錘《おもり》を置《お》く・錘《つむ》で巻《ま》く
錐	スイ	きり するどい	円錐《えんすい》・錐《きり》で穴《あな》を開《あ》ける
（錆）錆	ショウ セイ	さび さびる	錆《さび》が出《で》る・鉄《てつ》が錆《さ》びる
錫	シャク セキ シ	すず つえ たまもの	錫杖《しゃくじょう》・錫《すず》を使《つか》う・天《てん》の錫《たまもの》
鍔	ガク	つば	鍔《つば》迫《ぜ》り合《あ》い
鍬	ショウ シュウ	すき くわ	鍬兵《しゅうへい》・鍬《くわ》初《はじ》め・鍬《すき》で掘《ほ》る
鍾	ショウ	さかずき あつめる つりがね	鍾乳洞《しょうにゅうどう》・同情《どうじょう》を鍾《あつ》める
鍍	ト	めっき	鍍金《ときん》・鍍《めっき》が剝《は》がれる
錨	ビョウ	いかり	投錨《とうびょう》・錨《いかり》を下《お》ろす
鎧	カイ ガイ	よろい よろう	鎧冑《がいちゅう》・鎧戸《よろいど》・身《み》を鎧《よろ》う

漢字	音読み	訓読み	用例
鎗	ショウ ソウ	やり	鎗金《そうきん》・鎗《やり》で戦《たたか》う
（鎚）鎚	タイ ツイ	つち かなづち	鉄鎚《てっつい》・鎚《つち》で打《う》つ・鎚《かなづち》を振《ふ》る
鏑	テキ	やじり かぶら かぶらや	鋒鏑《ほうてき》・鏑矢《かぶらや》・鏑《やじり》が当《あ》たる
鐙	トウ	たかつき あぶみ	馬鐙《ばとう》・鐙《あぶみ》を踏《ふ》む・鐙《たかつき》に盛《も》る
鐸	タク	すず	銅鐸《どうたく》・鐸《すず》を鳴《な》らす
（鑓）鑓		やり	鑓《やり》で攻撃《こうげき》する
門	もん もんがまえ		
閃	セン	ひらめく	閃光《せんこう》・アイデアが閃《ひらめ》く
閏	ジュン	うるう	正閏《せいじゅん》・閏年《うるうどし》
閤	コウ	くぐりど へや たかどの	閤下《こうか》・閤《くぐりど》を通《とお》る・閤《へや》に入《はい》る
⻖	こざとへん		

漢字	音読み	訓読み	用例
阿	ア	くま よる おもねる ひさし お	阿吽《あうん》・人《ひと》に阿《おもね》る・阿《くま》を通《とお》る
陀	タ ダ		仏陀《ぶっだ》
隈	ワイ	くま すみ	界隈《かいわい》・隈《くま》を作《つく》る・隈《すみ》にいる
隙	隙の異体字		間隙《かんげき》・隙間《すきま》・隙《ひま》ができる
隹	ふるとり		
隼	シュン ジュン	はやぶさ	隼《はやぶさ》が急降下《きゅうこうか》する
雀	ジャク	すずめ	雀躍《じゃくやく》・雀《すずめ》の涙《なみだ》
（鴈）雁	ガン	かり	雁首《がんくび》・雁《かり》が秋《あき》の空《そら》を飛《と》ぶ
雛	スウ ス	ひな ひよこ	雛孫《すうそん》・雛人形《ひなにんぎょう》・雛《ひよこ》を飼《か》う
雨	あめ あめかんむり あまかんむり		
雫	ダ	しずく	雨《あめ》の雫《しずく》が垂《た》れる

漢字	音読み	訓読み	用例
霞	カ	かすみ かすむ	煙霞《えんか》・霞《かすみ》がかかる
革	かくのかわ つくりがわ かわへん		
靭（靭・靱）	ジン	しなやか	靭帯《じんたい》・靭《しな》やかな布《ぬの》
鞄（鞄）	ホウ	かばん なめしがわ	鞄《かばん》に入《い》れる・鞄《なめしがわ》を作《つく》る
鞍	アン	くら	鞍馬《あんば》・鞍替《くらが》え
鞘（鞘）	ショウ	さや	髄鞘《ずいしょう》・鞘当《さやあ》て
鞠	キク	まり やしなう とりしらべる かがむ	鞠育《きくいく》・鞠《まり》を蹴《け》る・子《こ》を鞠《やしな》う
鞭	ヘン ベン	むち むちうつ	先鞭《せんべん》・愛《あい》の鞭《むち》・牛《うし》を鞭《むちう》つ
韃（韃）	タツ ダツ	むち むちうつ	韃靼《だったん》・老体《ろうたい》に韃《むちう》つ
頁	おおがい		
頁	ケツ ヨウ	かしら ページ	頁岩《けつがん》・頁《かしら》を垂《た》れる・本《ほん》の頁《ぺーじ》
頗	ハ	かたよる すこぶる	偏頗《へんぱ》・頗《すこぶ》る迷惑《めいわく》だ

漢字	音読み	訓読み	用例
頸（頚）	ケイ	くび	頸椎《けいつい》・頸《くび》を痛《いた》める
顛（顚）	テン	いただき たおれる くつがえる	顛末《てんまつ》・山《やま》の顛《いただき》・人《ひと》が顛《たお》れる
食 飠 飠	しょく しょくへん		
飴（飴）	イ	あめ	膠飴《こうい》・飴細工《あめざいく》
餐	サン	くう のむ たべもの	晩餐《ばんさん》・酒《さけ》を餐《の》む・餐《たべもの》を出《だ》す
饗（饗）	キョウ	あえ もてなす うける	饗宴《きょうえん》・饗《あえ》をする・親《おや》を饗《もてな》す
香	か かおり		
馨	キョウ ケイ	かおり かおる	馨香《けいこう》・花《はな》の馨《かお》り
馬	うま うまへん		
馴	シュン ジュン クン	なれる ならす すなお よい おしえ	馴化《じゅんか》・馴《な》れ合《あ》い・師《し》の馴《おし》え

漢字	音読み	訓読み	用例
馳	ジ チ	はせる	馳走《ちそう》・思《おも》いを馳《は》せる
駁	バク ハク	まだら ぶち なじる まじる	反駁《はんばく》・駁《ぶち》の猫《ねこ》・駁模様《まだらもよう》
駈	ク	かける かる	野《の》を駈《か》ける
駕	ガ	のる のりもの あつかう しのぐ	凌駕《りょうが》・馬《うま》に駕《の》る・駕《のりもの》を回《まわ》す
駿	シュン スン	すぐれる	駿馬《しゅんめ》・駿河《するが》・駿《すぐ》れた才能《さいのう》
騨（騨）	タン タ ダ		飛騨《ひだ》
髟	かみがしら かみかんむり		
髭	シ	くちひげ ひげ	髭鬚《ししゅ》・猫《ねこ》の髭《ひげ》・髭《くちひげ》を蓄《たくわ》える
鬼	おに きにょう		
魁	カイ	かしら さきがけ おおきい おさ	魁偉《かいい》・魁《かしら》の命《めい》・魁《さきがけ》となる
魚	うお うおへん さかなへん		
魯	ロ	おろか	魯鈍《ろどん》・魯《おろ》かな考《かんが》え

漢字	音読み	訓読み	用例
鮎	デン ネン	あゆ	鮎《あゆ》釣《づ》り
鮒	フ	ふな	轍《てっ》鮒《ぷ》・鮒《ふな》を焼《や》く
鮪	イ ユウ	まぐろ しび	鮪《まぐろ》の寿《す》司《し》・鮪《しび》を釣《つ》る
鮭	ケイ カイ	さけ さかな	鮭《けい》鱒《そん》・鮭《さけ》の刺《さし》身《み》・鮭《さかな》の料《りょう》理《り》
鮫	コウ	さめ	鮫《こう》函《かん》・鮫《さめ》肌《はだ》
鯉	リ	こい てがみ	養《よう》鯉《り》・鯉幟《こいのぼり》・鯉《てがみ》を受《う》け取《と》る
鯖(鯖)	ショウ セイ	さば よせなべ	鯖《さば》を読《よ》む・鯖《よせなべ》を囲《かこ》む
鯛	チョウ トウ	たい	鯛《たい》飯《めし》を炊《た》く
鰍	シュウ	どじょう いなだ かじか	鰍《かじか》のいる川《かわ》・鰍《どじょう》を掬《すく》う
鰐	ガク	わに	鰐《がく》魚《ぎょ》・鰐《わに》が棲《す》む
鰭	キ	ひれ はた	鰭《き》条《じょう》・尾《お》鰭《びれ》・鰭《はた》を落《お》とす
鰯(鰯)		いわし	鰯《いわし》の群《む》れ

漢字	音読み	訓読み	用例
鰹	ケン	かつお	鰹節《かつおぶし》
鯵(鯵)	ソウ	あじ	鯵《あじ》のたたき
鰻	バン マン	うなぎ	鰻《うなぎ》の寝《ね》床《どこ》
鱈(鱈)	セツ	たら	鱈《たら》子《こ》のおにぎり
鱒(鱒)	ソン ゾン	ます	養《よう》鱒《そん》・鱒《ます》の卵《たまご》
鱗	リン	うろこ	鱗《りん》粉《ぷん》・鱗雲《うろこぐも》
鳥	とり とりへん		
鳩	キュウ ク	はと あつめる あつまる やすんずる	鳩《きゅう》舎《しゃ》・鳩《く》摩《ま》羅《ら》什《じゅう》・鳩胸《はとむね》
鳶	エン	とび とんび	鳶《えん》肩《けん》・鳶《とび》職《しょく》・鳶《とんび》の子《こ》
鳳	ブウ ホウ	おおとり	鳳《ほう》凰《おう》・鳳《おおとり》の絵《え》
鴇	ホウ	のがん とき	鳥《とり》の鴇《ほう》・鴇色《ときいろ》・鴇《のがん》を獲《と》る
鴛	エン	おしどり	鴛《えん》鴦《おう》・鴛《おしどり》の生《せい》息《そく》地《ち》

漢字	音読み	訓読み	用例
鴨	オウ	かも	家《か》鴨《おう》・鴨《かも》居《い》
鴦	オウ	おしどり	鴛《えん》鴦《おう》・鴦《おしどり》が卵《たまご》を産《う》む
鴫		しぎ	鴫焼《しぎやき》
鴻	コウ	おおとり おおきい	鴻《こう》鵠《こく》・鴻《おおとり》の羽《はね》・鴻《おお》きい恩《おん》
鵠	コウ コク	くぐい しろい まと ただしい おおきい	正《せい》鵠《こく》・鵠《くぐい》の餌《えさ》・鵠《まと》を射《い》る
鵜	テイ	う	鵜《う》飼《かい》
鵡	ブ ム		鸚《おう》鵡《む》
鵬	ホウ	おおとり	大《たい》鵬《ほう》・鵬《おおとり》の伝《でん》説《せつ》
鶯(鴬)	オウ	うぐいす	鶯《おう》語《ご》・鶯《うぐいす》の声《こえ》が聞《き》こえる
鷗(鴎)	オウ	かもめ	鷗《おう》盟《めい》・鷗《かもめ》が飛《と》ぶ
鷲	シュウ ジュ	わし	鷲《じゅ》山《せん》・鷲《わし》の姿《すがた》

漢字	音読み	訓読み	用例
鷹	ヨウ オウ	たか	鷹揚《おうよう》・蒼鷹《そうよう》・鷹匠《たかじょう》
鷺	ロ	さぎ	朱鷺《しゅろ》・白鷺《しらさぎ》
鸚	オウ イン		鸚鵡《おうむ》・鸚哥《いんこ》
鹵	しお		
鹼（鹸）	ケン	しおけ あく	石鹼《せっけん》・鹼《あく》をとる・鹼《しおけ》がある
鹿	しか		
麒	キ	きりん	麒《き》麟《りん》・麒《きりん》に餌《えさ》をやる
麟	リン	きりん	麟鳳亀竜《りんぽうきりゅう》・麟《きりん》が現《あらわ》れる
麦 麥	ばくにょう		
麴（麹）	キク	こうじ さけ	麴院《きくいん》・麴菌《こうじきん》・麴《さけ》ができる
麪	麺（麵の旧字体）の異体字		麪棒《めんぼう》・麪麭《ぱん》・麪《むぎこ》を打《う》つ
麻 麻	あさ あさかんむり		

漢字	音読み	訓読み	用例
麿		まろ	麿《まろ》が行《い》く
黍	きび		
黍	ショ	きび	黍離《しょり》の嘆《たん》・黍団子《きびだんご》
黒 黑	くろ		
黛	タイ	まゆずみ かきまゆ まゆ	黛青《たいせい》・美《うつく》しい黛《まゆ》・黛《まゆずみ》で描《か》く
鼎	かなえ		
鼎	テイ	かなえ まさに	鼎談《ていだん》・鼎《かなえ》の軽重《けいちょう》を問《と》う
鼠	ねずみ ねずみへん		
鼠	ソ ショ ス	ねずみ	窮鼠《きゅうそ》・栗鼠《りす》・鼠算《ねずみざん》

2級配当漢字表

2級の配当漢字を五十音順で掲載しました。漢字欄の（ ）内は、漢検で正答となる許容字体です。読みの欄のカタカナは音読み、ひらがなは訓読み、（ ）内は送りがなです。高の付いた音訓は高校で習う読みです。

漢字	読み	部首	用例
挨	アイ	扌 てへん	挨拶《あいさつ》
曖	アイ	日 ひへん	曖昧《あいまい》
宛	あ（てる）	宀 うかんむり	友《とも》に宛《あ》てた手紙《てがみ》 宛先《あてさき》
嵐	あらし	山 やま	砂嵐《すなあらし》・山嵐《やまあらし》
畏	イ おそ（れる）	田 た	畏敬《いけい》・畏怖《いふ》 師《し》を畏《おそ》れ敬《うやま》う
萎	イ な（える）	艹 くさかんむり	萎縮《いしゅく》 気《き》持《も》ちが萎《な》える
椅	イ	木 きへん	椅子《いす》
彙	イ	彑 けいがしら	語彙《ごい》
茨	いばら	艹 くさかんむり	茨城県《いばらきけん》・茨《いばら》の道《みち》
咽	イン	口 くちへん	咽喉《いんこう》・咽頭《いんとう》

漢字	読み	部首	用例
淫（淫）	イン みだ（ら）高	氵 さんずい	淫行《いんこう》・淫乱《いんらん》 淫《みだ》らな心《こころ》
唄	うた	口 くちへん	小唄《こうた》・長唄《ながうた》
鬱	ウツ	鬯 ちょう	憂鬱《ゆううつ》・鬱憤《うっぷん》
怨	エン高 オン	心 こころ	怨恨《えんこん》・怨言《えんげん》 怨念《おんねん》・怨霊《おんりょう》
媛	エン	女 おんなへん	才媛《さいえん》・愛媛県《えひめけん》
艶	エン高 つや	色 いろ	妖艶《ようえん》・艶笑《えんしょう》 艶《つや》のある声《こえ》
旺	オウ	日 ひへん	旺盛《おうせい》
岡	おか	山 やま	岡目《おかめ》八目《はちもく》
臆	オク	月 にくづき	臆測《おくそく》・臆病《おくびょう》
俺	おれ	亻 にんべん	一人称《いちにんしょう》を俺《おれ》とする

漢字	読み	部首	用例
苛	カ	艹 くさかんむり	苛酷《かこく》・苛烈《かれつ》
牙（牙）	ガ高 ゲ きば	牙 きば	牙城《がじょう》・象牙《ぞうげ》 鋭《するど》い牙《きば》
瓦	ガ高 かわら	瓦 かわら	瓦解《がかい》 瓦《かわら》を割《わ》る
楷	カイ	木 きへん	楷書《かいしょ》
潰	カイ つぶ（す） つぶ（れる）	氵 さんずい	潰瘍《かいよう》・潰滅《かいめつ》 時間《じかん》を潰《つぶ》す
諧	カイ	言 ごんべん	俳諧《はいかい》・諧調《かいちょう》
崖	ガイ がけ	山 やま	断崖《だんがい》・崖岸《がいがん》 崖《がけ》を登《のぼ》る
蓋	ガイ ふた	艹 くさかんむり	頭蓋骨《ずがいこつ》・蓋然性《がいぜんせい》 蓋《ふた》をする
骸	ガイ	骨 ほねへん	形骸化《けいがいか》・死骸《しがい》
柿	かき	木 きへん	柿《かき》の実《み》・渋柿《しぶがき》

漢字	読み	部首	用例
顎	ガク あご	頁 おおがい	顎関節《がくかんせつ》 顎《あご》を外《はず》す
葛（葛）	カツ くず 高	艹 くさかんむり	葛藤《かっとう》・葛根湯《かっこんとう》 葛湯《くずゆ》・葛餅《くずもち》
釜	かま	金 かね	釜《かま》で炊《た》く・釜飯《かまめし》
鎌	かま	釒 かねへん	鎌《かま》で草《くさ》を刈《か》る 鎌倉時代《かまくらじだい》
韓	カン	韋 なめしがわ	韓国《かんこく》
玩	ガン	王 おうへん たまへん	玩具《がんぐ》・愛玩《あいがん》
伎	キ	亻 にんべん	歌舞伎《かぶき》
亀	キ かめ	亀 かめ	亀裂《きれつ》・亀甲《きっこう》 亀《かめ》の甲羅《こうら》
毀	キ	殳 るまた ほこづくり	毀損《きそん》・毀誉《きよ》
畿	キ	田 た	畿内《きない》・近畿《きんき》
臼	キュウ うす	臼 うす	臼歯《きゅうし》・脱臼《だっきゅう》 石臼《いしうす》
嗅（嗅）	キュウ か(ぐ)	口 くちへん	嗅覚《きゅうかく》 匂《にお》いを嗅《か》ぐ

漢字	読み	部首	用例
巾	キン	巾 はば	頭巾《ずきん》・雑巾《ぞうきん》
僅（僅）	キン わず(か)	亻 にんべん	僅差《きんさ》・僅少《きんしょう》 僅《わず》かな望《のぞ》み
錦	キン にしき	釒 かねへん	錦秋《きんしゅう》・錦糸卵《きんしたまご》 錦絵《にしきえ》
惧（惧）	グ	忄 りっしんべん	危惧《きぐ》
串	くし	丨 ぼう たてぼう	串刺《くしざ》し・串焼《くしや》き
窟	クツ	穴 あなかんむり	巣窟《そうくつ》・洞窟《どうくつ》
熊	くま	灬 れんが れっか	熊《くま》が出《で》る・熊手《くまで》
詣	ケイ 高 もう(でる)	言 ごんべん	参詣《さんけい》・初詣《はつもうで》 寺《てら》に詣《もう》でる
憬	ケイ	忄 りっしんべん	憧憬《しょうけい》《どうけい》
稽（稽）	ケイ	禾 のぎへん	稽古《けいこ》・滑稽《こっけい》
隙	ゲキ 高 すき	阝 こざとへん	間隙《かんげき》・空隙《くうげき》 隙間《すきま》・隙《すき》がない
桁	けた	木 きへん	桁違《けたちが》い・橋桁《はしげた》

漢字	読み	部首	用例
拳	ケン こぶし	手 て	拳銃《けんじゅう》・拳法《けんぽう》 握《にぎ》り拳《こぶし》
鍵	ケン かぎ	釒 かねへん	鍵盤《けんばん》 鍵《かぎ》を開《あ》ける
舷	ゲン	舟 ふねへん	舷側《げんそく》・右舷《うげん》
股	コ また	月 にくづき	股間《こかん》・股関節《こかんせつ》 内股《うちまた》・大股《おおまた》
虎	コ とら	虍 とらがしら とらかんむり	虎穴《こけつ》・猛虎《もうこ》 虎《とら》の巻《まき》
錮	コ	釒 かねへん	禁錮《きんこ》
勾	コウ	勹 つつみがまえ	勾配《こうばい》・勾留《こうりゅう》
梗	コウ	木 きへん	梗概《こうがい》 心筋梗塞《しんきんこうそく》
喉	コウ のど	口 くちへん	喉頭《こうとう》・咽喉《いんこう》 喉自慢《のどじまん》・喉元《のどもと》
乞	こ(う)	乙 おつ	命乞《いのちご》い
傲	ゴウ	亻 にんべん	傲然《ごうぜん》・傲慢《ごうまん》
駒	こま	馬 うまへん	駒《こま》を進《すす》める

漢字	読み	部首	用例
頃	ころ	頁 おおがい	日頃《ひごろ》・頃合《ころあ》い
痕	コン あと	疒 やまいだれ	痕跡《こんせき》・血痕《けっこん》 手術《しゅじゅつ》の痕《あと》
沙	サ	氵 さんずい	沙汰《さた》・表沙汰《おもてざた》
挫	ザ	扌 てへん	挫折《ざせつ》・頓挫《とんざ》
采	サイ	釆 のごめ	采配《さいはい》・喝采《かっさい》
塞	サイ ソク ふさ(ぐ) ふさ(がる)	土 つち	要塞《ようさい》・閉塞《へいそく》 耳《みみ》を塞《ふさ》ぐ
埼	さい	土 つちへん	埼玉県《さいたまけん》
柵	サク	木 きへん	鉄柵《てっさく》・柵門《さくもん》
刹	サツ高 セツ	刂 りっとう	古刹《こさつ》・刹那《せつな》
拶	サツ	扌 てへん	挨拶《あいさつ》
斬	ザン き(る)	斤 おのづくり	斬殺《ざんさつ》・斬新《ざんしん》 刃物《はもの》で斬《き》る
恣	シ	心 こころ	恣意的《しいてき》・放恣《ほうし》

漢字	読み	部首	用例
摯	シ	手 て	真摯《しんし》・摯実《しじつ》
餌(餌)	ジ高 えさ え	飠 しょくへん	好餌《こうじ》・食餌《しょくじ》 餌《えさ》・餌食《えじき》
鹿	しか か	鹿 しか	鹿《しか》の角《つの》 鹿児島県《かごしまけん》
叱	シツ しか(る)	口 くちへん	叱責《しっせき》・叱声《しっせい》 子供《こども》を叱《しか》る
嫉	シツ	女 おんなへん	嫉妬《しっと》・嫉視《しっし》
腫	シュ は(れる) は(らす)	月 にくづき	腫瘍《しゅよう》・筋腫《きんしゅ》 足首《あしくび》が腫《は》れる
呪	ジュ のろ(う)	口 くちへん	呪縛《じゅばく》・呪文《じゅもん》 世《よ》を呪《のろ》う
袖	シュウ高 そで	衤 ころもへん	領袖《りょうしゅう》 舞台《ぶたい》の袖《そで》
羞	シュウ	羊 ひつじ	羞恥心《しゅうちしん》・羞悪《しゅうお》
蹴	シュウ け(る)	𧾷 あしへん	一蹴《いっしゅう》・蹴球《しゅうきゅう》 蹴散《けち》らす
憧	ショウ あこが(れる)	忄 りっしんべん	憧憬《しょうけい(どうけい)》 憧《あこが》れの職《しょく》に就《つ》く
拭	ショク高 ふ(く) ぬぐ(う)	扌 てへん	払拭《ふっしょく》・拭浄《しょくじょう》 手《て》を拭《ふ》く・汗《あせ》を拭《ぬぐ》う

漢字	読み	部首	用例
尻	しり	尸 かばね しかばね	尻込《しりご》み・目尻《めじり》
芯	シン	艹 くさかんむり	鉛筆《えんぴつ》の芯《しん》
腎	ジン	肉 にく	腎臓《じんぞう》・肝腎《かんじん》
須	ス	頁 おおがい	必須《ひっす》・急須《きゅうす》
裾	すそ	衤 ころもへん	裾《すそ》が汚《よご》れる 裾野《すその》
凄	セイ	冫 にすい	凄惨《せいさん》・凄絶《せいぜつ》
醒	セイ	酉 とりへん	覚醒《かくせい》・醒悟《せいご》
脊	セキ	肉 にく	脊髄《せきずい》・脊椎《せきつい》
戚	セキ	戈 ほこづくり ほこがまえ	親戚《しんせき》・縁戚《えんせき》
煎(煎)	セン い(る)	灬 れんが れっか	煎茶《せんちゃ》・煎餅《せんべい》 豆腐《とうふ》を煎《い》る
羨	セン高 うらや(む) うらや(ましい)	羊 ひつじ	羨望《せんぼう》・羨慕《せんぼ》 成功《せいこう》を羨《うらや》む
腺	セン	月 にくづき	甲状腺《こうじょうせん》・涙腺《るいせん》

漢字	読み	部首	用例
詮（詮）	セン	言 ごんべん	詮索《せんさく》・所詮《しょせん》
箋（箋）	セン	⺮ たけかんむり	処方箋《しょほうせん》・便箋《びんせん》
膳	ゼン	月 にくづき	膳立《ぜんだ》て・配膳《はいぜん》
狙	ソ ねら(う)	犭 けものへん	狙撃《そげき》 優勝《ゆうしょう》を狙《ねら》う
遡（遡）	ソ高 さかのぼ(る)	⻌ しんにょう しんにゅう	遡及《そきゅう》・遡上《そじょう》 過去《かこ》に遡《さかのぼ》る
曽	ソウ ゾ	日 ひらび いわく	曽祖父《そうそふ》・未曽有《みぞう》
爽	ソウ さわ(やか)	大 だい	爽快《そうかい》・爽然《そうぜん》 爽《さわ》やかな風《かぜ》
痩	ソウ高 や(せる)	疒 やまいだれ	痩身《そうしん》 痩《や》せ我慢《がまん》
踪	ソウ	𧾷 あしへん	失踪《しっそう》・踪跡《そうせき》
捉	ソク とら(える)	扌 てへん	捕捉《ほそく》・把捉《はそく》 心《こころ》を捉《とら》える
遜（遜）	ソン	⻌ しんにょう しんにゅう	謙遜《けんそん》・不遜《ふそん》
汰	タ	氵 さんずい	沙《さ》汰《た》

漢字	読み	部首	用例
唾	ダ つば	口 くちへん	唾液《だえき》・唾棄《だき》 眉唾《まゆつば》
堆	タイ	土 つちへん	堆積《たいせき》・堆肥《たいひ》
戴	タイ	戈 ほこづくり ほこがまえ	戴冠《たいかん》・頂戴《ちょうだい》
誰	だれ	言 ごんべん	誰彼《だれかれ》なしに
旦	タン ダン	日 ひ	一旦《いったん》・元旦《がんたん》 旦那《だんな》
綻	タン ほころ(びる)	糸 いとへん	破綻《はたん》 口元《くちもと》が綻《ほころ》びる
緻	チ	糸 いとへん	緻密《ちみつ》・巧緻《こうち》
酎	チュウ	酉 とりへん	焼酎《しょうちゅう》
貼	チョウ は(る)	貝 かいへん	貼用《ちょうよう》・貼付《ちょうふ(てんぷ)》 切手《きって》を貼《は》る
嘲（嘲）	チョウ あざけ(る)	口 くちへん	嘲笑《ちょうしょう》・自嘲《じちょう》 人《ひと》の失敗《しっぱい》を嘲《あざけ》る
捗（捗）	チョク	扌 てへん	進捗《しんちょく》
椎	ツイ	木 きへん	椎間板《ついかんばん》・脊椎《せきつい》

漢字	読み	部首	用例
爪	つめ つま	爪 つめ	爪《つめ》・生爪《なまづめ》 爪先《つまさき》・爪《つま》弾《び》く
鶴	つる	鳥 とり	鶴《つる》の一声《ひとこえ》
諦	テイ あきら(める)	言 ごんべん	諦観《ていかん》・諦念《ていねん》 夢《ゆめ》を諦《あきら》める
溺（溺）	デキ おぼ(れる)	氵 さんずい	溺愛《できあい》・溺惑《できわく》 プールで溺《おぼ》れる
塡（填）	テン	土 つちへん	装塡《そうてん》・補塡《ほてん》
妬	ト ねた(む)	女 おんなへん	嫉妬《しっと》・妬心《としん》 他人《たにん》を妬《ねた》む
賭（賭）	ト高 か(ける)	貝 かいへん	賭場《とば》・賭博《とばく》 賭《か》けに勝《か》つ
藤	トウ ふじ	艹 くさかんむり	葛藤《かっとう》 藤色《ふじいろ》
瞳	ドウ ひとみ	目 めへん	瞳孔《どうこう》 つぶらな瞳《ひとみ》
栃	とち	木 きへん	栃木県《とちぎけん》
頓	トン	頁 おおがい	頓着《とんちゃく》《とんじゃく》・整頓《せいとん》
貪	ドン むさぼ(る)	貝 かい こがい	貪欲《どんよく》 利益《りえき》を貪《むさぼ》る

漢字	読み	部首	用例
丼	どんぶり どん	丶 てん	丼飯《どんぶりめし》・天丼《てんどん》
那	ナ	阝 おおざと	刹那《せつな》・旦那《だんな》
奈	ナ	大 だい	奈落《ならく》・奈良県《ならけん》
梨	なし	木 き	梨《なし》のつぶて
謎（謎）	なぞ	言 ごんべん	謎《なぞ》を解明《かいめい》する
鍋	なべ	金 かねへん	鍋《なべ》を洗《あら》う・土鍋《どなべ》
匂	にお(う)	勹 つつみがまえ	香水《こうすい》が匂《にお》う
虹	にじ	虫 むしへん	七色《なないろ》の虹《にじ》
捻	ネン	扌 てへん	捻挫《ねんざ》・捻出《ねんしゅつ》
罵	バ ののし(る)	罒 あみがしら あみめ よこめ	罵声《ばせい》・罵倒《ばとう》 大声《おおごえ》で罵《ののし》る
剥（剥）	ハク は(がす)・は(ぐ) は(がれる) は(げる)	刂 りっとう	剥製《はくせい》・剥奪《はくだつ》 切手《きって》を剥《は》がす
箸（箸）	はし	竹 たけかんむり	箸置《はしお》き・菜箸《さいばし》

漢字	読み	部首	用例
氾	ハン	氵 さんずい	氾濫《はんらん》
汎	ハン	氵 さんずい	汎愛《はんあい》・汎用《はんよう》
阪	ハン	阝 こざとへん	阪神《はんしん》・大阪府《おおさかふ》
斑	ハン	文 ぶん	斑点《はんてん》・母斑《ぼはん》
眉	ビ ミ 高 まゆ	目 め	焦眉《しょうび》・眉間《みけん(びかん)》 眉毛《まゆげ》・眉唾《まゆつば》
膝	ひざ	月 にくづき	膝《ひざ》を交《まじ》える 膝頭《ひざがしら》
肘	ひじ	月 にくづき	肘《ひじ》をつく 肘掛《ひじか》け
阜	フ	阜 おか	丘阜《きゅうふ》・岐阜県《ぎふけん》
訃	フ	言 ごんべん	訃報《ふほう》・訃音《ふいん／ふおん》
蔽（蔽）	ヘイ	艹 くさかんむり	隠蔽《いんぺい》・遮蔽《しゃへい》
餅（餅）	ヘイ もち	飠 しょくへん	煎餅《せんべい》・画餅《がべい》 餅屋《もちや》・尻餅《しりもち》
璧	ヘキ	玉 たま	完璧《かんぺき》・双璧《そうへき》

漢字	読み	部首	用例
蔑	ベツ さげす(む)	艹 くさかんむり	蔑視《べっし》・軽蔑《けいべつ》 相手《あいて》を蔑《さげす》む
哺	ホ	口 くちへん	哺乳類《ほにゅうるい》・哺乳瓶《ほにゅうびん》
蜂	ホウ はち	虫 むしへん	蜂起《ほうき》・養蜂場《ようほうじょう》 蜜蜂《みつばち》・蜂《はち》の巣《す》
貌	ボウ	豸 むじなへん	変貌《へんぼう》・容貌《ようぼう》
頰（頰）	ほお	頁 おおがい	頰張《ほおば》る
睦	ボク	目 めへん	親睦《しんぼく》・和睦《わぼく》
勃	ボツ	力 ちから	勃興《ぼっこう》・勃発《ぼっぱつ》
昧	マイ	日 ひへん	曖昧《あいまい》・愚昧《ぐまい》
枕	まくら	木 きへん	枕《まくら》を高《たか》くする
蜜	ミツ	虫 むし	水蜜桃《すいみつとう》・蜂蜜《はちみつ》
冥	メイ ミョウ 高	冖 わかんむり	冥福《めいふく》・冥利《みょうり》
麺	メン	麦 ばくにょう	麺類《めんるい》・麺棒《めんぼう》

漢字	読み	部首	用例
冶	ヤ	冫 にすい	冶金《やきん》・陶冶《とうや》
弥	や	弓 ゆみへん	弥生《やよい》土器《どき》
闇	やみ	門 もんがまえ	闇夜《やみよ》・暗闇《くらやみ》
喩（喻）	ユ	口 くちへん	比喩《ひゆ》・直喩《ちょくゆ》
湧	ユウ わ(く)	氵 さんずい	湧水《ゆうすい》・湧出《ゆうしゅつ》 温泉《おんせん》が湧《わ》く
妖	ヨウ あや(しい)	女 おんなへん	妖怪《ようかい》・妖艶《ようえん》 妖《あや》しい魅力《みりょく》
瘍	ヨウ	疒 やまいだれ	潰瘍《かいよう》・腫瘍《しゅよう》
沃	ヨク	氵 さんずい	肥沃《ひよく》・沃土《よくど》
拉	ラ	扌 てへん	拉致《らち》
辣	ラツ	辛 からい	辣腕《らつわん》・辛辣《しんらつ》
藍	ラン[高] あい	艹 くさかんむり	出藍《しゅつらん》・青藍《せいらん》 藍染《あいぞ》め
璃	リ	王 おうへん たまへん	浄瑠璃《じょうるり》・瑠璃色《るりいろ》

漢字	読み	部首	用例
慄	リツ	忄 りっしんべん	慄然《りつぜん》・戦慄《せんりつ》
侶	リョ	亻 にんべん	僧侶《そうりょ》・伴侶《はんりょ》
瞭	リョウ	目 めへん	明瞭《めいりょう》・瞭然《りょうぜん》
瑠	ル	王 おうへん たまへん	浄瑠璃《じょうるり》・瑠璃色《るりいろ》
呂	ロ	口 くち	風呂《ふろ》・語呂《ごろ》
賂	ロ	貝 かいへん	賄賂《わいろ》・貨賂《かろ》
弄	ロウ もてあそ(ぶ)	廾 こまぬき にじゅうあし	愚弄《ぐろう》・翻弄《ほんろう》 言葉《ことば》を弄《もてあそ》ぶ
籠	ロウ[高] かご こ(もる)	竹 たけかんむり	籠城《ろうじょう》・籠《かご》を編《あ》む 部屋《へや》に籠《こ》もる
麓	ロク ふもと	木 き	山麓《さんろく》 山《やま》の麓《ふもと》
脇	わき	月 にくづき	脇腹《わきばら》・脇見《わきみ》

常用漢字の表外読み

準1級でよく出題される常用漢字の表外読み（訓読み）を五十音順で掲載しました。赤字は送りがなを表します。

漢字	表外読み	用例
哀	かなしい かなしむ	哀《かな》しい話《はなし》・子《こ》が哀《かな》しむ
愛	いとしい かなしい おしむ めでる・まな	愛《いと》しい人《ひと》・愛《かな》しい女《おんな》・時《とき》を愛《お》しむ
扱	こく しごく	稲《いね》を扱《こ》く・後輩《こうはい》を扱《しご》く
案	つくえ かんがえる	案《つくえ》を置《お》く・策《さく》を案《かんが》える
暗	やみ そらんじる	暗《やみ》がある・詩《し》を暗《そら》んじる
委	まかせる くわしい おく すてる	人《ひと》に委《まか》せる・歌《うた》に委《くわ》しい
異	あやしい	異《あや》しい物音《ものおと》
意	こころ おもう	意《こころ》の中《なか》・相手《あいて》を意《おも》う
維	これ つなぐ	会社《かいしゃ》を維《つな》ぐ
遺	のこす のこる わすれる すてる	財《ざい》を遺《のこ》す・筆《ふで》を遺《わす》れる

漢字	表外読み	用例
閲	けみする へる	本《ほん》を閲《けみ》する・時《とき》を閲《へ》る
円	まどか つぶらか	円《まど》かな窓《まど》・目《め》を円《つぶら》かにする
宴	うたげ たのしむ	宴《うたげ》を開《ひら》く・会《かい》を宴《たの》しむ
援	ひく たすける	網《あみ》を援《ひ》く・老婆《ろうば》を援《たす》ける
遠	おち	遠方《おちかた》
縁	へり よる えにし ゆかり	畳《たたみ》の縁《へり》・人《ひと》に縁《よ》る・縁《えにし》を感《かん》じる
凹	へこむ へこます くぼむ	失敗《しっぱい》で凹《へこ》む・家具《かぐ》の跡《あと》が凹《くぼ》む
殴	うつ たたく	殴《う》ち倒《たお》す・強《つよ》く殴《たた》く
横	よこたわる	床《ゆか》に横《よこ》たわる
憶	おもう おぼえる	友《とも》を憶《おも》う・風景《ふうけい》を憶《おぼ》える

漢字	表外読み	用例
音	たより	兄《あに》からの音《たよ》り
恩	めぐみ	天《てん》の恩《めぐ》み
穏	やすらか	穏《やす》らかな時間《じかん》
温	ぬくい ぬるい ぬくめる ぬくまる たずねる つつむ	風《かぜ》が温《ぬく》い・温《ぬる》い水《みず》・故《ふる》きを温《たず》ねる
仮	かす	機器《きき》を仮《か》す
何	いずく いずれ	何処《いずこ》へ行《い》く・何《いず》れ公《おおやけ》になる
果	くだもの おおせる	果《くだもの》を食《た》べる・逃《に》げ果《おお》せる
荷	はす になう	荷《はす》の花《はな》・役割《やくわり》を荷《にな》う
華	しろい	華《しろ》い顔《かお》

漢字	表外読み	用例
過	とが よぎる	過《とが》がある・失敗《しっぱい》する未来《みらい》が過《よぎ》る
寡	すくない やもめ	寡《すく》ない人員《じんいん》・男寡《おとこやもめ》
稼	みのり うえる	稼《みの》りがある・麦《むぎ》を稼《う》える
課	はかる こころみる わりあてる	成績《せいせき》を課《はか》る・新規《しんき》に課《こころ》みる
芽	めぐむ	木《き》が芽《めぐ》む
賀	よろこぶ	新年《しんねん》を賀《よろこ》ぶ
介	すけ たすける	介《すけ》の職《しょく》に就《つ》く・花嫁《はなよめ》を介《たす》ける
会	あつまる あつめる	社員《しゃいん》が会《あつ》まる・注文《ちゅうもん》を会《あつ》める
拐	かたる かどわかす	金《かね》を拐《かた》る・乳児《にゅうじ》を拐《かどわか》す
解	さとる・わかる ほどく ほどける ほぐれる	答《こた》えを解《さと》る・道理《どうり》が解《わか》る
壊	やぶる やぶれる	友情《ゆうじょう》を壊《やぶ》る・結束《けっそく》が壊《やぶ》れる
懐	いだく おもう	親《した》しみを懐《いだ》く・故郷《こきょう》の母《はは》を懐《おも》う

漢字	表外読み	用例
括	くくる くびる くびれる	紙《かみ》を括《くく》る・中央《ちゅうおう》を括《くび》る
轄	くさび とりしまる	轄《くさび》がとれる・地域《ちいき》を轄《とりし》まる
刊	けずる きざむ	石《いし》を刊《きざ》む・書《か》き間違《まちが》いを刊《けず》る
甘	うまい	甘《うま》い食《た》べ物《もの》
完	まっとうする	任務《にんむ》を完《まっと》うする
患	うれえる うれい	未来《みらい》を患《うれ》える・患《うれ》いを憶《おぼ》える
寒	いやしい まずしい さびしい	寒《いや》しい邑《むら》・寒《まず》しい家《いえ》・寒《さび》しい道《みち》
款	まこと たたく しるす よろこぶ	款《まこと》を尽《つ》くす・扉《とびら》を款《たた》く・歌《うた》を款《しる》す
間	しずか ひそかに うかがう はざま・あい	間《しず》かに歩《ある》く・間《ひそ》かに話《はな》す
管	ふえ つかさどる	管《ふえ》を吹《ふ》く・財務《ざいむ》を管《つかさど》る
監	かんがみる みる しらべる	過去《かこ》を監《かんがみ》る・敵《てき》を監《み》る
簡	ふだ えらぶ	簡《ふだ》に記《しる》す・物《もの》を簡《えら》ぶ

漢字	表外読み	用例
岸	かどだつ	岩《いわ》が岸《かどだ》つ
危	たかい	危《たか》い山《やま》
希	まれ こいねがう	希《まれ》なこと・平和《へいわ》を希《こいねが》う
奇	くし めずらしい あやしい	奇《く》しくも成功《せいこう》した・奇《めずら》しい花《はな》
帰	とつぐ おくる	県外《けんがい》に帰《とつ》ぐ・時計《とけい》を帰《おく》る
規	のり ただす	規《のり》を示《しめ》す・社会《しゃかい》を規《ただ》す
幾	きざし こいねがう ほとんど	春《はる》の幾《きざ》し・幸福《こうふく》を幾《こいねが》う
揮	ふるう	筆《ふで》を揮《ふる》う
期	とき ちぎる きめる	終《お》わる期《とき》・再会《さいかい》を期《ちぎ》る
宜	よろしく…べし よろしい よい	宜《よろ》しく処理《しょり》すべし 会《かい》に宜《よろ》しい
戯	ざれる たわける	親友《しんゆう》と戯《ざ》れる・戯《たわ》けたことをする
擬	なぞらえる はかる まがい もどき	鳥《とり》に擬《なぞら》える・事情《じじょう》を擬《はか》る・擬《まがい》物《もの》

漢字	表外読み	用例
議	はかる	役員会《やくいんかい》に議《はか》る
喫	くう のむ すう	米《こめ》を喫《く》う・酒《さけ》を喫《の》む・煙《けむり》を喫《す》う
却	しりぞく しりぞける かえって	戦線《せんせん》から却《しりぞ》く・要望《ようぼう》を却《しりぞ》ける
逆	むかえる あらかじめ	姉《あね》を逆《むか》える・逆《あらかじ》め用意《ようい》する
虐	むごい	虐《むご》い仕打《しう》ち
休	さいわい よい いこう やめる	休《さいわ》いの時《とき》・休《よ》い日《ひ》・家《いえ》で休《いこ》う
糾	ただす あざなう	組織《そしき》を糾《ただ》す・縄《なわ》を糾《あざな》う
拒	ふせぐ	風《かぜ》を拒《ふせ》ぐ
挙	こぞる こぞって	挙《こぞ》って出《で》かける
距	けづめ ふせぐ へだてる	距《けづめ》で引《ひ》っかく・雨《あめ》を距《ふせ》ぐ
緊	かたい しめる ちぢむ きびしい	緊《かた》く結《むす》ぶ・口《くち》を緊《し》める・身《み》が緊《ちぢ》む
具	つぶさに そなえる そなわる そろい	具《つぶさ》に話《はな》す・設備《せつび》を具《そな》える・一《ひと》具《そろ》い

漢字	表外読み	用例
空	あな・うろ うつろ むなしい すく	空《あな》がある・木《き》の空《うろ》・目《め》が空《うつ》ろ
偶	たぐい たまたま ひとがた	偶《たぐい》のもの・偶会《たまたまあ》う・偶《ひとがた》の岩《いわ》
係	つなぐ かかわる	血《ち》を係《つな》ぐ・経済《けいざい》に係《かか》わる仕事《しごと》
啓	ひらく もうす	蒙《もう》を啓《ひら》く・私見《しけん》を啓《もう》す
経	たていと おさめる	経《たていと》と緯《よこいと》・会社《かいしゃ》を経《おさ》める
傾	かたげる かしぐ くつがえる	首《くび》を傾《かた》げる・柱《はしら》が傾《かし》ぐ・話《はなし》が傾《くつがえ》る
慶	よろこぶ よい	合格《ごうかく》を慶《よろこ》ぶ・慶《よ》い話《はなし》
芸	うえる わざ	梅《うめ》を芸《う》える・芸《わざ》を披露《ひろう》する
建	くつがえす	契約《けいやく》を建《くつがえ》す
倹	つづまやか	倹《つづま》やかな暮《く》らし
軒	くるま てすり たかい とぶ	軒《くるま》を動《うご》かす・軒《てすり》を摑《つか》む・軒《たか》い家《いえ》
献	たてまつる ささげる	酒《さけ》を献《たてまつ》る・神《かみ》に献《ささ》げる

漢字	表外読み	用例
原	もと たずねる ゆるす	原《もと》を糾《ただ》す・命《いのち》を原《たず》ねる・人《ひと》を原《ゆる》す
厳	いかめしい	厳《いかめ》しい顔《かお》
孤	みなしご ひとり そむく	孤《みなしご》を養《やしな》う・孤《ひと》りになる・親《おや》に孤《そむ》く
語	ことば つげる	語《ことば》を伝《つた》える・相手《あいて》に語《つ》げる
工	わざ たくみ たくむ	工《わざ》を学《まな》ぶ・工《たくみ》の仕事《しごと》・細工《さいく》を工《たく》む
交	こもごも	悲《ひ》喜《き》交《こもごも》
行	みち	行《みち》を歩《ある》く
抗	あらがう ふせぐ はりあう こばむ	運命《うんめい》に抗《あらが》う・雷《かみなり》を抗《ふせ》ぐ・兄《あに》に抗《はりあ》う
攻	おさめる みがく	数学《すうがく》を攻《おさ》める・玉《たま》を攻《みが》く
効	ならう いたす	先輩《せんぱい》に効《なら》う・仕事《しごと》に効《いた》す
拘	とどめる とらえる かかわる こだわる	家《いえ》に拘《とど》める・盗人《ぬすっと》を拘《とら》える
肯	がえんじる うなずく うべなう あえて	忠告《ちゅうこく》に肯《がえん》じる・問《と》いに肯《うなず》く

漢字	表外読み	用例
候	うかがう さぶらう まつ	庭《にわ》を候《うかが》う・御前《おんまえ》に候《さぶら》う・命《めい》を候《ま》つ
校	かせ かんがえる くらべる あぜ	校倉造《あぜくらづく》り・案《あん》を校《かんが》える
控	つげる	上司《じょうし》に控《つ》げる
項	うなじ	浴衣《ゆかた》から項《うなじ》が出《で》る
斎	ものいみ つつしむ いつく とき	斎《ものいみ》をする・身《み》を斎《つつし》む・社《やしろ》で斎《いつ》く
削	そぐ はつる	竹《たけ》を削《そ》ぐ・木材《もくざい》を削《はつ》る
索	つな なわ もとめる さがす	索《つな》を握《にぎ》る・索《なわ》を結《むす》ぶ・解《かい》を索《もと》める
錯	まじる あやまる おく	紅白《こうはく》が錯《ま》じる・道《みち》を錯《あやま》る
殺	そぐ そげる けずる	気《き》を殺《そ》ぐ・勢力《せいりょく》を殺《けず》る
擦	こする なする さする かすれる	布《ぬの》で擦《こす》る・責任《せきにん》を擦《なす》る・手《て》で擦《さす》る
惨	いたむ いたましい むごい	胸《むね》が惨《いた》む・惨《いた》ましい事故《じこ》・惨《むご》い話《はなし》
賛	たすける たたえる ほめる	友《とも》を賛《たす》ける・功《こう》を賛《たた》える

漢字	表外読み	用例
残	そこなう	町《まち》を残《そこ》なう
私	ひそか	私《ひそ》かな望《のぞ》み
刺	とげ そしる なふだ	刺《とげ》がある・人《ひと》を刺《そし》る・刺《なふだ》をつける
祉	さいわい	祉《さいわ》いを受《う》け取《と》る
歯	よわい	歯八十《よわいはちじゅう》の祖父《そふ》
嗣	つぐ	事業《じぎょう》を嗣《つ》ぐ
詩	うた	詩《うた》を作《つく》る
諮	とう	部下《ぶか》に諮《と》う
字	あざな	字《あざな》で呼《よ》ぶ
次	やどる ついず	この町《まち》に次《やど》ろう・年毎《としごと》に次《つい》ず
侍	さぶらう はべる	貴族《きぞく》に侍《さぶら》う・将軍《しょうぐん》に侍《はべ》る
滋	しげる ます	葉《は》が滋《しげ》る・勢《いきお》いが滋《ま》す

漢字	表外読み	用例
疾	やまい やむ にくむ はやい	疾《やまい》に臥《ふ》す・長年疾《ながねんや》む・人《ひと》を疾《にく》む
射	うつ あてる さす	矢《や》を射《う》つ・物《もの》に射《あ》てる・日《ひ》が射《さ》す
斜	はす	斜向《はすむ》かい
謝	ことわる さる	お礼《れい》を謝《ことわ》る・人前《ひとまえ》から謝《さ》る
釈	とく とかす ゆるす おく	理由《りゆう》を釈《と》く・罪《つみ》を釈《ゆる》す・棚《たな》に釈《お》く
首	はじめ かしら もうす	世《よ》の首《はじ》め・首《かしら》を慕《した》う・過去《かこ》を首《もう》す
樹	うえる たてる き	木《き》を樹《う》える・国《くに》を樹《た》てる・庭《にわ》の樹《き》
秋	とき	危急存亡《ききゅうそんぼう》の秋《とき》
修	かざる ながい	言葉《ことば》を修《かざ》る・修《なが》い道《みち》
集	すだく たかる	虫《むし》が集《すだ》く・金銭《きんせん》を集《たか》る
縦	はなつ ゆるす ゆるめる ほしいまま	矢《や》を縦《はな》つ・罪《つみ》を縦《ゆる》す・縦《ほしいまま》にする
抄	かすめる うつす すくう	物《もの》を抄《かすめ》る・紙《かみ》に抄《うつ》す・紙《かみ》を抄《す》く

漢字	表外読み	用例
消	にる かたどる あやかる	親《おや》に消《に》る・犬《いぬ》を消《かたど》る・姉《あね》に消《あやか》る
尚	くわえる とうとぶ たっとぶ なお	組《くみ》に尚《くわ》える・神《かみ》を尚《とうと》ぶ・仏《ほとけ》を尚《たっと》ぶ
祥	さち さいわい きざし	祥《さち》あれ・祥《さいわ》いの印《しるし》・成功《せいこう》の祥《きざ》し
渉	わたる かかわる	全国《ぜんこく》に渉《わた》る・外《そと》に渉《かか》わる
上	ほとり たてまつる	池《いけ》の上《ほとり》・皇族《こうぞく》に上《たてまつ》る
冗	むだ	冗《むだ》な人員《じんいん》
状	かたち かきつけ	状《かたち》を覚《おぼ》える・状《かきつけ》を拾《ひろ》う
剰	あまる あます あまつさえ	予算《よさん》が剰《あま》る・剰《あまつさ》え雷《かみなり》も鳴《な》った
譲	せめる	失敗《しっぱい》した人《ひと》を譲《せ》める
嘱	たのむ	友人《ゆうじん》の助力《じょりょく》に嘱《たの》む
辱	はじ はずかしめ かたじけない	辱《はじ》をかく・名《な》を辱《はずかし》める・配慮《はいりょ》辱《かたじけな》い
侵	みにくい	侵《みにく》い自分《じぶん》を変《か》えたい

漢字	表外読み	用例
寝	みたまや やめる みにくい	寝《みたまや》に参《まい》る・歌《うた》を寝《や》める・寝《みにく》い姿《すがた》
審	つまびらか	真実《しんじつ》を審《つまび》らかにする
親	みずから	親《みずか》ら民《たみ》と話《はな》す
迅	はやい はげしい	迅《はや》い動《うご》き・迅《はげ》しい雨《あめ》
崇	たかい・おわる たっとぶ とうとぶ あがめる	崇《たか》い山《やま》・偉業《いぎょう》を崇《たっと》ぶ・法《ほう》を崇《とうと》ぶ
生	いのち うぶ なる なす	牛《うし》の生《いのち》・生《うぶ》な子《こ》・実《み》が生《な》る
斉	ととのえる ひとしい ものいみ	机《つくえ》を斉《ととの》える・斉《ひと》しく扱《あつか》う・斉《ものいみ》する
精	しらげる くわしい もののけ	米《こめ》を精《しら》げる・精《くわ》しい本《ほん》・精《もののけ》に会《あ》う
籍	ふみ しく ふむ	籍《ふみ》を集《あつ》める・床《ゆか》に籍《し》く・足《あし》で籍《ふ》む
雪	すすぐ そそぐ	汚名《おめい》を雪《すす》ぐ・恥《はじ》を雪《そそ》ぐ
絶	はなはだ わたる	絶《はなは》だ大《おお》きい・川《かわ》を絶《わた》る
戦	おののく そよぐ	恐怖《きょうふ》に戦《おのの》く・花《はな》が戦《そよ》ぐ

漢字	表外読み	用例
薦	こも しきりに	薦《こも》を敷《し》く・薦《しき》りに諭《さと》す
鮮	あたらしい すくない	鮮《あたら》しい魚《さかな》・鮮《すく》ない食事《しょくじ》
禅	ゆずる	王位《おうい》を禅《ゆず》る
阻	けわしい へだたる	阻《けわ》しい山《やま》・隣《となり》の村《むら》と阻《へだ》たる
措	おく はからう	筆《ふで》を措《お》く・よいように措《はか》らう
騒	うれい	世《よ》を騒《うれ》う
息	やすむ	しばし息《やす》む
属	やから つく	村《むら》の属《やから》・社長《しゃちょう》に属《つ》く
卒	しもべ にわかに おえる おわる	卒《しもべ》になる・卒《にわ》かに倒《たお》れる
率	わりあい したがう かしら	率《わりあい》を求《もと》める・先《さき》に率《したが》う・率《かしら》の務《つと》め
単	ひとつ ひとえ	単《ひと》つを使《つか》う・単《ひとえ》を着《き》る
誕	うまれる いつわる ほしいまま	誕《う》まれた日《ひ》・我《われ》を誕《いつわ》る・金《かね》は誕《ほしいまま》

漢字	表外読み	用例
稚	わかい いとけない	稚《わか》い子《こ》・稚《いとけな》い様子《ようす》
秩	ついで ふち	秩《つい》でを重視《じゅうし》する・秩《ふち》をもらう
沖	むなしい とぶ	沖《むな》しい気持《きも》ち・空《そら》に沖《と》ぶ
抽	ひく ぬく	抽《ひ》き出《だ》し・毒《どく》を抽《ぬ》く
兆	うらない	未来《みらい》を兆《うらな》う
調	やわらぐ みつぎ あざける	気《き》が調《やわら》ぐ・調《みつぎ》を納《おさ》める・人《ひと》を調《あざけ》る
陳	のべる つらねる ふるい	意見《いけん》を陳《の》べる・車《くるま》を陳《つら》ねる
定	きまる	人数《にんずう》が定《き》まる
抵	あたる ふれる	金《きん》に抵《あ》たる・法律《ほうりつ》に抵《ふ》れる
訂	ただす さだめる	字句《じく》を訂《ただ》す・契約《けいやく》を訂《さだ》める
逓	たがいに かわる	逓《たが》いに話《はな》す・人《ひと》が逓《か》わる
泥	なずむ	暮《く》れ泥《なず》む町《まち》

漢字	表外読み	用例
適	ゆく かなう たまたま	山《やま》に適《ゆ》く・理《り》に適《かな》う・適《たまたま》見《み》る
敵	あだ かなう	敵《あだ》なす・兄《あに》には敵《かな》わない
迭	たがいに かわる	役員《やくいん》が迭《か》わる・迭《たが》いに見張《みは》る
哲	さとい あきらか	哲《さと》い人物《じんぶつ》・彼《かれ》の説明《せつめい》は哲《あき》らかだ
徹	とおる	冷気《れいき》が徹《とお》る
撤	すてる	ごみを撤《す》てる
展	つらねる のべる	作品《さくひん》を展《つら》ねる・生地《きじ》を展《の》べる
転	まろぶ うたた うつる	転《まろ》び出《で》る・転《うた》た寝《ね》・居《きょ》を転《うつ》る
田	かる かり	鳥《とり》を田《か》る・田《か》りをする
塗	どろ まみれる みち	塗《どろ》をぬる・汗《あせ》に塗《まみ》れる・塗《みち》を行《い》く
度	はかる めもり のり わたる	重《おも》さを度《はか》る・度《めもり》を見《み》る・度《のり》を守《まも》る
討	たずねる	意見《いけん》を討《たず》ねる

漢字	表外読み	用例
統	すじ おさめる	統《すじ》を追《お》う・国《くに》を統《おさ》める
騰	あがる のぼる	値《ね》が騰《あ》がる・高台《たかだい》に騰《のぼ》る
洞	つらぬく ふかい うつろ	考《かんが》えを洞《つらぬ》く・洞《ふか》い穴《あな》・洞《うつろ》な気《き》分《ぶん》
忍	むごい	忍《むご》い戦争《せんそう》
熱	ほてる	顔《かお》が熱《ほて》る
念	おもう	故郷《こきょう》を念《おも》う
濃	こまやか	濃《こま》やかな気遣《きづか》い
派	わかれる つかわす	本社《ほんしゃ》から派《わ》かれる・兵《へい》を派《つか》わす
排	おしのける つらねる	人《ひと》を排《おしの》ける・商品《しょうひん》を排《つら》ねる
薄	せまる すすき	木《き》が薄《せま》る・薄《すすき》を飾《かざ》る
美	よい ほめる	美《よ》いところ・仕事《しごと》を美《ほ》める
匹	たぐう	植物《しょくぶつ》の匹《たぐ》い

漢字	表外読み	用例
評	はかる あげつらう	人《ひと》に評《はか》る・欠点《けってん》を評《あげつら》う
賓	まろうど したがう	賓《まろうど》をもてなす・主人《しゅじん》に賓《したが》う
怖	おじける おそれる	闇《やみ》に怖《お》じける・お化《ば》けを怖《おそ》れる
負	たのむ そむく	応援《おうえん》を負《たの》む・上司《じょうし》に負《そむ》く
服	きる きもの したがう のむ	衣裳《いしょう》を服《き》る・服《きもの》を畳《たた》む・人《ひと》に服《したが》う
紛	みだれる	交通《こうつう》が紛《みだ》れる
弁	わける・かたる わきまえる はなびら・とく	良品《りょうひん》を弁《わ》ける・道理《どうり》を弁《わきま》える
便	くつろぐ ついで いばり へつらう	便《くつろ》ぐ場《ば》・便《つい》でに運《はこ》ぶ・便《いばり》の処《しょ》理《り》
暴	あらい・うつ にわか さらす あらわす	暴《あら》い部《へ》屋《や》・手《て》で暴《う》つ・暴《にわ》か雨《あめ》
綿	つらなる	山《やま》が綿《つら》なる
茂	すぐれる	茂《すぐ》れた業績《ぎょうせき》
遊	すさび すさぶ	手《て》遊《すさ》び・詩《し》を書《か》いて遊《すさ》ぶ

漢字	表外読み	用例
優	わざおぎ やわらぐ ゆたか まさる	優《わざおぎ》の芸《げい》・光《ひかり》が優《やわ》らぐ・優《ゆた》かな生活《せいかつ》
予	かねて あらかじめ	予《かね》ての通《とお》り・予《あらかじ》め用意《ようい》する
幼	いとけない	幼《いとけな》い子《こ》ども
要	もとめる	品物《しなもの》を要《もと》める
容	かたち いれる ゆるす	容《かたち》がいい・忠告《ちゅうこく》を容《い》れる
庸	もちいる つね おろか なんぞ	兵《へい》を庸《もち》いる・庸《つね》の人《ひと》・庸《おろ》かな行為《こうい》
擁	いだく だく まもる	腕《うで》に擁《いだ》く・子《こ》を擁《だ》く・君《きみ》を擁《まも》る
絡	まとう つなぐ	布《ぬの》を絡《まと》う・道《みち》を絡《つな》ぐ
濫	みだれる みだりに うかべる	風紀《ふうき》が濫《みだ》れる・船《ふね》を濫《う》かべる
利	よい するどい とし	利《よ》い機能《きのう》・利《するど》い包丁《ほうちょう》・刀《かたな》利《と》し
理	すじ ことわり おさめる	理《すじ》を通《とお》す・理《ことわり》を知《し》る・石《いし》を理《おさ》める
略	おさめる はかる・ほぼ はかりごと はぶく・おかす	国《くに》を略《おさ》める・策《さく》を略《はか》る・略《はかりごと》をする

漢字	表外読み	用例
了	おわる しまう さとる	事業《じぎょう》が了《お》わる・掃《は》いて了《しま》う
累	しばる かさなる かさねる しきりに わずらわす	紐《ひも》で累《しば》る・仕事《しごと》が累《かさ》なる
礼	のり うやまう	礼《のり》を守《まも》る・先生《せんせい》を礼《うやま》う
零	おちる・ふる あまり こぼれる	葉《は》が零《お》ちる・雨《あめ》が零《ふ》る・零《あま》り物《もの》
廉	いさぎよい やすい かど	廉《いさぎよ》い姿勢《しせい》・廉《やす》い品《しな》
錬	ねる	鉄《てつ》を錬《ね》る
労	はたらく つかれる ねぎらう いたわる	外《そと》で労《はたら》く・旅《たび》で労《つか》れる・人《ひと》を労《ねぎら》う
朗	あきらか たからか	朗《あき》らかな声《こえ》・朗《たか》らかに歌《うた》う
論	あげつらう とく	失敗《しっぱい》を論《あげつら》う・道《みち》を論《と》く
和	あえる なぐ	和《あ》え物《もの》・場《ば》が和《な》ぐ
腕	かいな	腕《かいな》を伸《の》ばす

四字熟語

準1級で出題される四字熟語として特に覚えておきたいものを五十音順で掲載しました。覚えているかチェックしましょう。

四字熟語	読み方	意味
相碁井目	あいごせいもく	人の実力はそれぞれ違って、何事にも力量の差はあるということ。
阿鼻叫喚	あびきょうかん	非常にむごい様子。
阿附(付)迎合	あふげいごう	人におもねり、へつらうこと。
暗中摸(模)索	あんちゅうもさく	手掛かりのない状態で、夢中でいろんなことを試すこと。
意気軒昂	いきけんこう	意気込みが盛んで、元気に奮い立つ様子。
衣錦之栄	いきんのえい	都で出世して、故郷に錦を飾ること。
一目瞭(了)然	いちもくりょうぜん	一目見てはっきりわかること。
一蓮托(託)生	いちれんたくしょう	行動や運命を同じにすること。

四字熟語	読み方	意味
一虚一盈	いっきょいちえい	常に変化していて、予測がしにくいこと。
一顧傾城	いっこけいせい	国を滅ぼしてしまうほどの美人のこと。
一世木鐸	いっせいぼくたく	世の人たちを教え導く者。
一張一弛	いっちょういっし	厳しい時と、優しい時があること。「一弛一張」ともいう。
一碧万頃	いっぺきばんけい	湖や海などの青が一面に広がっていること。
因循姑息	いんじゅんこそく	古いやり方にこだわり、その場しのぎでいる様子。
有象無象	うぞうむぞう	世の中にあるものすべて。
内股膏薬	うちまたこうやく	定見や節操がなく、その時々で都合よく意見を変えること。「うちまたごうやく」とも読む。

四字熟語	読み方	意味
烏白馬角	うはく ばかく	世の中に絶対あるはずがないこと。「馬角烏白」ともいう。
烏飛兎走	うひ とそう	月日があっという間に過ぎていくこと。「兎走烏飛」ともいう。
雲集霧散	うんしゅう むさん	たくさんのものが集まり、また霧のように散ること。
運否天賦	うんぷ てんぷ	運命を天に任せること。「うんぴてんぷ」とも読む。
永劫回帰	えいごう かいき	今の一瞬を充実させることが重要だという思想。
栄耀栄華	えいよう えいが	贅沢を尽くすこと。また、おごりたかぶること。「えようえいが」とも読む。
掩耳盗鐘	えんじ とうしょう	浅はかな考えで自分を偽り、悪事を行うたとえ。
鳶飛魚躍	えんぴ ぎょやく	万物が自然に従い、自由に楽しんでいることのたとえ。
円木警枕	えんぼく けいちん	苦労して勉学に励むことのたとえ。
温柔敦厚	おんじゅう とんこう	穏やかで優しく、真心がこもっていること。

四字熟語	読み方	意味
改弦易轍	かいげん えきてつ	制度や法律を改めること。「易轍」は車輪の幅を変えるという意味。
鎧袖一触	がいしゅう いっしょく	鎧の袖が触れるような簡単なことで相手を倒せること。
街談巷説	がいだん こうせつ	街の中で話される、いい加減で取るに足りないうわさのこと。
鶴髪童顔	かくはつ どうがん	元気で若々しい老人のたとえ。
画虎類狗	がこ るいく	才能のない人が、人真似をしてもうまくいかないこと。
河山帯礪（厲）	かざん たいれい	永く変わらぬ堅い誓約のこと。国が永遠に栄えること。「山礪河帯」ともいう。
加持祈禱	かじ きとう	病気や災厄などから守ってくれるように神仏に祈ること。
華燭之典	かしょくの てん	結婚式のことを指す。
臥薪嘗胆	がしん しょうたん	目的を達成するために苦難に耐えながら機会を待つこと。
嘉辰令月	かしん れいげつ	めでたい月日のこと。

四字熟語	読み方	意味
確乎不抜（固）	かっこ ふばつ	意志がしっかりと固まっていて、動じない様子。
活剝生呑	かっぱく せいどん	他人の文や詩を盗用すること。また、融通が利かないこと。「生呑活剝」ともいう。
臥竜鳳雛	がりょう ほうすう	才能があるのに機会に恵まれず、実力を発揮できない人のこと。「がりゅうほうすう」とも読む。
閑雲野鶴（間）	かんうん やかく	世のしがらみから自由になり、悠々自適に暮らすこと。
玩物喪志	がんぶつ そうし	無用なものに熱中し、本業を忘れること。
冠履顚倒	かんり てんとう	秩序や地位の上下が逆になること。
規矩準縄	きく じゅんじょう	測定用の工具のことで、物事の標準や手本の意。
気息奄奄	きそく えんえん	息も絶え絶えで、今にも死んでしまいそうな虫の息である様子。
吉日良辰	きちじつ りょうしん	めでたい日。縁起のよい日。吉日は「きちにち」「きつじつ」「きつにち」とも読む。
鳩首凝議	きゅうしゅ ぎょうぎ	人が集まって相談すること。

四字熟語	読み方	意味
九鼎大呂	きゅうてい たいりょ	貴重なものや重要な地位、名声などのたとえ。
旧套墨守	きゅうとう ぼくしゅ	古いしきたりややり方を守ること。融通が利かないこと。
行住坐臥	ぎょうじゅう ざが	日頃の立ち居振る舞いのこと。
尭風舜雨	ぎょうふう しゅんう	尭帝や舜帝の恵みが天下に行き渡っていることのたとえ。天下泰平。
曲学阿世	きょくがく あせい	真理を曲げ、世の中や時世におもねった言動をすること。「阿世曲学」ともいう。
玉砕瓦全	ぎょくさい がぜん	名誉や正義のために死ぬことと、何もせずにただ生きること。
旭日昇天	きょくじつ しょうてん	朝日が天に昇るように、勢いがきわめて盛んなこと。
虚心坦懐	きょしん たんかい	先入観やわだかまりがなくてさっぱりしていること。
挙措進退	きょそ しんたい	日々の振る舞いや身の処し方のこと。
魚網鴻離	ぎょもう こうり	求めるものと実際に手に入れたものが違うことのたとえ。

四字熟語	読み方	意味
魚目燕石	ぎょもく えんせき	外見は似ているが、中身は本物とは全く違う贋物のこと。
金烏玉兎	きんう ぎょくと	太陽には三本足の烏、月には兎がすむ伝説から、太陽と月のこと。
欣喜雀躍	きんき じゃくやく	雀が跳ねるように小躍りして喜ぶこと。有頂天になること。
勤倹力行	きんけん りっこう	一生懸命に働いて、慎ましく暮らし、精一杯努力すること。「力行」は「りきこう」「りょっこう」「りょくこう」とも読む。
禽困覆車	きんこん ふくしゃ	力の弱い者でも、いざとなれば思ってもみない力を出すこと。
錦心繍口	きんしん しゅうこう	詩や文章の才能があることのたとえ。
君子豹変	くんし ひょうへん	君子は過ちに気づくとすぐに改めること。また、考えや態度が変わること。
荊妻豚児（荆）	けいさい とんじ	自分の妻と息子を謙遜していう言葉。
卿相雲客	けいしょう うんかく	宮中に仕える身分の高い人のこと。
経世済民	けいせい さいみん	世を治め、民を苦しみから救うこと。

四字熟語	読み方	意味
桂殿蘭宮	けいでん らんきゅう	非常に美麗な宮殿のたとえ。
繋風捕影	けいふう ほえい	風をつなぎ影を捕らえること。とりとめのないことのたとえ。
鶏鳴狗盗（雞）	けいめい くとう	つまらないことしかできない人。また、そのような人でも役に立つこと。「けいめいこうとう」とも読む。
牽衣頓足	けんい とんそく	つらい別れを惜しむこと。兵士を見送る家族が別れを惜しむ様子から。
犬牙相制	けんが そうせい	犬の牙のように国境が入り組み、互いに牽制している様子。
牽強附会（付）	けんきょう ふかい	道理にあわなくても、都合よく無理にこじつけること。
捲土重来（巻）	けんど ちょうらい	一度失敗した人が、土を巻き上げるような勢いで盛り返してくること。「けんどじゅうらい」とも読む。
堅牢堅固	けんろう けんご	守りが堅くて、簡単に破られたりせず、動じないこと。
膏火自煎	こうか じせん	才能があることが、逆に災いを招くことのたとえ。
剛毅果断	ごうき かだん	意志が強くて気力があり、思い切りのよいこと。

四字熟語	読み方	意味
光彩（采）陸離	こうさい りくり	光が入り乱れて、美しく輝いている様子。
鉤縄規矩	こうじょう きく	それぞれ線を引く道具のことで、物事の基準や法則になるものの意。
黄塵万丈	こうじん ばんじょう	土煙が舞い上がること。また、戦場で砂埃が舞い上がる様子。
宏（宏・洪）大無辺	こうだい むへん	非常に広く大きいこと。
孝悌（弟）忠信	こうてい ちゅうしん	真心があって偽りがなく、親や目上の人によく仕えること。
荒唐無稽	こうとう むけい	明確な根拠がなく、ばかげていること。でたらめであること。「無稽荒唐」ともいう。
紅毛碧眼	こうもう へきがん	赤い髪と青い瞳。西洋人のこと。「碧眼紅毛」ともいう。
甲論乙駁	こうろん おつばく	様々な意見が出て、議論がまとまらないこと。
狐死首丘	こし しゅきゅう	狐が死ぬときは故郷に顔を向けることから、故郷を忘れないことのたとえ。
古色蒼然	こしょく そうぜん	古い様子。古めかしいさま。

四字熟語	読み方	意味
克己復礼	こっき ふくれい	自分の欲を抑え、社会の規範に沿って行動すること。
胡馬北風	こば ほくふう	胡の馬は北風が吹くと故郷を思っていなく意から、故郷を忘れないたとえ。「撃壌鼓腹」ともいう。
鼓腹撃壌	こふく げきじょう	よい政治が行われ、人々が安楽で平和な生活を喜び楽しむこと。
狐狸妖怪	こり ようかい	人を騙したり、怖がらせたりする悪賢い生きものや化け物のこと。
欣求浄土	ごんぐ じょうど	死後に極楽浄土に行けるようにと、願い求めること。
金剛不壊	こんごう ふえ	非常に堅く壊れないこと。志を持って変えないことのたとえ。「不壊金剛」ともいう。
採（采）薪汲水	さいしん きゅうすい	薪を採り、川から水を汲むことから、自然の中で質素に暮らすこと。
坐（座）臥行歩	ざが こうほ	座る、寝る、歩くといった立ち居振る舞いのこと。
左支右吾	さし ゆうご	様々な手を尽くし、難から逃れようとすること。「左枝右捂」とも書く。
三者鼎談	さんしゃ ていだん	三者が話し合うこと。

四字熟語	読み方	意味
三十而立	さんじゅう じりつ	三十歳になると、学問や道徳観の自信がついて思想が固まること。
斬新奇抜	ざんしん きばつ	物事の着想が独特で、これまでに類がないほど新しい様子。
自家撞着	じか どうちゃく	同じ人の言動や文章が、食い違っていること。「じかどうじゃく」とも読む。
紫幹翠葉	しかん すいよう	山の色が美しいこと。山の木々がみずみずしく美しい様子。
只（祗）管打坐	しかん たざ	余念なく、ただひたすら坐禅をすること。
獅子奮迅	しし ふんじん	物事へ対処する時の勢いや意気込みがすさまじく強いことのたとえ。
死屍累累（纍纍）	しし るいるい	死体が無数に積み上がっている、むごたらしい様子。
自然淘汰	しぜん とうた	条件や環境に適合したものだけが、自然に選択されて生存すること。
七堂伽藍	しちどう がらん	寺院にあるべき七つの堂塔が揃っている寺のこと。
疾風怒濤	しっぷう どとう	強く激しい風と逆巻く荒波の様子。時代や社会の変化がめまぐるしいこと。

四字熟語	読み方	意味
紫電一閃	しでん いっせん	非常に短い時間。また、事態が急激に変化すること。
四面楚歌	しめん そか	周囲を敵に囲まれ、援護してくれるものもなく孤立すること。
杓子定規	しゃくし じょうぎ	全てを一つの基準で処理しようとして、応用や融通が利かないこと。
寂滅為楽	じゃくめつ いらく	煩悩から脱却し、悟って初めて真の安楽が得られるということ。
周章狼狽	しゅうしょう ろうばい	思いがけないことに遭遇して、うろたえて騒ぐこと。
秋風落莫	しゅうふう らくばく	秋風が吹いて、物寂しい光景に変化すること。勢いが衰えて寂しくなること。
熟読玩味	じゅくどく がんみ	詩や文章、物事の意味などをよく考え味わうこと。
首鼠両端	しゅそ りょうたん	形勢をうかがって、どっちつかずの曖昧な態度でいること。
春蛙秋蟬	しゅんあ しゅうぜん	うるさいだけで何の役にも立たない、無用な言論のこと。
純情可憐	じゅんじょう かれん	純朴で邪念がない、清らかでかわいらしい様子。

四字熟語	読み方	意味
純真無垢	じゅんしんむく	純粋でけがれがなく、清らかな心があること。
醇（淳）風美俗	じゅんぷうびぞく	情に厚く素直な人柄と、好ましい風俗や習慣。
城狐社鼠	じょうこしゃそ	権威や権力者のかげに隠れ、悪事を働く者のこと。
情緒纏綿	じょうしょてんめん	情愛が深く細やかであって、離れがたい様子。「じゅうちょてんめん」とも読む。
笑面夜叉	しょうめんやしゃ	顔は笑っていても、心には悪意や害意があること。
芝蘭玉樹	しらんぎょくじゅ	香草と仙木のことで、才能に恵まれた他人の弟子をほめる語。
参差錯落	しんしさくらく	不揃いなものが入り混じって、一様でないこと。
身体髪膚	しんたいはっぷ	人の体全体のこと。
水天一碧	すいてんいっぺき	水と空の青が溶け合い、境目が解らない様子。
推本溯（遡）源	すいほんそげん	物事の根本、根源を追求すること。

四字熟語	読み方	意味
趨炎附（付）熱	すうえんふねつ	権勢の盛んな人に近づき、こびへつらうこと。
杜撰脱漏	ずさんだつろう	物事のやり方が丁寧でなく、間違いや手抜かりが多いこと。
西戎東夷	せいじゅうとうい	西と東の異民族。漢民族が異民族を卑しんで使った語。
凄凄切切	せいせいせつせつ	非常に物寂しい様子。物寂しい様子を表す「凄切」を重ねた語。
清濁併呑	せいだくへいどん	善も悪も受け入れること。また、度量が大きく、心が広いこと。
碩学大儒	せきがくたいじゅ	学問の奥義を究めた大学者。
碩師名人	せきしめいじん	名声の高い人や、大学者。偉大な徳のある人。
赤手空拳	せきしゅくうけん	手に何の武器も持たず、立ち向かうこと。人の助けを借りないこと。
積善余慶	せきぜんのよけい	善行を積んだ家には、その報いとして幸福が必ず訪れるということ。
尺短寸長	せきたんすんちょう	人にはそれぞれ短所長所があり、その用い方で評価が変わること。

四字熟語	読み方	意味
舌端月旦	ぜったんげったん	口先で他人を批評すること。「月旦」は人物を批評する意。
前虎後狼	ぜんここうろう	次々に災難や危害に見舞われるたとえ。「前狼後虎」ともいう。
前途遼遠	ぜんとりょうえん	目的地までの道のり、目標達成までの工程が非常に長いこと。
全豹一斑	ぜんぴょういっぱん	物事の一部だけを見て、全体を推測したり評論したりすること。
千篇（編）一律	せんぺんいちりつ	どれも代わり映えがなく、面白みに欠けること。
甑塵釜魚	そうじんふぎょ	甑に埃が溜まり、釜に魚がわく意で、炊事できないほど貧しいこと。
象箸玉杯	ぞうちょぎょくはい	象牙の箸と玉の杯の意で、ぜいたくな暮らしをすること。
草茅危言	そうぼうきげん	国政に対する民間人の批判の声。
粗酒粗餐	そしゅそさん	粗末な酒と、粗末な食事。人に提供する食事を謙遜して言う。
啐啄同時	そったくどうじ	機を捉え、すかさず悟りに導くこと。禅宗の師と修行者の息が合うこと。

四字熟語	読み方	意味
堆金積玉	たいきんせきぎょく	金銀や珠玉を積み上げる意から、莫大な富を集めること。
泰（太）山鴻毛	たいざんこうもう	非常に重いものと、非常に軽いもの。隔たりがあることのたとえ。
多岐亡羊	たきぼうよう	やり方や方針がいろいろあって、選択に迷うこと。
断崖絶壁	だんがいぜっぺき	険しく切り立った崖。また、切羽詰まった危険な状況。
断簡零墨	だんかんれいぼく	断片だけが残っている文書や書簡。ちょっとした書き物。
箪食瓢飲	たんしひょういん	粗末な食事のたとえで、質素な生活をすること。
竹頭木屑	ちくとうぼくせつ	竹の切れ端と木屑のことで、役に立たないもののたとえ。
中原逐鹿	ちゅうげんちくろく	ある地位を狙って競争すること。多数の英雄が天子の位を争うことから。
朝盈夕虚	ちょうえいせききょ	朝に栄え夕べに滅びる意から、人生ははかないことのたとえ。
張三李四	ちょうさんりし	身分も名声もないありふれた平凡な人のこと。

四字熟語	読み方	意味
長身痩軀	ちょうしん そうく	背が高く、痩せていること。「痩軀長身」「痩身長軀」ともいう。
朝秦暮楚	ちょうしん ぼそ	住所不定で、あちこち放浪すること。また、主義主張が変わること。
長汀曲浦	ちょうてい きょくほ	長く続く波打ち際と湾曲した入江。海岸線が続いている様子。
凋氷(冰)画脂	ちょうひょう がし	苦労するが、効果がないことのたとえ。無駄な努力。「ちょうひょうかくし」とも読む。
長鞭馬腹	ちょうべん ばふく	勢力があっても力の及ばないことがあること。また役に立たないこと。
朝蠅暮蚊	ちょうよう ぼぶん	益のない小者がはびこること。
猪突猛進	ちょとつ もうしん	目標に向かいまっしぐらに突き進むこと。
治乱興亡	ちらん こうぼう	世の中が治まって栄えることと、乱れ衰えること。
沈魚落雁	ちんぎょ らくがん	魚も雁も恥じらって身を隠すほどの美人。「落雁沈魚」ともいう。
椿萱並茂	ちんけん へいも	両親がどちらも健在でいること。

四字熟語	読み方	意味
通暁暢達	つうぎょう ちょうたつ	ある物事や分野に深く通じ、文章や言葉がわかりやすいこと。
剃髪落飾	ていはつ らくしょく	髪を剃って俗世を捨て、仏門に入ること。
滴水嫡凍	てきすい てきとう	一瞬も気を抜くことなく、仏道の修行に励むこと。
甜言蜜語	てんげん みつご	蜜のように甘くて、聞いていて快く感じる言葉。
天香桂花	てんこう けいか	月にあるとされる桂の花。
天壌無窮	てんじょう むきゅう	天地と一緒に永遠に続くこと。
天神地祇	てんしん ちぎ	天津神と国津神。全ての神。「てんじんちぎ」とも読む。
点滴穿石	てんてき せんせき	力が足りなくても、努力を続ければ大きな成果を得られるということ。
天網恢恢	てんもう かいかい	天は厳正であり、悪事を働いた者は近いうちに罰を受けるということ。
天佑(祐)神助	てんゆう しんじょ	天の助けと神の加護。予期しない偶然に助けられること。「神助天佑」ともいう。

四字熟語	読み方	意味
東窺西望	とうき せいぼう	あちこちをちらちら見ること。落ち着きのない様子。
陶犬瓦鶏	とうけん がけい	陶器の犬と素焼きの鶏の意で、外見ばかりで役に立たないもののたとえ。「瓦鶏陶犬」ともいう。
道聴塗説	どうちょう とせつ	知識などの解釈がいい加減で、自分のものになっていないこと。受け売り。
堂塔伽藍	どうとう がらん	寺院にある建物の総称。
投桃報李	とうとう ほうり	桃のお礼に李を贈る意で、友人と贈り物をしあうこと。
稲麻竹葦	とうま ちくい	人や物が入り乱れて集まっている様子。周囲が幾重にも囲まれている様子。
桃李満門	とうり まんもん	多くの優秀な人が一門に集まることのたとえ。
兎角亀毛	とかく きもう	兎の角と亀の毛のように、この世にないもののたとえ。
菟糸燕麦	とし えんばく	糸がとれない菟糸と食べられない麦で、役に立たないもののたとえ。
徒手空拳	としゅ くうけん	手に何も持っていないこと。何かを始めるときに頼むものがないこと。

四字熟語	読み方	意味
図南鵬翼	となんの ほうよく	大志を抱くことのたとえ。また、大事業や海外進出を計画すること。
土崩瓦解	どほう がかい	物事が根底から崩れ、手の施しようもない状態のこと。「瓦解土崩」ともいう。
頓首再拝	とんしゅ さいはい	頭を地につけるように拝礼すること。手紙の最後に書き敬意を表す。
忍気呑声	にんき どんせい	遠慮して怒りを抑え、言いたいこともあえて言わないこと。
熱願冷諦	ねつがん れいてい	熱心に願うことと、冷静に本質をよく見ること。
梅妻鶴子	ばいさい かくし	妻もめとらず、俗世を離れて風流気ままに暮らすこと。「妻梅子鶴」ともいう。
杯酒解怨	はいしゅ かいえん	酒を酌み交わして恨みやわだかまりを水に流し仲直りをすること。
白虹貫日	はくこう かんじつ	白い虹が太陽を貫くことで、兵乱の兆しを表す現象。
麦秀黍離	ばくしゅう しょり	麦や黍が生い茂る意で、亡国の嘆き。世の移り変わりを嘆くたとえ。
拍手喝采	はくしゅ かっさい	手をたたき、盛んにほめること。

四字熟語	読み方	意味
白兎赤烏	はくと せきう	月にいる兎と太陽の烏の意で、月日、時間のこと。
博聞彊(強)識	はくぶん きょうしき	広く書を読んで見聞が広く、物事をよく覚えていること。「はくぶんきょう」とも読む。
破綻百出	はたん ひゃくしゅつ	言動に一貫性がなく、欠点やほころびがつぎつぎと出てくること。
抜山蓋世	ばつざん がいせい	勢いが強く、気力に満ちている様子。勇壮な気質のたとえ。
抜本塞源	ばっぽん そくげん	災いの根本的な原因を取り除き、再び弊害が起こらないようにすること。
波濤万里	はとう ばんり	大波を隔てたかなたの意から、遠い外国のこと。
万頃瑠(琉)璃	ばんけい るり	青く広々としている様子。青々とした海や湖などの形容に使う。
繁劇紛擾	はんげき ふんじょう	非常に忙しく、混乱している様子。
美酒佳肴	びしゅ かこう	うまい酒とおいしい肴の意で、すばらしいごちそうのこと。
披星戴月	ひせい たいげつ	朝から夜遅くまで骨身を惜しまずに働くこと。「戴月披星」ともいう。

四字熟語	読み方	意味
筆耕硯田	ひっこう けんでん	筆で硯の田を耕す意から、文筆で生計を立てること。
眉目秀麗	びもく しゅうれい	顔がよく、美しい様子。男性の容貌に使う。
百尺竿頭	ひゃくせき かんとう	百尺もある竿の先端の意で、到達できる最高点のたとえ。「ひゃくしゃくかんとう」とも読む。
百歩穿楊	ひゃっぽ せんよう	射撃の技術が非常に優れていること。
氷(冰)肌玉骨	ひょうき ぎょっこつ	美しい女性のこと。また、梅の花の別名。
氷(冰)壺(壷)秋月	ひょうこ しゅうげつ	氷を入れた壺や秋の月のように心が澄み切っていること。
飛鷹走狗	ひよう そうく	鷹を飛ばして、犬を走らせる意から、狩りをすること。
風餐露宿	ふうさん ろしゅく	風の中で食事をし、露に濡れながら眠ること。野宿。
浮花浪蕊	ふか ろうずい	取り柄もなく平凡なこと。実を結ばないむだな花のこと。
不倶戴天	ふぐ たいてん	同じ空の下で生きられないと思うほど、恨みや憎しみの強いこと。

四字熟語	読み方	意味
伏竜鳳雛	ふくりょう ほうすう	才能ある人物が機会に恵まれずに世間に隠れていることのたとえ。「ふくりゅうほうすう」とも読む。
不失正鵠	ふしつ せいこく	物事の要点や急所を的確に捉えること。
不惜身命	ふしゃく しんみょう	仏道のために身も命も捧げて惜しまないこと。自分の命を顧みないこと。
釜底抽薪	ふてい ちゅうしん	釜の下の薪を抜く意で、根本原因を取り除くことが重要というたとえ。
焚琴煮鶴	ふんきん しゃかく	琴を焼いて鶴を煮る意で、風流心のないこと。また、殺風景なこと。
文質彬彬	ぶんしつ ひんぴん	外面の美しさと内面の実質がほどよく調和している様子。
焚書坑儒	ふんしょ こうじゅ	書を焼いて儒学者を生き埋めにする意から、思想や学問を弾圧すること。
蚊虻走牛	ぶんぼう そうぎゅう	小さなものが大きなものを制すること。些細な原因が大事件を起こすこと。
並駕斉駆	へいが せいく	能力、実力、地位といったものに差がないこと。「並駆斉駕」「斉駆並駕」ともいう。
平談俗語	へいだん ぞくご	日常会話で使われる、ごく普通の言葉。

四字熟語	読み方	意味
碧落一洗	へきらく いっせん	雨で空が洗われて、空が青く晴れ渡る様子。
鞭声粛粛	べんせい しゅくしゅく	気づかれないように鞭の音を抑えて静かに馬を進める様子。
偏僻蔽固	へんぺき へいこ	心がねじけてかたくななこと。偏屈で意固地であること。
方底円蓋	ほうてい えんがい	物事が食い違って、うまくかみ合わないことのたとえ。
鵬程万里	ほうてい ばんり	道のりが遠く隔たっていることのたとえ。また、果てしなく広がっている海。「万里鵬程」ともいう。
蓬頭垢面	ほうとう こうめん	ぼさぼさの頭と垢じみた顔。身だしなみを気にせず、むさくるしい様子。「ほうとうくめん」とも読む。
放蕩無頼	ほうとう ぶらい	酒に溺れて勝手に振る舞い、身持ちを崩すこと。
捧(抱)腹絶倒	ほうふく ぜっとう	腹を抱えて転げるほど大笑いすること。
泡沫夢幻	ほうまつ むげん	水の泡とゆめまぼろし。人生ははかないということのたとえ。
亡羊補牢	ぼうよう ほろう	失敗後改善すること。また、失敗しても改善すれば被害を小さくできること。

四字熟語	読み方	意味
暮色蒼然	ぼしょく そうぜん	夕暮れに辺りの景色が薄暗くなる様子。
煩悩菩提	ぼんのう ぼだい	煩悩も悟りのきっかけになるということ。煩悩と菩提は表裏一体である。
磨穿鉄硯	ません てっけん	鉄の硯に穴を開けるほど勉強する意で、学問に励むこと。「鉄硯磨穿」ともいう。
満腔春意	まんこう しゅんい	和やかな気分が胸に満ちること。
未来永劫	みらい えいごう	この先ずっと続いていく果てしない年月。永遠。「みらいようごう」とも読む。
矛盾撞着	むじゅん どうちゃく	物事の前後が食い違い、つじつまが合わなくなること。
名声赫赫	めいせい かくかく	良い評判が世間に広まること。評判が高いこと。
鳴蟬潔飢	めいせん けっき	高潔な人は、どんな状況でも節操を変えないことのたとえ。
明哲保身	めいてつ ほしん	聡明で道理に明るい人は物事を的確に処理し、安全でいること。
名誉挽回	めいよ ばんかい	失敗で落ちた名声や信用を、その後の行動で取り戻すこと。

四字熟語	読み方	意味
盲亀浮木	もうき ふぼく	出会ったり、実現したりする可能性のごく低いこと。めったにないこと。
孟仲叔季	もうちゅう しゅくき	長子、次子、三子、四子を表す。兄弟姉妹の順を表す語。
孟母三遷	もうぼ さんせん	子どもの教育にふさわしい環境を選ぶことが重要という教え。
孟母断機	もうぼ だんき	学業を途中で止める愚かさを戒めるたとえ。
百舌勘定	もず かんじょう	勘定をするときに、うまく喋って自分だけ得をするようにすること。
門前雀羅	もんぜん じゃくら	門前に雀が群れて網で捕らえられるほど、人が来ずひっそりしている様子。
問鼎軽重	もんてい けいちょう	君主の権威を疑い、その地位を奪おうとすること。権力者の実力を疑うこと。
冶金踊躍	やきん ようやく	溶けた金属が跳ねることから、自分の立場に満足できないたとえ。
夜郎自大	やろう じだい	自分の力をわからずに、えらそうにいばること。
邑犬群吠	ゆうけん ぐんばい	小者が集まって、人の悪口を言ったり騒いだりすること。

四字熟語	読み方	意味
有職故実	ゆうそく こじつ	朝廷などで昔から伝わる風俗や習慣のこと。
妖怪変化	ようかい へんげ	人には理解できない不思議な化け物のこと。
用管窺天	ようかん きてん	世間を知らず、視野や見識が狭いことのたとえ。
妖言惑衆	ようげん わくしゅう	根拠の明確でない怪しいことを言いふらし、多くの人を惑わすこと。
羊質虎皮	ようしつ こひ	羊が虎の皮を被る意で、外見だけで実質の伴わないこと。「虎皮羊質」ともいう。
鷹視狼歩	ようし ろうほ	鷹の鋭い目と狼の貪欲さから、猛々しく隙のない人のたとえ。
羊頭狗肉	ようとう くにく	外見と実質が一致しないたとえ。見掛け倒し。
容貌魁偉	ようぼう かいい	姿かたちが堂々としていて立派な様子。
落筆点蠅	らくひつ てんよう	自分の過失を巧妙に取り繕い、逆にうまく仕上げること。
嵐影湖光	らんえい ここう	青い山の気と湖の輝き。山水の美しい景色の形容。

四字熟語	読み方	意味
蘭桂騰芳	らんけい とうほう	蘭や桂の香りがあることの意で、子孫が繁栄することのたとえ。
李下瓜田	りか かでん	人に疑われるような行動はしないほうがよいというたとえ。「瓜田李下」ともいう。
六菖十菊	りくしょう じゅうぎく	五月六日の菖蒲と九月十日の菊の意で、時期に遅れ役立たないもののたとえ。「ろくしょうじゅうぎく」とも読む。
柳眉倒豎	りゅうび とうじゅ	美しい女性が眉を逆立てて怒っているさま。
良禽択木	りょうきん たくぼく	賢い鳥が巣を作る木を選ぶように、賢い人は主人を品定めすること。
竜章鳳姿	りょうしょう ほうし	伝説の竜や鳳凰のように、気高く威厳に満ちた姿の形容。「りゅうしょうほうし」とも読む。
竜頭蛇尾	りょうとう だび	最初は盛んでも、終わりのほうになると勢いが振るわなくなること。「りゅうとうだび」とも読む。
両鳳連飛	りょうほう れんぴ	二羽の鳳凰が並んで飛ぶ意から、兄弟そろって栄達することのたとえ。
綾羅錦繍	りょうら きんしゅう	きらびやかで美しいもののこと。また、美しく着飾ること。
臨淵羨魚	りんえん せんぎょ	淵に立つだけでは魚は手に入らない意で、努力せずに望みを持つたとえ。

四字熟語	読み方	意味
鱗次櫛比	りんじ しっぴ	鱗や櫛の歯の意で、細かくびっしりと並んでいる様子。
麟子鳳雛	りんし ほうすう	麒麟の子と鳳凰の雛の意で、将来性のある子どものたとえ。
輪廻転生	りんね てんしょう	死んで生まれ変わり、また死んでは生まれ変わるように生死を繰り返すこと。「転生輪廻」ともいう。
麟鳳亀竜	りんぽう きりょう	太平の世に現れるといわれている、めでたい霊獣や霊鳥のこと。「りんぽうきりゅう」ともいう。
礪山帯河	れいざん たいが	永く変わらぬ堅い誓約のこと。国が永遠に栄えること。
蓮華往生	れんげ おうじょう	死後、極楽浄土に行くこと。
憐香惜玉	れんこう せきぎょく	香や玉を大切にする。また、香や玉を女性にたとえ、女性を大切にする。「惜玉憐香」ともいう。
狼子野心	ろうし やしん	狂暴な人のたとえ。また、狂暴な人の教育は難しいことのたとえ。
狼貪虎視	ろうどん こし	野心のある様子。また、無道で貪欲な様子。
老馬之智(知)	ろうばの ち	長い経験で得た知識や知恵。

四字熟語	読み方	意味
老萊斑衣	ろうらい はんい	老萊子が子どもの格好で親に年を忘れさせようとした意で、親孝行のこと。
魯魚章草	ろぎょ しょうそう	似ていて書き間違いやすい字のこと。また、字を書き間違うこと。
魯魚之謬	ろぎょの あやまり	「魯」「魚」が似ていて書き間違いやすいことから、字の書き間違いのこと。
六道輪廻	ろくどう りんね	この世のものは全て六道の世界で生死を繰り返し、さまよい続けること。
六根清浄	ろっこん しょうじょう	人の欲や迷いを断ち切り、心身を清らかに保つこと。
魯般(盤)雲梯	ろはん うんてい	魯の名工であった魯般の作った、雲まで届くはしご。
論功行賞	ろんこう こうしょう	功績の大きさについて調べ、それにふさわしい賞を与えること。
和光同塵	わこう どうじん	自分の才や徳を和らげ隠して、俗世と交わり目立たないように暮らすこと。

故事・諺

準1級で出題される故事・諺として特に覚えておきたいものを五十音順で掲載しました。覚えているかチェックしましょう。

故事・諺	意味
愛屋烏《あいおくう》に及《およ》ぶ	人を愛すると、その人の家にとまる烏まで可愛くみえるということ。
挨拶《あいさつ》は時《とき》の氏神《うじがみ》	争いの仲裁は氏神様のようにありがたいから、仲裁には従えということ。
開《あ》いた口《くち》へ牡丹餅《ぼたもち》	努力もしないのに、思いがけない幸運が舞い込んでくるたとえ。
秋《あき》の日《ひ》は釣瓶《つるべ》落《お》とし	秋の日は井戸に釣瓶を落とすように、早く日が暮れるということ。
虻蜂《あぶはち》取《と》らず	二つのものを手に入れようとすると、一つも手に入らないことのたとえ。
危《あや》うきこと累卵《るいらん》の如《ごと》し	非常に不安定で、危険な状態にあることのたとえ。
家貧《いえまず》しくして孝子《こうし》顕《あらわ》れ、世《よ》乱《みだ》れて忠臣《ちゅうしん》を識《し》る	逆境のときこそ、立派な人物が現れることのたとえ。
衣食《いしょく》足《た》りて栄辱《えいじょく》を知《し》る	衣食に不自由しなくなって、初めて人は名誉や恥辱の違いを心得るということ。

故事・諺	意味
磯際《いそぎわ》で舟《ふね》を破《やぶ》る	上陸目前で舟を壊す意で、達成前に努力が水の泡になること。
逸物《いちもつ》の鷹《たか》も放《はな》さねば捕《と》らず	放たなければ鷹も獲物を捕らえない意で、使わなければ意味がないこと。
一家《いっか》は遠《とお》のく蚤《のみ》は近寄《ちかよ》る	家が困窮すると親戚は疎遠になり、近くに寄るのは蚤だけだということ。
一擲乾坤《いってきけんこん》を賭《と》す	天下をとるかすべて失うか、運を天に任せ思い切ってやってみること。
一斑《いっぱん》を見《み》て全豹《ぜんぴょう》を卜《ぼく》す	物事の一部だけを見て、全体を推測すること。
犬骨《いぬほね》折《お》って鷹《たか》の餌食《えじき》	犬が追った獲物を鷹に取られる意で、他人に横取りされること。
命長《いのちなが》ければ蓬莱《ほうらい》を見《み》る	長生きすれば、幸運にもめぐりあえるというたとえ。
衣鉢《いはつ》を継《つ》ぐ	学問や芸術などで、師からその道の奥義を受け継ぐこと。

故事・諺	意味
鰯《いわし》の頭《あたま》も信心《しんじん》から	取るに足らないものでも、信じる者には尊いものに見えるということ。
有卦《うけ》に入《い》る	幸運に恵まれ、良いことが続くこと。
独活《うど》の大木《たいぼく》	体が大きいだけで、何の役にも立たない人のたとえ。
鵜《う》の真似《まね》する烏《からす》	自分の能力をわからずに、人真似をして失敗する人のたとえ。
瓜《うり》の蔓《つる》に茄子《なすび》はならぬ	平凡な親から非凡な才能のある子は生まれないことのたとえ。
瓜《うり》を浮《う》かべて李《すもも》を沈《しず》む	夏の優雅な遊びのこと。
烏鷺《うろ》の争《あらそ》い	黒い烏と白い鷺を碁石に見立て、囲碁で勝負をすること。
得手《えて》に帆《ほ》を揚《あ》げる	得意分野で力を発揮する機会を摑み、ここぞとばかりに張り切ること。
鴛鴦《えんおう》の契《ちぎ》り	夫婦仲のむつまじいことのたとえ。
燕雀《えんじゃく》安《いずく》んぞ鴻鵠《こうこく》の志《こころざし》を知《し》らんや	小人物には大人物の偉大な志は理解できないということ。

故事・諺	意味
鸚鵡《おうむ》よく言《い》えども飛鳥《ひちょう》を離《はな》れず	口先ばかり達者で、実際の行動が伴わないことのたとえ。
親《おや》の欲目《よくめ》と他人《たにん》の僻目《ひがめ》	親は子に甘いが、他人は実際よりも厳しい評価をする傾向があること。
会稽《かいけい》の恥《はじ》を雪《すす》ぐ	屈辱に耐えて、復讐を遂げることのたとえ。
影《かげ》に吠《ほ》え声《こえ》に吠《ほ》ゆ	根拠がなくても誰かが言い始めると本当のように言われること。
嘉肴《かこう》有《あ》りといえども、食《く》らわずんばその旨《うま》きを知《し》らず	聖人の道も学ばなければ、その価値がわからないということ。
苛政《かせい》は虎《とら》よりも猛《たけ》し	苛酷な政治にある民の苦しみは、虎に食われるよりも辛いものだということ。
火中《かちゅう》の栗《くり》を拾《ひろ》う	自分の利益ではないのに、他人のために危険を冒すことのたとえ。
渇《かっ》すれども盗泉《とうせん》の水《みず》を飲《の》まず熱《ねっ》しても悪木《あくぼく》の陰《かげ》に息《いこ》わず	苦しく困っていても、悪いことには手を染めないことのたとえ。
瓜田《かでん》に履《くつ》を納《い》れず	人に疑われるような行動は慎むべきだという戒め。
門松《かどまつ》は冥土《めいど》の旅《たび》の一里塚《いちりづか》	一年ごとに死に近づくのだから、門松はそれを示すしるしだということ。

故事・諺	意味
鼎《かなえ》の軽重《けいちょう》を問《と》う	君主の権威や実力を疑い、その地位を奪おうとすること。
金鎚《かなづち》の川流《かわなが》れ	金鎚は頭を下に川を流れることから、人に頭があがらないことのたとえ。
蟹《かに》は甲羅《こうら》に似《に》せて穴《あな》を掘《ほ》る	人は自分の身に応じた言動をしたり、望みを持ったりするということ。
鉦《かね》や太鼓《たいこ》で探《さが》す	大勢で大騒ぎをしながら、あちこちを探し回ること。
禍福《かふく》は糾《あざな》える縄《なわ》の如《ごと》し	災いと幸福は表裏一体で、交互にやってくるということ。
釜《かま》を破《やぶ》り船《ふね》を沈《しず》む	生還を考えずに、決死の覚悟で出陣をすること。
亀《かめ》の年《とし》を鶴《つる》が羨《うらや》む	欲望には際限のないことのたとえ。
枯《か》れ木《き》も山《やま》の賑《にぎ》わい	つまらないものでも、ないよりはましということのたとえ。
眼光紙背《がんこうしはい》に徹《てっ》す	書物の字句の行間や背後の深い意味を読み取ること。
肝胆相照《かんたんあいて》らす	お互いに心の底から打ちとけあい、親しく交際すること。

故事・諺	意味
歓楽極《かんらくきわ》まりて哀情多《あいじょうおお》し	喜びや楽しみが極まると、かえって悲しみが強くなるということ。
奇貨《きか》居《お》くべし	珍しい品は買っておけば、将来利益が得られるということ。
帰心矢《きしんや》の如《ごと》し	家や故郷に帰りたいという気持ちが非常に強いこと。
窮鼠《きゅうそ》猫《ねこ》を噛《か》む	弱い者も追い込まれれば強い者に反撃することがあるということ。
錐《きり》の嚢中《のうちゅう》に処《お》るがごとし	才能ある人は、多くの人の中にいても自然と頭角を現すということ。
騏驎《きりん》も老《お》いては駑馬《どば》に劣《おと》る	優れた人物でも、年を取ると働きが凡人以下になることのたとえ。
管《くだ》を以《もっ》て天《てん》を窺《うかが》う	視野や見識の狭いことのたとえ。
轡《くつわ》の音《おと》にも目《め》を覚《さ》ます	少しのことにも反応すること。また、仕事柄身についた感覚のたとえ。
国《くに》に諫《いさ》むる臣《しん》あればその国《くに》必《かなら》ず安《やす》し	君主を諫める臣下がいれば、その国は安泰であるということ。
蜘蛛《くも》の子《こ》を散《ち》らす	大勢のものが四方八方にちりぢりになって逃げることのたとえ。

故事・諺	意味
袈裟《けさ》と衣《ころも》は心《こころ》に着《き》よ	外見よりも内容が重要であることのたとえ。
外面似菩薩《げめんじぼさつ》、内心如夜叉《ないしんにょやしゃ》	外面は柔和だが、内心は邪悪であること。
紅旗征戎吾《こうきせいじゅうわ》が事《こと》に非《あら》ず	朝敵成敗であろうと、自分には関係のないことであるということ。
巧詐《こうさ》は拙誠《せっせい》に如《し》かず	巧みに人を騙すより、拙くとも誠実な対応のほうがよいということ。
香餌《こうじ》の下《もと》必《かなら》ず死魚《しぎょ》有《あ》り	利益の裏には必ず危険が潜んでいるということ。
浩然《こうぜん》の気《き》を養《やしな》う	俗世の煩わしさから離れ、おおらかでのびのびとした気持ちになること。
紺屋《こうや》の白袴《しろばかま》	他人のことに忙しくて、自分のことに手が回らないことのたとえ。
孤掌《こしょう》鳴《な》らし難《がた》し	片方の手では打てないように、人は一人では何もできないということ。
事《こと》が延《の》びれば尾鰭《おひれ》が付《つ》く	物事が長引くと面倒なことが起こりやすくなるということ。
采薪《さいしん》の憂《うれ》い	病気で薪を採りに行けないことから、自分の病を謙遜して言う語。

故事・諺	意味
鷺《さぎ》は洗《あら》わねどもその色白《いろしろ》し	生まれつきのものは、いくら変えようとしても変えられないというたとえ。
桜三月《さくらさんがつ》、菖蒲《しょうぶ》は五月《ごがつ》	時季の花のこと。
自家薬籠中《じかやくろうちゅう》の物《もの》	自分の薬箱の薬のように、思い通りに使えるもののこと。
地獄《じごく》の沙汰《さた》も金次第《かねしだい》	地獄の裁きも金で有利になるから、この世でも金で全て解決できるということ。
死《し》は或《ある》いは泰山《たいざん》より重《おも》く或《ある》いは鴻毛《こうもう》より軽《かる》し	犬死は避けるべきだが、潔く死ぬべき時もある。
釈迦《しゃか》に宗旨《しゅうし》なし	釈迦に宗派はないので、宗派争いは意味がないということ。
喋《しゃべ》るものは半人足《はんにんそく》	仕事をしながら喋る者は、半人前の仕事しかできないということ。
愁眉《しゅうび》を開《ひら》く	心配事や悩みがなくなり、ほっと安心して表情が緩むこと。
出藍《しゅつらん》の誉《ほま》れ	弟子の才能や業績が師よりも上回ることのたとえ。
知《し》らぬ神《かみ》より馴染《なじ》みの鬼《おに》	どんなものでも疎遠なものより慣れ親しんだもののほうが勝る。

故事・諺	意味
人生《じんせい》字《じ》を識《し》るは憂患《ゆうかん》の始《はじ》め	無学で何も知らないほうが、かえって気楽だということ。
錐刀《すいとう》を以《もっ》て泰山《たいざん》を堕《こぼ》つ	小さな力で強大なものに対して立ち向かうことのたとえ。
正鵠《せいこく》を射《い》る	的の中心を射る意で、物事の要点や急所をつくこと。
前車《ぜんしゃ》の覆《くつがえ》るは後車《こうしゃ》の戒《いまし》め	人の失敗を見て、自分の教訓となること。
前車《ぜんしゃ》の覆轍《ふくてつ》を踏《ふ》む	前の人の失敗を後の人が同様に繰り返すこと。
千丈《せんじょう》の堤《つつみ》も蟻穴《ぎけつ》より崩《くず》る	わずかな不注意のために、取り返しのつかない大事になることのたとえ。
栴檀《せんだん》は双葉《ふたば》より芳《かんば》し	大成する人物は、子どもの頃から優れているというたとえ。
創業《そうぎょう》は易《やす》く守成《しゅせい》は難《かた》し	新たに興すよりも、受け継いで守るほうが難しいということ。
糟糠《そうこう》の妻《つま》は堂《どう》より下《くだ》さず	貧しいときから苦労を共にした妻は、成功後に追い出せないということ。
蕎麦《そば》の花《はな》見《み》て蜜《みつ》を取《と》れ	蕎麦の花が咲く初秋の後が、蜂蜜を取るのにいい時期だということ。

故事・諺	意味
体《たい》を量《はか》りて衣《い》を裁《た》つ	体型に合った服を作る意で、状況に応じて物事を処理すること。
玉《たま》の輿《こし》に乗《の》る	女性が金持ちに見初められて結婚し、富や地位を手に入れるたとえ。
茶殻《ちゃがら》も肥《こえ》になる	全く役に立たないものはないというたとえ。
朝菌《ちょうきん》は晦朔《かいさく》を知《し》らず	限られた環境にいる者は、広い世界に理解が及ばないというたとえ。
頂門《ちょうもん》の一針《いっしん》	人の急所をついた厳しい戒めを与えること。
珍客《ちんきゃく》も長座《ちょうざ》に過《す》ぎれば厭《いと》われる	珍しい客も長居すると、嫌がられてしまうということ。
付《つ》け焼《や》き刃《ば》は鈍《なま》りやすい	一時のごまかしは長く続かず、ぼろが出てしまうということ。
角《つの》を矯《た》めて牛《うし》を殺《ころ》す	少しの欠点を直そうとして、全体をだめにしてしまうこと。
轍鮒《てっぷ》の急《きゅう》	轍の水溜まりにいる鮒の意で、差し迫った危機や困難のたとえ。
点滴《てんてき》石《いし》をも穿《うが》つ	こつこつ努力すれば、大きな成果を得られるということ。

故事・諺	意味
天網《てんもう》恢恢《かいかい》疎《そ》にして漏《も》らさず	天は厳正で、悪事を働いた者は近いうちに罰を受けるということ。
天《てん》を仰《あお》いで唾《つばき》す	人を害そうとして、自分自身がひどい目にあうことのたとえ。
塗炭《とたん》の苦《くる》しみ	泥にまみれて焼かれるようなひどい苦しみのこと。
鳶《とび》が鷹《たか》を生《う》む	平凡な親から、優れた子供が生まれることのたとえ。
難波《なにわ》の葦《あし》は伊勢《いせ》の浜荻《はまおぎ》	物の名や習慣などは、土地ごとに変わるということのたとえ。
二豎《にじゅ》に冒《おか》される	病気に冒されることのたとえ。
人間《にんげん》万事《ばんじ》塞翁《さいおう》が馬《うま》	よいことや悪いことの転変は予測しがたいということのたとえ。
糠《ぬか》に釘《くぎ》	糠に釘を打つように、手応えも効き目もないことのたとえ。
濡《ぬ》れ手《て》で粟《あわ》	苦労しないで利益を得ることのたとえ。
暖簾《のれん》に腕押《うでお》し	手応えや張り合いが感じられないことのたとえ。

故事・諺	意味
敗軍《はいぐん》の将《しょう》は兵《へい》を語《かた》らず	失敗して弁解する資格のない者のこと。
破鏡《はきょう》再《ふたた》び照《て》らさず	別れた夫婦のように、一度壊れた関係は元には戻らないことのたとえ。
莫逆《ばくぎゃく》の交《まじ》わり	お互いに争わず、非常に親密な付き合いのこと。
白駒《はっく》の隙《げき》を過《す》ぐるがごとし	月日が過ぎるのは非常に早いものであるということ。
盤根錯節《ばんこんさくせつ》に遇《あ》いて利器《りき》を知《し》る	困難にぶつかって初めて、その人物の器量や価値がわかるということ。
万緑叢中紅一点《ばんりょくそうちゅうこういってん》	多くのものの中に一つだけ異なるものが混じっているたとえ。
庇《ひさし》を貸《か》して母屋《おもや》を取《と》られる	所有物の一つを貸したことにつけこまれ、全部取られてしまうこと。
肘鉄砲《ひじでっぽう》を食《く》わす	人を肘で突きのけること。相手の申し出をはねつけること。
飛鳥《ひちょう》尽《つ》きて良弓《りょうきゅう》蔵《かく》れ、狡兎《こうと》死《し》して走狗《そうく》烹《に》らる	利用価値があるうちは使われるが、無用になれば捨てられるたとえ。
羊《ひつじ》を亡《うしな》いて牢《ろう》を補《おぎな》う	失敗後に改善すること。すぐに改善すれば被害を大きくしないということ。

故事・諺	意味
匹《ひっ》夫《ぷ》も志《こころざし》を奪《うば》う可《べ》からず	志のある人は、身分や業績に関わらず軽視してはいけないということ。
百《ひゃく》尺《しゃく》竿《かん》頭《とう》一《いっ》歩《ぽ》を進《すす》む	頂点に達した後もさらに努力し上を目指すこと。
氷《ひょう》炭《たん》相《あい》容《い》れず	性質が反対で調和しない間柄のたとえ。
瓢《ひょう》箪《たん》から駒《こま》が出《で》る	起こらないことが起こること。冗談で言ったことが本当になること。
瓢《ひょう》箪《たん》に釣《つ》り鐘《がね》	一部では似ているが、釣り合わないものや比べものにならないもの。
豹《ひょう》は死《し》して皮《かわ》を留《とど》め、人《ひと》は死《し》して名《な》を留《とど》む	死んだ後に功名を残すことのたとえ。
蛭《ひる》に塩《しお》	苦手なものに対して縮みあがってしまうことのたとえ。
飛《ひ》竜《りゅう》雲《くも》に乗《の》る	英雄が時勢に乗って、才能を発揮すること。
枇《び》杷《わ》が黄《き》色《いろ》くなると医《い》者《しゃ》が忙《いそが》しくなる	夏に体調を崩す人が増え、医者が繁盛することのたとえ。
富《ふう》貴《き》にして故《こ》郷《きょう》に帰《かえ》らざるは、繍《しゅう》を衣《き》て夜《よる》行《い》くがごとし	功名を上げても、故郷に帰らなければ誰も気づいてくれないこと。

故事・諺	意味
夫《ふう》婦《ふ》喧《げん》嘩《か》は犬《いぬ》も食《く》わぬ	夫婦喧嘩に対して、他人は仲裁するものではないということ。
武《ぶ》士《し》は食《く》わねど高《たか》楊《よう》枝《じ》	志の高い人は貧しくとも気位を高く持ち悠然としていることのたとえ。
附《ふ》耳《じ》の言《げん》も千《せん》里《り》に聞《き》こゆ	秘密は洩れやすく、すぐに広まるものだということ。
筆《ふで》を誤《あやま》りて蠅《はえ》を作《つく》る	失敗を巧妙に取り繕って、上手に仕上げることのたとえ。
武《ぶ》を耀《かがや》かし威《い》を揚《あ》ぐ	武力や威力をあげて示すこと。
文《ぶん》章《しょう》は経《けい》国《こく》の大《たい》業《ぎょう》、不《ふ》朽《きゅう》の盛《せい》事《じ》	文章は後世まで残る、治国の大事業であるということ。
蚊《ぶん》虻《ぼう》牛《ぎゅう》羊《よう》を走《はし》らす	小さいものが大きなものを制すること。些細なことが大事を起こすこと。
鳳《ほう》凰《おう》群《ぐん》鶏《けい》と食《しょく》を争《あらそ》わず	王者は孤高を貫き俗界を超越しているということ。
骨《ほね》折《お》り損《ぞん》の草《くた》臥《び》れ儲《もう》け	苦労して疲れるだけで、何の成果も上がらないこと。
洞《ほら》ケ《が》峠《とうげ》をきめこむ	旗色のよいほうにつこうとして、形勢をうかがうこと。

故事・諺	意味
惚《ほ》れた腫《は》れたは当座《とうざ》のうち	恋愛の初めは激しい情念があるが、それもやがて冷めるということ。
煩悩《ぼんのう》なければ菩提《ぼだい》なし	煩悩も悟りのきっかけになるということ。
身《み》から出《で》た錆《さび》	自分の悪い行いのために、自分が苦しむこと。
蓑《みの》になり笠《かさ》になり	何かにつけて、ある人をかばうことのたとえ。
昔《むかし》とった杵柄《きねづか》	若い時にしっかり鍛えて身につけた技能や腕前のこと。
儲《もう》けぬ前《まえ》の胸算用《むなざんよう》	不確実なことに期待し、それを当てにしていろいろ計画を立てること。
門前雀羅《もんぜんじゃくら》を張《は》る	門前に雀が群れて網で捕らえられるほど、人がこない様子のたとえ。
野《や》に遺賢《いけん》無《な》し	有能な人材が皆官吏となり、民間にいないこと。国家が安定していること。
闇夜《やみよ》に烏《からす》、雪《ゆき》に鷺《さぎ》	見分けがつかないことのたとえ。
幽谷《ゆうこく》を出《い》でて喬木《きょうぼく》に遷《うつ》る	春に鳥が出て来て高い木に飛び移る意から、地位が上がるたとえ。

故事・諺	意味
弓《ゆみ》は袋《ふくろ》に太刀《たち》は鞘《さや》	天下泰平で、戦がなく武力を振るう必要のないこと。
葦《よし》の髄《ずい》から天井《てんじょう》を覗《のぞ》く	狭い見識で大きな問題を論じたり、勝手な判断をするたとえ。
洛陽《らくよう》の紙価《しか》を高《たか》める	本の売れ行きがよいことのたとえ。
六合《りくごう》、風《かぜ》を同《おな》じうす	天下が統一されて、風俗や教育を一様にすること。
理屈《りくつ》と膏薬《こうやく》はどこにでもつく	どんなことでももっともらしい理屈をつけることは可能だということ。
柳下恵《りゅうかけい》は飴《あめ》を見《み》て老人《ろうじん》を養《やしな》う物《もの》とし、盗跖《とうしゃく》は錠《じょう》を開《あ》くるに良《よ》き物《もの》とす	同じものを見ても、見た人の品性によって見方が変わるというたとえ。
竜《りゅう》の髭《ひげ》を撫《な》で虎《とら》の尾《お》を踏《ふ》む	非常に大きな危険を冒すことのたとえ。
良禽《りょうきん》は木《き》を択《えら》ぶ	賢い人物は自分の主人をよく品定めして仕えるということ。
竜虎《りゅうこ》、相搏《あいう》つ	強者同士が激しく戦うこと。
山葵《わさび》と浄瑠璃《じょうるり》は泣《な》いて誉《ほ》める	山葵と浄瑠璃は涙が出ないようなものは褒められないということ。

漢字の読み

準1級の読みの問題でよく問われるものを集めました。傍線部の読み方を答えて、覚えているかチェックしましょう。（答えは下）

①三冊乃至五冊本を買いたい。
②緊張が解れて笑顔が戻る。
③朝から倦怠感がひどい。
④漢籍を閲する。
⑤市内に勝利の凱歌が響く。
⑥よく出来ているが擬物だ。
⑦台風に備えて土嚢を貸し出す。
⑧詐欺の実態を糾す。
⑨古典に尖鋭的な解釈を施す。
⑩一族が挙って祭礼に参加した。

⑪海亀の周匝に子供が集まる。
⑫子育ては悲喜交の大仕事だ。
⑬二箇所に捺印してください。
⑭弟に罪を擦りつけてとぼける。
⑮枇杷の葉を煎じて飲む。
⑯権勢を縦にした大臣も失脚した。
⑰栴檀は双葉より芳し。
⑱俄雨に剰え雷まで鳴り出した。
⑲正義の鉄槌が下される。
⑳阻しい山道を這うように進む。

<答え>

一段目				
①ないし	②ほぐ	③けんたい	④けみ	⑤がいか
⑥まがいもの	⑦どのう	⑧ただ	⑨せんえい	⑩こぞ

二段目				
⑪しゅうそう	⑫こもごも	⑬なついん	⑭なす	⑮びわ
⑯ほしいまま	⑰せんだん	⑱あまつさ	⑲てっつい	⑳けわ

①祖父は脳溢血で亡くなった。
②夜が更けて転た静けさが増す。
③煽情的な歌詞。
④熱い湯に浸かって顔が熱った。
⑤雛鳥の牝牡を見分ける職人。
⑥身を危険に暴すことも厭わぬ。
⑦考古学の碩学と言われた学者。
⑧戸外で累りに子猫が鳴く。
⑨糟糠の妻を労う。
⑩細かな欠点を論って罵倒する。

---

⑪抄本の舛誤を見抜く。
⑫食べ乍ら話をするな。
⑬艶々とした葡萄の粒。
⑭飴玉に蟻が叢がる。
⑮藪沢の生態系を調査する。
⑯夜通し老爺の鼾を聞く。
⑰一見して贋作と分かる品だ。
⑱夙に起き読書に励む。
⑲隠遁して保身を図る。
⑳犬の吠え声に怯む。

<答え>

一段目	①のういっけつ	②うた	③せんじょう	④ほて	⑤ひんぼ	⑥さら	⑦せきがく	⑧しき	⑨そうこう	⑩あげつら
二段目	⑪せんご	⑫なが	⑬ぶどう	⑭むら	⑮そうたく	⑯はなし	⑰がんさく	⑱つと	⑲いんとん	⑳ひる

漢字の書き

準1級の書きの問題でよく問われるものを集めました。カタカナの部分の漢字を答えて、覚えているかチェックしましょう。（答えは下）

①ジョウショウの地位を狙う。
②ニワかに黒雲が立ち込める。
③他をリョウガする勢い。
④医者もサジを投げる難病。
⑤古人のエイチの結晶。
⑥庭先で小鳥が餌をツイバむ。
⑦フトウで漁船を見送る。
⑧シバシバ見舞いに訪れる。
⑨エイジの寝顔に癒される。
⑩両手を丸めて水をスクう。

⑪何卒ごカンジョください。
⑫地面をカスめて燕が飛ぶ。
⑬食事は大抵ソウザイを買う。
⑭ヒイラギの葉を皿に飾る。
⑮騒動をジャッキする言動。
⑯木のコズエに花芽を見つける。
⑰ジカドウチャクに陥る。
⑱神棚にサカキを供える。
⑲リュウチョウなフランス語。
⑳悪戯にホトホト手を焼く。

<答え>

一段目	①	②	③	④	⑤	⑥	⑦	⑧	⑨	⑩
	丞相	俄	凌（陵）駕	匙（匕）	叡智	啄（啅）	埠頭	屢	嬰児	掬

二段目	⑪	⑫	⑬	⑭	⑮	⑯	⑰	⑱	⑲	⑳
	寛恕	掠	惣菜	柊	惹起	梢	自家撞着	榊	流暢	殆

① 我が身の不遇にタンソクする。
② オイに小遣いをやる。
③ シンエンを覗き込む。
④ ススけた竹に美を見出す。
⑤ 家内のチンジを記録する。
⑥ 辺境のトリデを一人守る。
⑦ 川底に汚泥がチンデンする。
⑧ チびた鉛筆で書き付ける。
⑨ 父もすっかりコウコウヤだ。
⑩ 地面のクボみに足を取られた。

⑪ サンゴの指輪を誂《あつら》える。
⑫ 毎日三キロメートル走る。
⑬ ヒョウタンから駒。
⑭ 凝った酒のサカナを出す店。
⑮ コンペキの空に雲一つ。
⑯ タネマきの時期を迎えた。
⑰ 五穀のホウジョウを祈る。
⑱ 悪習がハビコる。
⑲ ケイセンを引き表を作る。
⑳ 馬糞にハエが集まる。

<答え>

	①	②	③	④	⑤	⑥	⑦	⑧	⑨	⑩
一段目	歎(嘆)息	甥	深淵	煤	椿事	砦	沈澱(殿)	禿	好好爺	窪

	⑪	⑫	⑬	⑭	⑮	⑯	⑰	⑱	⑲	⑳
二段目	珊瑚	粁	瓢箪	肴	紺碧	種蒔	豊穣	蔓	罫線	蝿

①学生時代キガを共にした。
②豪華なフスマエ。
③ボサツの姿を瞼《まぶた》に描く。
④四つツジに巡査が立つ。
⑤良質なタンパク質を摂る。
⑥足跡をタドって進む。
⑦オオゲサに騒ぎ立てる。
⑧アイディアがヒラメく。
⑨警察でジンモンを受ける。
⑩今日はスコブる機嫌が良い。

⑪読書のダイゴミを語る。
⑫小型のワニを飼育している。
⑬教室はリッスイの余地もない。
⑭大山鳴動してネズミ一匹。
⑮ヨロしくご鞭撻《べんたつ》ください。
⑯弟をカバって叱られる。
⑰ロギョ章草の誤り。
⑱時間を忘れてシャベり続けた。
⑲テイダンを企画する。
⑳食費がカサむ。

<答え>

一段目									
①起臥	②襖絵	③菩薩	④辻	⑤蛋白	⑥辿	⑦大袈裟	⑧閃	⑨訊問	⑩頗

二段目									
⑪醍醐味	⑫鰐	⑬立錐	⑭鼠	⑮宜	⑯庇	⑰魯魚	⑱喋	⑲鼎談	⑳嵩

合格に役立つ資料

漢字の音と訓

準1級の同じ漢字の音と訓の問題でよく問われるものを集めました。読み方を答えて、覚えているかチェックしましょう。（答えは下）

①汎用　②汎い　③蒙昧　④昧い　⑤厭悪　⑥悪む　⑦遡及　⑧遡る　⑨些細　⑩些か

⑪聯亙　⑫亙る　⑬僻地　⑭僻る　⑮允可　⑯允す　⑰凋落　⑱凋む　⑲劃然　⑳劃る

㉑匡済　㉒匡す　㉓坐臥　㉔坐に　㉕尤物　㉖尤める　㉗輔弼　㉘弼ける　㉙知悉　㉚悉く

㉛捷径　㉜捷い　㉝擾乱　㉞擾れる　㉟晦冥　㊱晦い　㊲剛毅　㊳毅い　㊴淘汰　㊵淘げる

<答え>

一段目	①はんよう	②ひろ	③もうまい	④くら	⑤えんお	⑥にく	⑦そきゅう	⑧さかのぼ	⑨ささい	⑩いささ
二段目	⑪れんこう	⑫わた	⑬へきち	⑭かたよ	⑮いんか	⑯ゆる	⑰ちょうらく	⑱しぼ	⑲かくぜん	⑳くぎ
三段目	㉑きょうさい	㉒ただ	㉓ざが	㉔そぞろ	㉕ゆうぶつ	㉖とが	㉗ほひつ	㉘たす	㉙ちしつ	㉚ことごと
四段目	㉛しょうけい	㉜はや	㉝じょうらん	㉞みだ	㉟かいめい	㊱くら	㊲ごうき	㊳つよ	㊴とうた	㊵よな

①優渥
②渥い
③烹煎
④烹る
⑤畢生
⑥畢わる
⑦盈虚
⑧盈ちる
⑨砥礪
⑩礪く

⑪稀有
⑫稀い
⑬穿孔
⑭穿つ
⑮狭窄
⑯窄まる
⑰耽溺
⑱耽る
⑲肇国
⑳肇める

㉑萌芽
㉒萌む
㉓蕃殖
㉔蕃える
㉕永訣
㉖訣れる
㉗誤謬
㉘謬る
㉙趨勢
㉚趨く

㉛輯睦
㉜輯める
㉝強靱
㉞靱やか
㉟鍾愛
㊱鍾める
㊲饗応
㊳饗す
㊴鳩合
㊵鳩まる

<答え>

一段目	①ゆうあく	②あつ	③ほうせん	④に	⑤ひっせい	⑥お	⑦えいきょ	⑧み	⑨しれい	⑩みが
二段目	⑪けう	⑫うす	⑬せんこう	⑭うが	⑮きょうさく	⑯せば	⑰たんでき	⑱ふけ	⑲ちょうこく	⑳はじ
三段目	㉑ほうが	㉒めぐ	㉓はんしょく	㉔ふ	㉕えいけつ	㉖わか	㉗ごびゅう	㉘あやま	㉙すうせい	㉚おもむ
四段目	㉛しゅうぼく	㉜あつ	㉝きょうじん	㉞しな	㉟しょうあい	㊱あつ	㊲きょうおう	㊳もてな	㊴きゅうごう	㊵あつ

合格に役立つ資料

共通する漢字

準1級の共通する漢字の問題でよく問われるものを集めました。（　）に入る漢字を答えて、覚えているかチェックしましょう。（答えは下）

①
- 催事の企（　　）書を作成した。
- 彼我に（　　）然とした差を認める。

②
- 親戚縁者を巻き込む（　　）争。
- もはや（　　）累もない孤独の身だ。

③
- 洗剤の原液を（　　）釈する。
- （　　）代の名優と称えられた。

④
- 冷夏で稀に見る（　　）荒となった。
- 民衆は遂に（　　）徒と化した。

⑤
- 人事から私（　　）を排除する。
- 住民には委（　　）を尽くして説明した。

⑥
- 国民の膏（　　）を絞る政策。
- 僅かな隙に（　　）路を見出す。

⑦
- 口元に薄（　　）そうな笑みが浮かぶ。
- 徒に射（　　）心を煽ってはならない。

⑧
- 田圃に農薬を（　　）布する。
- 恣意的な解釈が（　　）見される。

⑨
- 日に日に（　　）意が露になる。
- 身振りで意思の（　　）通を試みる。

⑩
- 値引きの（　　）菜で晩飯を済ます。
- 地域住民の（　　）意を示す。

＜答え＞

①	②	③	④	⑤	⑥	⑦	⑧	⑨	⑩
画	係	希	凶	曲	血	幸	散	疎	総

①
無事に（　　）寿を迎える人は稀だ。
倉（　　）の客に慌てて茶菓を出す。

②
苦心の末に（　　）稿した著書。
少年は（　　）兎のごとく逃げた。

③
わが苦（　　）をお察しください。
（　　）心よりお詫び申し上げます。

④
犀（　　）な筆致の文学批評。
（　　）益の薄い品ばかり扱う。

⑤
顔回は（　　）聖と称される。
白（　　）輝く学び舎。

⑥
胸に秘めた凌（　　）の志を語る。
義勇軍が（　　）霞の如く集まる。

⑦
志半ばで（　　）死した。
気力が（　　）溢する感覚。

⑧
自然の（　　）寵に感謝する。
いつしか忘（　　）の徒と成り果てる。

⑨
後のことは悉（　　）頼みましたよ。
親の代からの借金を（　　）済した。

⑩
引く手（　　）多の人気芸人。
軽微な違反は黙（　　）しておく。

<答え>

①	②	③	④	⑤	⑥	⑦	⑧	⑨	⑩
卒	脱	衷	利	亜	雲	横	恩	皆	許

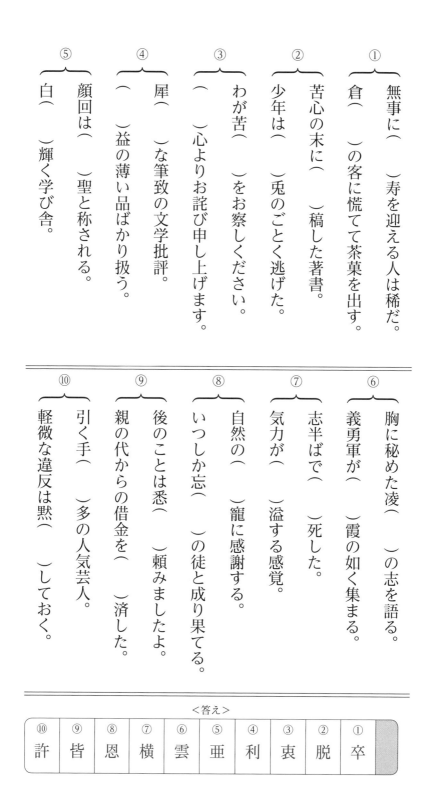

①
{子供が頓（　）な声を上げる。
{風（　）の思いやまず旅に出る。

②
{大（　）に驚いてみせる。
{怪我人を（　）臥させ救助を待つ。

③
{そう（　）高だと生徒に慕われないぞ。
{強（　）を発動して住民を退去させた。

④
{何世代も（　）税に喘《あえ》いできた。
{苛（　）な刑罰も時には必要だ。

⑤
{冬枯れて山村は（　）漠としている。
{他人の家庭事情を詮（　）するな。

⑥
{齢六十、（　）順の境地には程遠い。
{企業合併の牛（　）を執った。

⑦
{合格の報に接して（　）眉を開く。
{妻の顔には憂（　）の色が絶えない。

⑧
{不倫報道には食（　）気味だ。
{他人の中（　）など意に介さない。

⑨
{お互いに牽（　）し合う。
{人工衛星が（　）御不能となった。

⑩
{哺乳類は脊椎動物に包（　）される。
{物理学で自然の（　）理を解明する。

<答え>

①	②	③	④	⑤	⑥	⑦	⑧	⑨	⑩
狂	仰	権	酷	索	耳	愁	傷	制	摂

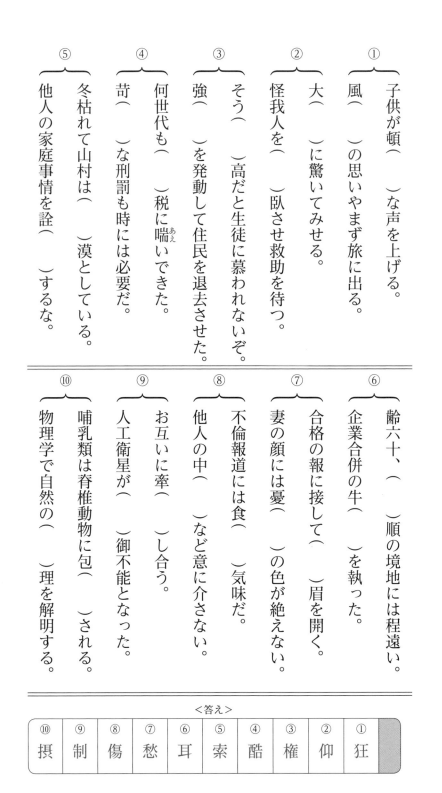

①
（　）皇として部屋を出て行く。
新潟は我が国の穀（　）地帯だ。

②
事の経緯を具（　）する。
取引先に（　）謝する。

③
教育により人格を（　）冶する。
美酒に（　）然として酔いしれる。

④
（　）学の士として知られる。
弟子を懇（　）に教え諭す。

⑤
訴状を（　）見する。
山積みの郵便物を開（　）する。

⑥
（　）履のように捨ててしまう。
時（　）を正そうと奔走する。

⑦
組織の上層部が気（　）を通じていた。
今日まで命（　）をつないできた。

⑧
（　）官制をよしとしない。
古書店街を渉（　）して過ごす。

⑨
宿（　）の助言に耳を傾ける。
心身ともに衰えた（　）残の身だ。

⑩
負けたままで終わるのは（　）腹だ。
隣家の老人は因（　）で有名だ。

<答え>

①	②	③	④	⑤	⑥	⑦	⑧	⑨	⑩
倉	陳	陶	篤	披	弊	脈	猟	老	業

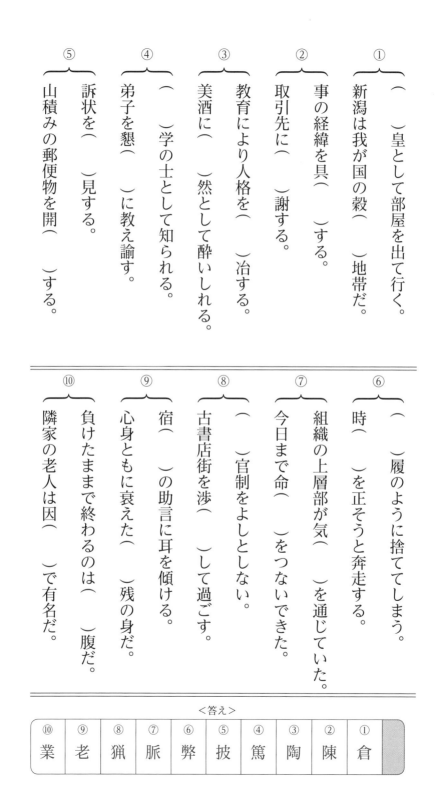

合格に役立つ資料

誤字訂正

準1級の漢字を用いた誤字訂正の問題で、実際に出題されたものや、気をつけておきたいものを掲載しました。正しい漢字を答えて、覚えているかチェックしましょう。（答えは下）

① 新人巡査は酸鼻を極める犯罪現場に臨んでも未塵も怯む様子がない。

② 幽寂な森の深奥に広がる鬱蒼とした藪沢は錦獣の桃源郷であった。

③ 黄昏時、廃墟《はいきょ》の瓦礫《がれき》の狭間に何者かの気配を感じて肌が泡立つ。

④ 伝統産業の振興政策の一環として手透き和紙の工房が設立された。

⑤ 純真無垢な表情に可憐で清疎な雰囲気を漂わせて老紳士を籠絡する。

⑥ 塵芥を捲き上げる突風が起こった刹那、黒狗は骨然と姿を消した。

⑦ 複数の容疑者を訊問したが供述は錯争し真相は依然として藪の中だ。

⑧ 村の老爺は途徹もない法螺噺を巧みに語り病児の無聊《ぶりょう》を大いに慰めた。

⑨ 不慮の事故で一時は危篤に陥った女婿が快癒したと聞き安度した。

⑩ 野生の馬を順致して家畜とし、農具の牽引や物資の運搬に使役した。

＜答え＞

	①	②	③	④	⑤	⑥	⑦	⑧	⑨	⑩
誤	未	錦	泡	透	疎	骨	争	徹	度	順
↓	↓	↓	↓	↓	↓	↓	↓	↓	↓	↓
正	微	禽	粟	漉	楚	忽	綜	轍	堵	馴

①入学早々、お喋りに興じて担任教師の激鱗に触れたと聞き呆れ果てる。

②将軍は蓬髪垢面、堂々たる軀体に強甚な精神を併せ持つ偉丈夫である。

③東の稜線から初光が射し、山麓の小屋からは烹炊の煙が揺曳している。

④檜の一木造り、金で鍍金を施された菩薩の坐像は讃然たる輝きを放った。

⑤厩舎の隅で先輩から仔馬の内に駿馬と駄馬を見分ける秘結を伝授される。

⑥風采の上がらなかった壮年期よりは恰腹も良くなり年齢相応の容貌となる。

⑦茅拭き屋根の維持と修繕には専門の職人と附近住民との協力が不可欠だ。

⑧新進気鋭の推理小説家が上紙した新刊を求めて郊外の書肆《しょし》へ奔走した。

⑨地元の小さな味噌蔵は発酵技術を生かして市場を席圏するまでに成功した。

⑩集落内の田圃の管漑の水源を確保するために堰堤を築く。

<答え>

誤↓正	①	②	③	④	⑤	⑥	⑦	⑧	⑨	⑩
誤	激	甚	初	讃	結	腹	拭	紙	圏	管
正	逆	靭	曙	燦	訣	幅	葺	梓	捲	灌

① 日々怒騰の如く押し寄せる書類を迅速丁寧に捌く辣腕の事務員。

② 領主は土着の信仰を蒙昧だと冒徳し、憤怨を募らせた住民に焚殺された。

③ 荘厳な雰囲気の中父祖の霊廟を前に、親戚一同が揃って黙悼を捧げた。

④ 巷間の俗説では失走した青年は先主と寵姫の間に生まれた一粒胤らしい。

⑤ 白亜の古城の門扉は蔓性の植物に遮閉され、周囲は深い叢と化していた。

---

⑥ 甘言蜜語で寵臣に阿り、自らの官途に便宜を図って貰うことを常当とする。

⑦ 縦に蔓る蔦を切り拓いて進み、峻険な崖を傲然と落ちる滝へ辿り着いた。

⑧ 金釦の上着に小さな肩掛け鞄を提げた少年が駈けて行くのを蔑見した。

⑨ 俗塵を避け草庵での隠遁生活に入ったが心の裡の煩問は霧散しなかった。

⑩ 中生代白亜紀の地層から特徴的な頭骸骨を持つ大型爬虫類《はちゅうるい》の化石が出た。

＜答え＞

誤→正	①	②	③	④	⑤	⑥	⑦	⑧	⑨	⑩
誤	騰	徳	悼	走	閉	当	傲	蔑	問	骸
正	濤	瀆	禱	踪	蔽	套	轟	瞥	悶	蓋

①史料保存の為、さる仏僧の真蹟とされる経典の摸写を専門機関に委職した。

②今度の新入社員は重役と縁籍関係にあることを笠に着て横柄な態度を取る。

③幾星霜の風雪に耐えた雅藍は古色蒼然として周囲の黛青に調和していた。

④留学生の概博な知識と流暢な日本語に少なからず刺戟を受けたようだ。

⑤賑やかな街角で滑軽な動作をし乍ら風船を配る道化師に暫し見入っていた。

⑥体軀の小さい歩哨は少年に勘禄を見せようと態と大きな咳払いをした。

⑦ご隠居喫近の課題は莫大な蔵書の整理と曝書、それに庭木の剪定《せんてい》である。

⑧時弊を匡救し、大衆を啓盲すべく禿筆を揮って一文を認めた。

⑨嘗て世に顕伝された科学的発見の嘘が暴かれ嘲笑の的となった。

⑩門下の子弟は皆各界の尤物・重鎮として活躍しており、教師妙利に尽きる。

＜答え＞

誤→正	①	②	③	④	⑤	⑥	⑦	⑧	⑨	⑩
	職→嘱	籍→戚	雅→伽	概→該	軽→稽	勘→貫	近→緊	盲→蒙	顕→喧	妙→冥

四字熟語

解説・意味にあてはまる四字熟語を□から選び、傍線部の読み方を答えて、覚えているかチェックしましょう。（答えは下）

①気に入られようとしてへつらうこと。
②意外なものが手に入ること。
③相手を簡単にうち負かすこと。
④平和な世の中のたとえ。
⑤きわめて勢力がさかんな様子。
⑥事態が急変することのたとえ。

鎧袖一触・魚網鴻離・社燕秋鴻
鼓腹撃壌・群鶏一鶴・旭日昇天
紫電一閃・阿附迎合

---

①勢いを盛り返すこと。
②ものごとの一部だけ見て判断する。
③どちらとも決めず曖昧な態度をとる。
④つまらぬものも何かの役に立つ。
⑤古い習慣にこだわっている様子。
⑥大変美しい人をいう言葉。

捲土重来・全豹一斑・百福荘厳
竹頭木屑・因循姑息・沈魚落雁
不失正鵠・首鼠両端

＜答え＞

	①	②	③	④	⑤	⑥
一段目	あふ（阿《あ》附《ふ》迎《げい》合《ごう》）	こうり（魚《ぎょ》網《もう》鴻《こう》離《り》）	がいしゅう（鎧《がい》袖《しゅう》一《いっ》触《しょく》）	げきじょう（鼓《こ》腹《ふく》撃《げき》壌《じょう》）	きょくじつ（旭《きょく》日《じつ》昇《しょう》天《てん》）	いっせん（紫《し》電《でん》一《いっ》閃《せん》）
二段目	けんど（捲《けん》土《ど》重《ちょう》来《らい》）	いっぱん（全《ぜん》豹《びょう》一《いっ》斑《ぱん》）	しゅそ（首《しゅ》鼠《そ》両《りょう》端《たん》）	ぼくせつ（竹《ちく》頭《とう》木《ぼく》屑《せつ》）	いんじゅん（因《いん》循《じゅん》姑《こ》息《そく》）	らくがん（沈《ちん》魚《ぎょ》落《らく》雁《がん》）

①ものごとの手本や標準になるもの。
②気力に満ち勢いがさかんな様子。
③他人の子弟の才能を褒めることば。
④文筆によって生計を立てること。
⑤耳に心地よい言葉。
⑥訪問者もなく寂れている様子。

門前雀羅・芝蘭玉樹・筆耕硯田
甜言蜜語・抜山蓋世・無知蒙昧
全豹一斑・規矩準縄

---

①実際にはありえないもののたとえ。
②見識の狭いことのたとえ。
③風流心のないことのたとえ。
④努力をせずに空しい望みを抱く。
⑤小さな原因で大事が起こること。
⑥才能を隠して目立たないようにする。

蚊虻走牛・曖昧模糊・臨淵羨魚
和光同塵・兎角亀毛・焚琴煮鶴
兵者凶器・用管窺天

<答え>

	①	②	③	④	⑤	⑥
一段目	きく（規《き》矩《く》準《じゅん》縄《じょう》）	がいせい（抜《ばつ》山《ざん》蓋《がい》世《せい》）	しらん（芝《し》蘭《らん》玉《ぎょく》樹《じゅ》）	けんでん（筆《ひっ》耕《こう》硯《けん》田《でん》）	てんげん（甜《てん》言《げん》蜜《みつ》語《ご》）	じゃくら（門《もん》前《ぜん》雀《じゃく》羅《ら》）
二段目	とかく（兎《と》角《かく》亀《き》毛《もう》）	きてん（用《よう》管《かん》窺《き》天《てん》）	ふんきん（焚《ふん》琴《きん》煮《しゃ》鶴《かく》）	せんぎょ（臨《りん》淵《えん》羨《せん》魚《ぎょ》）	ぶんぼう（蚊《ぶん》虻《ぼう》走《そう》牛《ぎゅう》）	どうじん（和《わ》光《こう》同《どう》塵《じん》）

①目的に向かって突き進むこと。

②人の言行や立ち居振る舞いのこと。

③規律が整い、士気が高い陣容。

④本質をとらえていない浅はかな考え。

⑤たどり着ける最高点のこと。

⑥どうしても許せない、深い憎しみのこと。

百尺竿頭・皮膚之見・猪突猛進
清濁併呑・堂堂之陣・不倶戴天
回光反照・動静云為

---

①学問や言論に対する弾圧。

②果てしなく遠い道のりのたとえ。

③人生のはかなさのたとえ。

④物事を途中で止めてはならないという教え。

⑤他人の真似をして実質が伴わないこと。

⑥速度が非常に速いことのたとえ。

輿馬風馳・鵬程万里・穿壁引光
泡沫夢幻・優孟衣冠・無明長夜
孟母断機・焚書坑儒

<答え>

一段目		
①	ちょとつ	（猪突猛進《ちょとつもうしん》）
②	うんい	（動静云為《どうせいうんい》）
③	のじん	（堂堂之陣《どうどうのじん》）
④	ひふ	（皮膚之見《ひふのけん》）
⑤	かんとう	（百尺竿頭《ひゃくせきかんとう》）
⑥	たいてん	（不倶戴天《ふぐたいてん》）

二段目		
①	ふんしょ	（焚書坑儒《ふんしょこうじゅ》）
②	ほうてい	（鵬程万里《ほうていばんり》）
③	ほうまつ	（泡沫夢幻《ほうまつむげん》）
④	だんき	（孟母断機《もうぼだんき》）
⑤	ゆうもう	（優孟衣冠《ゆうもういかん》）
⑥	よば	（輿馬風馳《よばふうち》）

①とても美しいこと。美しく着飾ること。
②目的を果たすため、苦難に耐えること。
③枝葉に気が向き、本質を見失うこと。
④節操なく、その時々で立場を変えること。
⑤慌ただしく、月日が早く過ぎること。
⑥自分を欺き、悪事を行うこと。

掩耳盗鐘・魯般雲梯・烏飛兎走
坐薪懸胆・綾羅錦繍・釈根灌枝
短褐穿結・内股膏薬

---

①曲がりくねって長く続く海岸線。
②辛い別れを惜しむこと。
③物事の根本を探究すること。
④髪を剃り、出家すること。
⑤ある地位を巡って争うこと。
⑥きわめて野心が盛んな様子。

狼貪虎視・光陰如箭・推本遡源
牽衣頓足・中原逐鹿・長汀曲浦
首鼠両端・剃髪落飾

<答え>

	①	②	③	④	⑤	⑥
一段目	きんしゅう（綾《りょう》羅《ら》錦《きん》繍《しゅう》）	ざしん（坐《ざ》薪《しん》懸《けん》胆《たん》）	かんし（釈《しゃく》根《こん》灌《かん》枝《し》）	ごうやく（こうやく）（内《うち》股《また》膏《ごう》薬《やく》）	とそう（烏《う》飛《ひ》兎《と》走《そう》）	えんじ（掩《えん》耳《じ》盗《とう》鐘《しょう》）
二段目	ちょうてい（長《ちょう》汀《てい》曲《きょく》浦《ほ》）	けんい（牽《けん》衣《い》頓《とん》足《そく》）	そげん（推《すい》本《ほん》遡《そ》（溯）源《げん》）	ていはつ（剃《てい》（剔）髪《はつ》落《らく》飾《しょく》）	ちくろく（中《ちゅう》原《げん》逐《ちく》鹿《ろく》）	ろうどん（狼《ろう》貪《どん》虎《こ》視《し》）

合格に役立つ資料

対義語

準1級の対義語の問題でよく問われるものを集めました。□□に入る対義語を答えて、覚えているかチェックしましょう。（答えは下）

① 進取《しんしゅ》 ↔ □□《たいえい》
② 公平《こうへい》 ↔ □□《へんぱ》
③ 中枢《ちゅうすう》 ↔ □□《まっしょう》
④ 出家《しゅっけ》 ↔ □□《げんぞく》
⑤ 強靭《きょうじん》 ↔ □□《ぜいじゃく》
⑥ 尊崇《そんすう》 ↔ □□《ぼうとく》
⑦ 危惧《きぐ》 ↔ □□《あんど》
⑧ 平明《へいめい》 ↔ □□《かいじゅう》
⑨ 秩序《ちつじょ》 ↔ □□《こんとん》
⑩ 起工《きこう》 ↔ □□《しゅんせい》

⑪ 緊張《きんちょう》 ↔ □□《しかん》
⑫ 僅少《きんしょう》 ↔ □□《ばくだい》
⑬ 熟視《じゅくし》 ↔ □□《べっけん》
⑭ 枯渇《こかつ》 ↔ □□《ゆうしゅつ》
⑮ 明朗《めいろう》 ↔ □□《あんうつ》
⑯ 遵奉《じゅんぽう》 ↔ □□《いはい》
⑰ 捷径《しょうけい》 ↔ □□《うろ》
⑱ 豪胆《ごうたん》 ↔ □□《おくびょう》
⑲ 永住《えいじゅう》 ↔ □□《かぐう》
⑳ 昏迷《こんめい》 ↔ □□《かくせい》

㉑ 肥沃《ひよく》 ↔ □□《こうぶ》
㉒ 貫徹《かんてつ》 ↔ □□《ざせつ》
㉓ 旧套《きゅうとう》 ↔ □□《ざんしん》
㉔ 挽回《ばんかい》 ↔ □□《しっつい》
㉕ 露出《ろしゅつ》 ↔ □□《しゃへい》
㉖ 快諾《かいだく》 ↔ □□《しゅんきょ》
㉗ 安寧《あんねい》 ↔ □□《じょうらん》
㉘ 浅瀬《あさせ》 ↔ □□《しんえん》
㉙ 凝滞《ぎょうたい》 ↔ □□《しんちょく》
㉚ 暗愚《あんぐ》 ↔ □□《そうめい》

㉛ 断行《だんこう》 ↔ □□《ちぎ》
㉜ 諫言《かんげん》 ↔ □□《ついしょう》
㉝ 会心《かいしん》 ↔ □□《つうこん》
㉞ 進展《しんてん》 ↔ □□《ていとん》
㉟ 枯淡《こたん》 ↔ □□《のうえん》
㊱ 懸絶《けんぜつ》 ↔ □□《はくちゅう》
㊲ 不毛《ふもう》 ↔ □□《ひよく》
㊳ 険阻《けんそ》 ↔ □□《へいたん》
㊴ 鮮明《せんめい》 ↔ □□《もこ》
㊵ 匡正《きょうせい》 ↔ □□《わいきょく》

<答え>

一段目	①	②	③	④	⑤	⑥	⑦	⑧	⑨	⑩
	退嬰	偏頗	末梢	還俗	脆弱	冒瀆	安堵	晦渋	混沌（渾）	竣成

二段目	⑪	⑫	⑬	⑭	⑮	⑯	⑰	⑱	⑲	⑳
	弛緩	莫大	瞥見	湧出（涌）	暗鬱	違背	迂路	臆病（憶）	仮寓	覚醒

三段目	㉑	㉒	㉓	㉔	㉕	㉖	㉗	㉘	㉙	㉚
	荒蕪	挫折	斬新	失墜	遮蔽	峻拒	擾乱	深淵	進捗（陟）	聡明

四段目	㉛	㉜	㉝	㉞	㉟	㊱	㊲	㊳	㊴	㊵
	遅疑	追従	痛恨	停頓	濃艶	伯仲	肥沃	平坦	模糊	歪曲

① 威嚇《いかく》 ↕ □□《いぶ》
② 侮蔑《ぶべつ》 ↕ □□《いけい》
③ 払暁《ふつぎょう》 ↕ □□《こうこん》
④ 安泰《あんたい》 ↕ □□《きたい》
⑤ 恩人《おんじん》 ↕ □□《きゅうてき》
⑥ 重大《じゅうだい》 ↕ □□《ささい》
⑦ 活用《かつよう》 ↕ □□《しぞう》
⑧ 駄馬《だば》 ↕ □□《しゅんめ》
⑨ 奇抜《きばつ》 ↕ □□《じょうとう》
⑩ 繁栄《はんえい》 ↕ □□《ちょうらく》

---

⑪ 激賞《げきしょう》 ↕ □□《つうば》
⑫ 蓄財《ちくざい》 ↕ □□《とうじん》
⑬ 弥縫《びほう》 ↕ □□《はたん》
⑭ 付与《ふよ》 ↕ □□《はくだつ》
⑮ 遅鈍《ちどん》 ↕ □□《びんしょう》
⑯ 文治《ぶんち》 ↕ □□《ぶだん》
⑰ 称讃《しょうさん》 ↕ □□《ちょうば》
⑱ 騒擾《そうじょう》 ↕ □□《あんたい》
⑲ 瞬間《しゅんかん》 ↕ □□《えいごう》
⑳ 楽天《らくてん》 ↕ □□《えんせい》

㉑ 優柔《ゆうじゅう》 ↕ □□《かだん》
㉒ 真作《しんさく》 ↕ □□《がんさく》
㉓ 豊稔《ほうじん》 ↕ □□《きょうこう》
㉔ 大度《たいど》 ↕ □□《きょうりょう》
㉕ 繊弱《せんじゃく》 ↕ □□《けんろう》
㉖ 消沈《しょうちん》 ↕ □□《けんこう》
㉗ 蒼白《そうはく》 ↕ □□《こうちょう》
㉘ 覚醒《かくせい》 ↕ □□《こんすい》
㉙ 旭日《きょくじつ》 ↕ □□《しゃよう》
㉚ 配下《はいか》 ↕ □□《しゅかい》

㉛ 抑止《よくし》 ↕ □□《せんどう》
㉜ 狭量《きょうりょう》 ↕ □□《おうよう》
㉝ 祝賀《しゅくが》 ↕ □□《ちょうとう》
㉞ 精密《せいみつ》 ↕ □□《ずさん》
㉟ 碇泊《ていはく》 ↕ □□《ばつびょう》
㊱ 論難《ろんなん》 ↕ □□《はんばく》
㊲ 閑散《かんさん》 ↕ □□《はんげき》
㊳ 裕福《ゆうふく》 ↕ □□《ひっぱく》
㊴ 懲戒《ちょうかい》 ↕ □□《ゆうめん》
㊵ 抗争《こうそう》 ↕ □□《わぼく》

＜答え＞

一段目	① 慰撫	② 畏敬	③ 黄昏	④ 危殆	⑤ 仇敵	⑥ 些細（瑣）	⑦ 死蔵	⑧ 駿馬	⑨ 常套	⑩ 凋落
二段目	⑪ 痛罵	⑫ 蕩尽	⑬ 破綻	⑭ 剝奪	⑮ 敏捷	⑯ 武断	⑰ 嘲罵	⑱ 安泰	⑲ 永劫	⑳ 厭世
三段目	㉑ 果断	㉒ 贋作	㉓ 凶荒	㉔ 狭量	㉕ 堅牢	㉖ 軒昂	㉗ 紅潮	㉘ 昏睡	㉙ 斜陽	㉚ 首魁
四段目	㉛ 煽動	㉜ 鷹揚	㉝ 弔悼	㉞ 杜撰	㉟ 抜錨	㊱ 反駁	㊲ 繁劇	㊳ 逼迫	㊴ 宥免	㊵ 和睦

類義語

準1級の類義語の問題でよく問われるものを集めました。□□に入る類義語を答えて、覚えているかチェックしましょう。（答えは下）

① 経緯《けいい》＝□□《てんまつ》
② 遭遇《そうぐう》＝□□《ほうちゃく》
③ 朝暮《ちょうぼ》＝□□《たんせき》
④ 碇泊《ていはく》＝□□《とうびょう》
⑤ 空前《くうぜん》＝□□□《みぞう》
⑥ 退屈《たいくつ》＝□□《けんたい》
⑦ 頑丈《がんじょう》＝□□《けんろう》
⑧ 頓着《とんちゃく》＝□□《こうでい》
⑨ 大略《たいりゃく》＝□□《こうがい》
⑩ 誘発《ゆうはつ》＝□□《じゃっき》

⑪ 結局《けっきょく》＝□□《しょせん》
⑫ 虚実《きょじつ》＝□□《しんがん》
⑬ 滞在《たいざい》＝□□《とうりゅう》
⑭ 復活《ふっかつ》＝□□《そせい》
⑮ 永眠《えいみん》＝□□《ちょうせい》
⑯ 起用《きよう》＝□□《ばってき》
⑰ 要諦《ようてい》＝□□《ひけつ》
⑱ 奇怪《きかい》＝□□《めんよう》
⑲ 器量《きりょう》＝□□《ようぼう》
⑳ 仲介《ちゅうかい》＝□□《あっせん》

㉑ 払拭《ふっしょく》＝□□《いっそう》
㉒ 繁昌《はんじょう》＝□□《えいよう》
㉓ 死別《しべつ》＝□□《えいけつ》
㉔ 恒久《こうきゅう》＝□□《えいごう》
㉕ 大儀《たいぎ》＝□□《おっくう》
㉖ 難解《なんかい》＝□□《かいじゅう》
㉗ 壊滅《かいめつ》＝□□《がかい》
㉘ 容赦《ようしゃ》＝□□《かんじょ》
㉙ 不世出《ふせいしゅつ》＝□□《けう》
㉚ 絶壁《ぜっぺき》＝□□《けんがい》

㉛ 腹心《ふくしん》＝□□《ここう》
㉜ 突如《とつじょ》＝□□《こつぜん》
㉝ 軽少《けいしょう》＝□□《ささい》
㉞ 無惨《むざん》＝□□《さんび》
㉟ 排撃《はいげき》＝□□《しだん》
㊱ 営営《えいえい》＝□□《しし》
㊲ 逐電《ちくでん》＝□□《しゅっぽん》
㊳ 刊行《かんこう》＝□□《じょうし》
㊴ 台所《だいどころ》＝□□《ちゅうぼう》
㊵ 動向《どうこう》＝□□《すうせい》

＜答え＞

一段目	① 顛末	② 逢着	③ 旦夕	④ 投錨	⑤ 未曽有	⑥ 倦怠	⑦ 堅牢	⑧ 拘泥	⑨ 梗概	⑩ 惹起
二段目	⑪ 所詮	⑫ 真贋	⑬ 逗留	⑭ 蘇生（甦）	⑮ 長逝	⑯ 抜擢	⑰ 秘訣	⑱ 面妖	⑲ 容貌	⑳ 斡旋
三段目	㉑ 一掃	㉒ 栄耀	㉓ 永訣	㉔ 永劫	㉕ 億劫	㉖ 晦渋	㉗ 瓦解	㉘ 寛恕	㉙ 稀有（希）	㉚ 懸崖
四段目	㉛ 股肱	㉜ 忽然	㉝ 些細（瑣）	㉞ 酸鼻	㉟ 指弾	㊱ 孜孜	㊲ 出奔	㊳ 上梓	㊴ 厨房	㊵ 趨勢

① 軽率《けいそつ》＝□□《そこつ》
② 根城《ねじろ》＝□□《そうくつ》
③ 妙趣《みょうしゅ》＝□□□《だいごみ》
④ 精通《せいつう》＝□□《ちしつ》
⑤ 横行《おうこう》＝□□《ちょうりょう》
⑥ 魔手《ましゅ》＝□□《そうが》
⑦ 波及《はきゅう》＝□□《でんぱ》
⑧ 粗雑《そざつ》＝□□《ずさん》
⑨ 錬成《れんせい》＝□□《とうや》
⑩ 出家《しゅっけ》＝□□《とんせい》

⑪ 地獄《じごく》＝□□《ならく》
⑫ 洪水《こうずい》＝□□《はんらん》
⑬ 苦悩《くのう》＝□□《はんもん》
⑭ 終身《しゅうしん》＝□□《ひっせい》
⑮ 窮乏《きゅうぼう》＝□□《ひっぱく》
⑯ 消長《しょうちょう》＝□□《ふちん》
⑰ 消去《しょうきょ》＝□□《ふっしょく》
⑱ 道楽《どうらく》＝□□《ほうとう》
⑲ 糊塗《こと》＝□□《びほう》
⑳ 繁栄《はんえい》＝□□《りゅうしょう》

㉑ 尾根《おね》＝□□《りょうせん》
㉒ 医者《いしゃ》＝□□《きょうりん》
㉓ 過賞《かしょう》＝□□《いつび》
㉔ 認可《にんか》＝□□《いんきょ》
㉕ 盛衰《せいすい》＝□□《えいきょ》
㉖ 卓出《たくしゅつ》＝□□《えいだつ》
㉗ 意趣《いしゅ》＝□□《えんこん》
㉘ 来歴《らいれき》＝□□《えんかく》
㉙ 寄留《きりゅう》＝□□《かぐう》
㉚ 洞察《どうさつ》＝□□《かんぱ》

㉛ 動顛《どうてん》＝□□《ぎょうてん》
㉜ 傍観《ぼうかん》＝□□《ざし》
㉝ 収奪《しゅうだつ》＝□□《さくしゅ》
㉞ 両雄《りょうゆう》＝□□《そうへき》
㉟ 学識《がくしき》＝□□《ぞうけい》
㊱ 鉄面皮《てつめんぴ》＝□□□《はれんち》
㊲ 隠蔽《いんぺい》＝□□《ひとく》
㊳ 尊大《そんだい》＝□□《ふそん》
㊴ 全快《ぜんかい》＝□□《へいゆ》
㊵ 卓越《たくえつ》＝□□《りょうが》

＜答え＞

一段目	① 粗忽（楚）	② 巣窟	③ 醍醐味	④ 知悉	⑤ 跳梁	⑥ 爪牙	⑦ 伝播	⑧ 杜撰	⑨ 陶冶	⑩ 遁世
二段目	⑪ 奈落	⑫ 氾濫	⑬ 煩悶	⑭ 畢生	⑮ 逼迫	⑯ 浮沈	⑰ 払拭	⑱ 放蕩	⑲ 弥縫	⑳ 隆昌
三段目	㉑ 稜線	㉒ 杏林	㉓ 溢美	㉔ 允許	㉕ 盈虚	㉖ 穎脱	㉗ 怨恨	㉘ 沿革	㉙ 仮寓	㉚ 看破
四段目	㉛ 仰天	㉜ 座視	㉝ 搾取	㉞ 双璧	㉟ 造詣	㊱ 破廉恥	㊲ 秘匿	㊳ 不遜	㊴ 平癒	㊵ 凌駕（陵）

■編者　一校舎漢字研究会（株式会社一校舎）
学習教材の編集制作で得た経験を生かし、漢字のプロ集団として多数の漢字学習教材を手がけている。

■お問い合わせ
本書の内容に関するお問い合わせは、**書名・発行年月日を明記**のうえ、下記にご連絡ください。電話によるお問い合わせは、受け付けておりません。また、本書の内容を超える質問等にはお答えできませんので、あらかじめご了承ください。本書の情報において変更がある場合は、弊社HP（https://www.shin-sei.co.jp/）の正誤表ページに掲載いたします。

●文　書：〒110-0016　東京都台東区台東2-24-10
(株)新星出版社　読者質問係
●FAX：03-3831-0902
●メール：
https://www.shin-sei.co.jp/np/contact-form3.html

■協会のお問い合わせ窓口
最新の情報は**公益財団法人日本漢字能力検定協会**にご確認ください。

●電話でのお問い合わせ
0120-509-315（無料）
●HPアドレス
https://www.kanken.or.jp/kanken/contact/

よく出る！ 漢字検定準1級 本試験型問題集［第三版］
2023年8月15日　第3版第1刷発行

編　者　一校舎漢字研究会
発行者　富永靖弘
印刷所　誠宏印刷株式会社

発行所　東京都台東区台東2丁目24　株式会社 新星出版社
〒110-0016　☎03(3831)0743

ISBN978-4-405-03755-7